Hans van der Geest: Du hast mich angesprochen

Hans van der Geest

Du hast mich angesprochen

Die Wirkung von Gottesdienst und Predigt

Theologischer Verlag Zürich

CIP-Kurztitelaufnahme der Deutschen Bibliothek

Geest, Hans van der
Du hast mich angesprochen: d. Wirkung von Gottesdienst u. Predigt. – 1. Aufl. –
Zürich: Theologischer Verlag, 1978.
ISBN 3-290-11389-2

Inhaltsverzeichnis

S. 184 – Beseitigung von Fehlverhalten S. 187 – Allgemeine Folgerungen für die Ausbildung S. 193

Vorbemerkung

Predigen ist ein Wagnis. Zuhören in einem Gottesdienst auch. Bin ich, als Zuhörer, angesprochen? Spreche ich, als Prediger, an? Worauf kommt es eigentlich an, beim Angesprochenwerden?

In diesem Buch befasse ich mich mit den Ergebnissen von mehr als zweihundert Analysen von Gottesdiensten und Predigten. Die meisten dieser Analysen haben im Rahmen der Seelsorge-Ausbildung (im Zentrum für klinische Seelsorge-Ausbildung auf dem Zollikerberg) stattgefunden. Die Frage nach der *Wirkung* steht dabei am Anfang aller Reflexion. Dafür ist es nötig, daß die Gottesdienstteilnehmer ihre Reaktionen bekanntgeben. Nicht was Prediger beabsichtigen, auch nicht was sie tun und sagen, sondern nur das, was die Zuhörer vernehmen, ist für die Wirkungsanalyse entscheidend. Sie bietet neue Ansätze und Impulse für die homiletische Arbeit. Sie wirft neues Licht auf die Frage, was die Absicht eines Gottesdienstes ist und was Prediger tun und sagen sollen. Das will ich in diesem Buch aufzeigen.

Die Ergebnisse der Analysen machen klar, daß die Institution des traditionellen Gottesdienstes auch heute eine reiche Schatzkammer ist. Es ist mir aber klar, daß es wichtige Anliegen des Evangeliums gibt, zum Beispiel die Gemeinschaft der Christen, die damit nicht zum Ausdruck kommen. Der traditionelle Gottesdienst hat eine stark individualisierende Tendenz. Jeder, der in der christlichen Gemeinde Verantwortung trägt, soll die Augen dafür offen haben, daß auch andere kirchliche Aktivitäten nötig sind, wo Menschen tiefe Gemeinschaft miteinander erleben können. In dieser Studie beschränke ich mich aber darauf, den traditionellen Gottesdienst zu untersuchen. Und noch eine weitere Einschränkung: Es sind katholische, freikirchliche, aber hauptsächlich reformierte Gottesdienste besprochen. Von den katholischen Gottesdiensten sind nur die Gebete und die Predigt berücksichtigt. Diese Studie befaßt sich also nicht mit dem traditionellen katholischen Gottesdienst in seiner Ganzheit, sie betrifft hauptsächlich die protestantische Tradition.

Predigen bleibt ein Wagnis. Das kann und will dieses Buch nicht verändern. In unserem guten und unguten Bemühen sind wir auf den Atem, den Geist Gottes angewiesen. Das ist ein fröhliches Wissen.

Ich danke all den Kollegen, die bereit waren, unter meiner Leitung so viel Persönliches aus ihrer Arbeit und manchmal auch aus ihren innersten Tiefen preiszugeben. Besonders danke ich denen, die mir die Erlaubnis gegeben haben, ihre persönlichen Erfahrungen zu publizieren.

In meiner Kollegin Kati Hübner habe ich ein hilfreiches Gegenüber gefunden. Ihr danke ich für die anregenden Anstöße, Reaktionen und Auseinandersetzungen. Einer anderen Kollegin, Susanne Weber-Bollnow, habe ich zu verdanken, daß sie mir unzählige Male den Schritt in das deutsche Sprachgebiet ermöglicht oder erleichtert hat. *Hans van der Geest*, Zollikerberg/Schweiz

1. Kapitel

Wirkungsanalyse von Gottesdienst und Predigt

Wiedergabe einer Analyse

Mittwochabend. Eine Glocke ertönt mit regelmäßigen Schlägen. Im Spitalgarten gehen Schwestern und andere Angestellte zur Kapelle. Dort treffen sie andere, die in der Nähe wohnen oder arbeiten. Die Kapelle füllt sich. Die Orgel spielt, der Gottesdienst fängt an. Ein junger Pfarrer leitet ihn. Als er die Predigt hält, ist es ganz still. Mit großer Aufmerksamkeit hört man zu.

Nachdem der Gottesdienst zu Ende gegangen ist und die Teilnehmer wieder auseinandergehen, trifft sich eine kleine Gruppe von Männern und Frauen zu einem Nachgespräch. Sieben von ihnen gehören zu einer Ausbildungsgruppe, die sechs Wochen im Spital arbeitet. Es sind Pfarrer, die sich für ihre seelsorgerliche Arbeit besser befähigen wollen. Der Prediger ist einer von ihnen. Vier andere stehen etwas verlegen dabei. Sie sind gerade vom Kursleiter aufgefordert worden, an diesem Nachgespräch mitzumachen. Eine ist eine Schwester, die im Spital arbeitet, und drei andere sind eher zufällig in der Kapelle gewesen, sie arbeiten in der Stadt.

1. Erste Phase: Besinnung

Im Kurszimmer setzen sie sich in einen großen Kreis. Der Leiter erklärt, was die Absicht der Sitzung ist: Es geht darum, zu entdecken, wie der Gottesdienst auf die Zuhörer gewirkt hat. Jeder Teilnehmer wird Gelegenheit bekommen, mitzuteilen, was er während des Gottesdienstes erlebt hat. Jede Mitteilung ist willkommen, wenn sie ein echtes Erlebnis bekanntgibt. Eine Diskussion darüber, ob und wie der Prediger einen Gottesdienst eventuell besser gestalten könnte, ist jetzt noch nicht fällig. Jetzt soll der Prediger hören und verstehen, was die Gottesdienstbesucher nachträglich sagen. Die Frage, ob sie recht haben, ist jetzt weniger wichtig als die Frage, welche Reaktionen der Prediger genau hervorgerufen hat und wie er zu diesen Reaktionen Anlaß gegeben hat.

Man bekommt jetzt zehn Minuten Zeit, um sich über seine Aussage zu besinnen.

2. Zweite Phase: Sammlung des Materials

Der Leiter fragt zuerst die nichttheologisch gebildeten Anwesenden, nachher die Kursteilnehmer. Jeder kann reden, ohne unterbrochen zu werden. Nur wenn etwas nicht klar wird, dürfen die anderen fragen. Der Leiter fragt ziemlich oft nach. In kurzen Sätzen schreibt er die Reaktionen der Zuhörer an die Tafel, links die positiven, rechts die negativen Reaktionen. Manchmal redet er ziemlich lange mit einem Teilnehmer. Ich zeichne einige Momente auf.

Einer sagt, daß der zweite Teil der Predigt viel zu lange war[1]. Der Leiter fragt, wie es ihm dabei zumute gewesen ist.

> Teilnehmer: Ich habe auf das Amen gewartet.
> Leiter: Sagst Du damit, daß Du Dich gelangweilt hast?
> T: Schon ein wenig[2].
> L: Weißt Du noch, wo das angefangen hat? Wo warst Du noch interessiert?
> T: Nicht mehr ganz genau. Aber wo so Worte kamen wie «erhöhter Christus» und «Erneuerung unseres Denkens» oder so, da habe ich dann langsam abgeschaltet. Beim kranken jungen Mann war ich voller Interesse.
> L: Kann das bedeuten, daß Du interessiert warst, solange er anschaulich redete, und daß es sich änderte, sobald er in allzu bekannten Begriffen sprach?
> T: Ja, da war es nicht mehr farbig, es blieb bei Formeln.
> L: Wenn Du begriffliche Formeln hörst, ist es Dir immer zu lange? Hätte er in der mehr anschaulichen Art weitergeredet, dann wäre das Zeitempfinden noch anders gewesen?
> T: Ganz sicher.

Ein anderer Teilnehmer sagt, daß er es ermutigend fand[3].

> L: Was? Die Predigt?
> T: Ja, das Thema, aber auch das Ganze. Auch wie er dastand und sprach. Er ruft bei mir schöne Erinnerungen hervor.
> L: Es sind verschiedene Elemente: Das Thema – welches Thema übrigens?
> T: Vertrauen in schweren Situationen.
> L: Es ist bei Dir auch noch anderes gewesen, das zur positiven Wirkung beigetragen hat. Wie er «dastand» und «sprach». Wie stand er denn da?
> T: So ruhig. Er sah zuverlässig aus. Er ist überzeugt von dem, was er sagt. Er redete entschieden, das tat mir gut.
> L: Du meinst, daß er durch seine ruhige, vielleicht etwas väterliche Art bei Dir Vertrauen weckt?
> T: Genau. Es tut mir gut, diese Dinge zu hören, weil er sie sagt. Es macht mich stark, oder wieder stärker.

---

[1] Das ist keine Empfindung, sondern eine Beurteilung. Der Leiter muß dem Teilnehmer helfen, zu seiner Empfindung zurückzugehen.

[2] Die Empfindung ist jetzt ziemlich klar: Langeweile. Jetzt muß noch entdeckt werden, was zu dieser Empfindung geführt hat, was der Auslöser der Empfindung war.

[3] «Es» und «ermutigend» sind zu blaß, deshalb unbrauchbar für die Analyse. Dem Teilnehmer muß geholfen werden, sich differenzierter auszudrücken.

Mit «ermutigend» meint dieser Zuhörer also, daß er sich darüber freute, wie der Prediger altvertraute Werte in einer überzeugenden Weise neu sagte. Der Prediger wurde ihm dadurch zu einer liebevollen Autorität.

Ein nächster Teilnehmer sagt auch: «Ich fand es ermutigend.»

L: Was?
T: Die Predigt, aber nicht den Anfang. Die zweite Hälfte, besonders wo er sagte, daß Gott das Zusammengebrochene neu macht, das hat mich getroffen.
L: Gerade die Verheißung für das Aussichtslose gab Dir Mut?
T: Ja, er hat nicht verharmlost, ich konnte meine eigenen Probleme in der Predigt sehen. Aber ich durfte ihn nicht anschauen, er war mir zu steif.

Für diesen Zuhörer spielte das Inhaltliche eine direktere Rolle als für den vorherigen. Das gleiche Wort «ermutigend» deutet jetzt auf ganz andere Aspekte des Gottesdienstes.

Ein Zuhörer sagt, daß er sich langsam über die Anpreisung von Gott geärgert habe[4].

L: Du hörst nicht gerne Empfehlungen.
T: Doch, etwas Gutes darf man ruhig empfehlen, aber ...
L: In bezug auf Gott ist Dir das unangenehm.
T: Nein. Es ist mehr der Ton, in dem er es sagte[5].
L: Nicht so sehr inhaltlich warst Du abgestoßen, es war seine Stimme.
T: So tief, so ernst, es wurde mir eng.
L: Kannst Du das konkreter sagen: tief, ernst?
T: Da muß ich mir überlegen. Er schaute so ernst, nie ein Lächeln, als ob das Leben nur eine dramatische Angelegenheit ist. Und die Sätze, so spricht er sonst nie.
L: Kannst Du die Sätze mal nachahmen, eventuell überspitzt?
T: (macht es, etwas langsam, sehr getragen).

In dieser Runde wird noch viel mehr gesagt, das ich hier nicht ausführlich erwähne.

3. Dritte Phase: Ordnung des Materials

Nachdem alle Zuhörer sich ausgesprochen haben, steht Folgendes an der Tafel. Bei den negativen Reaktionen:

– Muß man so viel von sich selber reden? Peinlich (7)
– Manchmal ein fast erdrückender Ernst
– Erstes Gebet zu kurz, zu rasch (2)

---

4 Die Aussage scheint klar, ist aber noch oberflächlich, weil der Grund des Ärgernisses in einer komischen Redewendung («Anpreisung von Gott») formuliert wird. Dahinter versteckt sich fast immer tieferes Material.

5 Die falsche Annahme des Leiters zwingt den Teilnehmer, sich genauer auszudrücken.

- Laute, kräftige Stimme befremdend
- Am Schluß langweilte ich mich: begriffliche Sprache, allzu Bekanntes (3)
- Gewichtige störte mich: Lesung langsam, Pausen (4)
- Dramatische Beispiele erschlagend (2)
- Sehr lange
- Zu viele Beispiele
- Zu wenig Lächeln
- Anpreisung von Gott zu ernst, zu tief, ärgerte mich

Bei den positiven Reaktionen:

- Ermutigend: ruhig, zuverlässig. Bestätigung wertvoller Glaubensinhalte.
- Ermutigend: Verheißung für das Aussichtslose (5)
- Keine Verharmlosung (2)
- Anschauliche Beispiele (2)
- Nöte des Alltags aufgenommen (3)
- In Zachäus konnte ich mich selber finden
- Erlaubnis, zu zweifeln
- Packender Anfang
- Segen am Schluß vertrauenerweckend (4)
- Gebet nach der Predigt, Ergebung

Die nichttheologisch gebildeten Teilnehmer formulierten die ersten drei negativen und die ersten sechs positiven Aussagen. Die Zahl hinter den Aussagen gibt an, wie viele Teilnehmer genau die gleiche Aussage machten.

Der Leiter fragt die ganze Gruppe, ob es einen Unterschied gibt zwischen den Reaktionen der Nichttheologen und denen der Kursteilnehmer. Man stellt fest, daß es keine grundsätzlichen Unterschiede gibt. Alles Wichtige ist schon von den Laien gesagt. Nur bemerkt man, daß die Kursteilnehmer mehr negative Reaktionen gaben.

Die nächste Frage des Leiters ist, welche Reaktionen allgemein oder fast allgemein gemacht worden sind. Während einer Viertelstunde untersucht man jede an der Tafel geschriebene Aussage. Bei verschiedenen Aussagen bemerken die Teilnehmer, daß sie zwar nicht direkt auf eine solche Formulierung gekommen wären, aber daß sie es eigentlich genau so empfunden haben. Die Aussage des anderen hat es ihnen erst bewußt gemacht. Besonders beim Wort «gewichtig» schließen sich sogar alle Zuhörer an.

Von allen (elf) oder fast allen (zehn) werden dann folgende Aussagen als Reaktion auf den Gottesdienst festgestellt:
Negativ:

- Das viele «ich» wirkte peinlich
- Das Gewichtige wirkte erdrückend
- Die vielen Beispiele langweilten

Positiv:

- Keine Verharmlosung, die Not wurde ernst genommen

12

- Gebet nach der Predigt: persönlich, realistisch
- Segenswort am Schluß (nahm Predigt nochmals auf im Wort «Friede»)

Der Leiter betont, daß nicht nur die allgemein gemachten Aussagen Beachtung verdienen, aber daß diese natürlich ein sehr großes Gewicht haben. Inzwischen sind fast anderthalb Stunden nach Sitzungsanfang verlaufen. Eine kurze Pause mit einer Erfrischung wird eingeschaltet.

4. Vierte Phase: Gespräch mit dem Prediger

Der Leiter fragt dann den Prediger, wie es ihm gegangen ist beim langen Zuhören. «Was hat Dich getroffen, worüber willst Du reden?» Der Prediger sagt, er sei sehr froh über all diese Voten, er habe gespürt, wie jeder sich ehrlich bemüht hat, seine eigene Reaktion zu formulieren. Die positiven Aussagen haben ihm große Freude gemacht, besonders über die Reaktionen auf den Schlußsegen ist er erstaunt. Er habe nicht gewußt, daß so einfache Worte wie «Friede» eine so große Wirkung haben können.

Die negativen Bemerkungen treffen ihn am meisten, besonders das «Gewichtige». Das zu viele «ich» versteht er, er will darauf achten. Zu lange habe er nie «ich» in der Predigt gesagt. Daß es jetzt zuviel ist, leuchtet ihm ein.

Der Leiter fragt, ob die Teilnehmer verstehen, warum das vielfache «ich», die vielen berichteten eigenen Erfahrungen, die Kommunikation stören. Allgemein stellt man fest, daß die Wirkung peinlich ist. Was geschieht, wenn die Zuhörer einen Prediger peinlich finden? Eine Antwort wird gefunden: Die Zuhörer können sich dann nicht mehr mit dem Prediger identifizieren. Sie bekommen den Eindruck, daß er nur von sich selber redet. Das Wort Exhibitionismus taucht auf. Ohne «ich» ist es den Zuhörern oft auch unmöglich, sich im Prediger wiederzufinden. Offenbar muß das rechte Maß gefunden werden.

Der Prediger will gerne weiterreden über das Gewichtige an ihm. Der Leiter bittet die ganze Gruppe, nochmals ganz konkret zu sagen, was man am Prediger wahrgenommen hat in den Momenten, daß man ihn zu gewichtig fand. Er bremst jetzt Teilnehmer, die ihre eigenen Empfindungen schildern («Es war mir wie eine immer schwerer drückende Last»), um die Wahrnehmungen hervorheben zu können. Langsam werden diese gesammelt.

- Die Stimme war unnötig laut
- Die Pausen während der Lesung
- Die erzählten Beispiele handelten alle über Sterben, Unfälle, tiefe Enttäuschungen und andere dramatische Momente im Leben
- Es kamen sehr viele Beispiele
- Manche Sätze tönten unnötig langsam, dadurch nachdrücklich
- Es kam nie etwas Auflockerndes
- Die Predigt dauerte relativ lange

Nicht jeder Zuhörer hat bei jeder dieser Wahrnehmungen negative Empfindungen gehabt. Aber alle haben den Gottesdienst zu gewichtig gefunden. Dem einen Zuhörer ist es an diesem, dem anderen an jenem Detail klargeworden.

Der Leiter fragt, inwieweit dieses Gewichtige nun störend gewirkt hat. Die meisten sagen, daß es für sie nicht verheerend war. Das Positive überwiegt, sie würden gerne wieder zu diesem Pfarrer in den Gottesdienst gehen. Andere sagen, daß die Art des Predigers bei ihnen eher Bewunderung als Mitgehen ausgelöst hat. Einige sagen sogar, daß sie doch ziemlich unter dem Druck dieses Gewichtigen gelitten haben. Für sie überwiegt die negative Erinnerung. Der Leiter fragt, ob es Zufall ist, daß gerade diese Teilnehmer das Gewichtige so schlecht ertragen haben. Ein Lachen geht durch den Kreis. Es sind eben gerade die Kursteilnehmer, die sonst auch Ähnlichkeiten zeigen. Die eine Nichttheologin, die die Gewichtigkeit auch schlecht ertrug, suggeriert, daß die Predigt mehr für tiefsinnige als für leichtsinnige Menschen wie sie selber geeignet war. Ein «tiefsinniger» Teilnehmer sagt dazu, daß das schon ein wenig stimmen kann, aber daß auch ihm ein Schuß Leichtigkeit und Heiterkeit in diesem Gottesdienst gutgetan hätte.

Der Prediger zieht selber den Schluß, wenn er sagt, daß seine Gewichtigkeit zwar nicht alle Zuhörer abstößt, aber daß alle sich über eine weniger schwerfällige Art freuen würden. Das wird von allen Teilnehmern bestätigt.

Eine andere Nichttheologin spaßt, daß sie sich gefragt habe, wie dieser Pfarrer predigen würde. Sie hatte ihn schon einige Male gesehen. Und jetzt war sie angenehm überrascht gewesen. Der Leiter läßt diese schöne Gelegenheit natürlich nicht vorbeigehen und stellt fest, daß sie offenbar Schlimmes erwartet habe. Es kostet einige Mühe, zu entdecken, was die Zuhörerin nun genau erwartet hatte. Es stellt sich heraus, daß sie mit dem ernsten Aussehen des Predigers eher das Bild einer steifen, uninteressanten Predigtart verbunden hatte. Aber, sagt sie, steif und langweilig war die Predigt gar nicht. Der Ernst ist recht, er gehört auch zu ihm. Er wäre unecht ohne das.

Das scheint ein wichtiges Wort. Der Prediger sagt aber, daß das die Geschichte nicht leichter macht. Er weiß schon länger, daß er so gewichtig auf andere wirkt. Er möchte das nicht. Er will auch nicht schon durch sein Aussehen den Eindruck eines gewichtigen Pfarrers wecken. Schon einige Zeit kämpft er mit diesem Problem. Jetzt entdeckt er, daß diese Wirkung seine Gottesdienste mehr stört, als er gemeint hat.

Zwei Kollegen, die den Prediger schon länger kennen, behaupten, daß er schon Fortschritte gemacht hat. Seine Kleidung hat sich schon in lockere Richtung verändert, und er predigt weniger theoretisch als vor einigen Jahren. Der Prediger ist froh um diese Worte, er fühlt selber auch, daß er langsam vom allzu Gewichtigen wegkommt. Aber es geht ihm doch zu langsam, er möchte sich selber einen Ruck geben. Er habe auch nicht gewußt, daß diese Eigenschaft den Gottesdienst doch ziemlich stark prägt.

Ein Teilnehmer äußert, daß der gewählte Text vielleicht zu einer ernsten Predigt beigetragen hat. Der Leiter fragt den Prediger, ob es ihm recht ist, wenn der Bibeltext nochmal gelesen wird. Er ist einverstanden. Alle lesen den Abschnitt Lukas 19, 1–10. Es fallen der ganzen Gruppe, jetzt auch dem Prediger, die nichternsten, heiteren Momente auf: der kleine Betrüger im Baum und besonders das freudige Gastmahl gegenüber dem «ernsten» Murren des Volkes. Gerade dieser Text hebt hervor, wie festlich und fröhlich die Taten von Jesus sind. Es ergibt sich ein gemeinsames Gespräch über das Verhältnis von Ernst und Unbekümmertheit im Evangelium.

Der Leiter faßt die Besprechung über das Gewichtige zusammen. Das Gute am ganzen Gottesdienst, für die meisten Zuhörer, war das ernsthafte Eingehen auf die Schwierigkeiten des Lebens. Verharmlost wurde hier nichts. Das wurde in der Predigt und im Gebet klar. Auch das Evangelium ist klar vernommen, der passende Segensgruß hat sogar alle sehr getroffen. Was allen aber fehlt, ist die andere Seite des Evangeliums: die Leichtigkeit, die Fröhlichkeit, die Unbekümmertheit. Es fehlt dem Prediger auch selber. Jetzt bleibt also die Frage: Wie ist es möglich, daß er gewichtiger wirkt, als er selber will? Welche Kräfte in ihm verändern seine bewußten Absichten derartig, daß er anders wirkt, als er beabsichtigt?

5. Fünfte Phase: Persönliche Hintergründe

Der Leiter zögert jetzt. Will der Prediger noch weiterreden über diese so ganz persönlichen Dinge? Doch, er will es. Der Leiter lädt die Gruppe ein, ein wenig zu phantasieren: Was kann das sein in einem Menschen, das ihn dazu führt, viel gewichtiger auf andere zu wirken, als er selber möchte?

Es kommen einige Ideen, die noch nicht viel weiterhelfen. Man zieht dann die andere negative Auswertung wieder herbei: das zuviele «ich»-Sagen. Der Leiter fragt, ob man die Predigt eigentlich persönlich gefunden hat. Zu ihrem eigenen Erstaunen sagen fast alle Teilnehmer nein. Die Beispiele waren zwar alle aus dem eigenen Leben des Predigers genommen, aber man fand sie als Beispiele herkomponiert, sehr gekonnt. Ihn selber hat man im Grunde nicht in den Erzählungen gesehen.

Jetzt wird es langsam klarer. Das Gewichtige und das viele «ich» wirkten negativ. Beides ein Zuviel. Verdeckt das ein Zuwenig? Das viele «ich» erweckt den Schein einer persönlichen Predigt. In Wirklichkeit wurde das Persönliche versteckt. Das zu Gewichtige verdeckt etwas Unwichtiges. Wenn ich Angst habe, ein ungewichtiges Persönchen zu sein, werde ich versuchen, mich wichtig und persönlich zu machen. Ein unbewußter Betrug findet damit statt. Soweit das den Gottesdienst mitprägt, treten Kommunikationsstörungen auf. Die Zuhörer fühlen sich beim Gewichtigen und Persönlichen unbehaglich, weil es eben zu gewichtig und zu persönlich ist. Das wirklich Gewichtige hat eine heitere Seite, das wirklich Persönliche braucht kein immer wiederholtes «ich».

Der Leiter fragt den Prediger, ob er etwas anfangen kann damit. Er ist betroffen und sagt, daß ihm in den Sinn kommt, wie gerne er überhaupt *spielen* möchte und wie schwer es ihm fällt. Es ist ihm bewußt geworden, wie eine Stimme in ihm fast immer und ganz gewiß im Gottesdienst sagt: «Benimm Dich, sonst machst Du Dich lächerlich.»

Zusammen reden er und die anderen über das Spielen, wie gerade das im guten Sinne unwichtig und persönlich ist. Zur theologischen Reflexion gehört es vielleicht nicht, aber zum Glauben und zu Gott, der den Leviathan gemacht hat, um mit ihm zu spielen[6]. In einer Atmosphäre von Lockerheit und Spaß geht die Diskussion zu Ende.

6. Sechste Phase: Weitere Begleitung

Der Leiter schlägt vor, am nächsten Tag mit den Kursteilnehmern noch weiterzureden über eine Reaktion eines Zuhörers, der offensichtlich mehr über ihn selber als über den Gottesdienst sagte («Die Predigt war schön und sprach mich an, bis der Bibeltext kam, da wurde es blaß und langweilig»). Er hatte die gleiche Aussage auch schon bei einigen anderen Predigten gemacht.

Am nächsten Abend trifft die Kursgruppe sich für nichtverbale Begegnungen. Dort bekommt der Prediger Gelegenheit, entschieden zu seinem «unwichtigen Persönchen» zu stehen und auf diese Weise einen kleinen Schritt aus dem allzu Gewichtigen zu tun in die Lockerheit, die er auch für seine Arbeit braucht[7].

Die Erhebung des Materials: Gottesdienst und Predigt als Forschungsobjekt

Die meisten Analysen von Gottesdiensten und Predigten, die das Material für dieses Buch geliefert haben, sind innerhalb kleiner Gruppen von

---

6   Ps. 104, 26.

7   Nicht immer bietet das Ergebnis einer Analyse von Gottesdienst und Predigt die Möglichkeit, dem Prediger auf diese Art zu helfen. Am meisten kommt es vor, daß der Prediger nach einiger Zeit mit der Kollegengruppe oder allein mit dem Kursleiter weiterredet über die in der Analyse sichtbar gewordenen Probleme, soweit sie ihn belasten.

Im allgemeinen ist es wichtig, daß ein solches persönliches Eingehen auf die Probleme des Predigers in einer kleinen, vertrauten Gemeinschaft stattfindet.

16

Teilnehmern an Kursen für klinische Seelsorge-Ausbildung gemacht worden. Die Teilnehmer waren nicht alle, aber doch größtenteils Pfarrer, die selber regelmäßig einen Gottesdienst leiten müssen. Auf die Möglichkeiten und Beschränkungen, die mit dieser Teilnehmerschaft an den Analysen gegeben ist, werde ich noch eingehen. Mehr im Vordergrund steht noch ein anderes Problem für denjenigen, der Gottesdienst und Predigt in bezug auf ihre Wirkung auf den Gottesdienstteilnehmer untersuchen will: In welcher Form kann oder soll der Analytiker oder die analysierende Gruppe ihr Forschungsobjekt, also Gottesdienst und Predigt, aufsuchen? Die herkömmlichen Predigtanalysen sind vom gedruckten Predigttext ausgegangen[8]. Das bedeutet aber eine Reduktion auf den verbalen Inhalt. Die Voraussetzung, daß der gedankliche Gehalt einer Predigt das Wesentliche ist, wird durch die in diesem Buch beschriebenen Hörerreaktionen in Frage gestellt.

Optimal für eine Wirkungsanalyse ist die persönliche Beteiligung der analysierenden Gruppe am ganzen Gottesdienst. Damit sind die Analytiker selber in der Rolle des Gottesdienstbesuchers, bevor sie den Gottesdienst als Forschungsobjekt betrachten. Für einige Teilnehmer kostet es ein wenig Übung und Gewöhnung, sich während des Gottesdienstes wirklich am Geschehen zu beteiligen und sich nicht in einer Beobachterrolle auf Distanz zu halten. Weil aber die meisten selber regelmäßig als Zuhörer in Gottesdienste gehen, ist diese Rolle für sie nicht neu oder ungewohnt.

---

[8] Aus letzter Zeit unter anderem Walter Bernet, Probleme der Predigt – Joachim Konrad, Die evangelische Predigt – Manfred Josuttis, Über den Predigtanfang – ders. Gesetzlichkeit in der Predigt der Gegenwart – die Reihe Predigt im Gespräch, hg. von Rudolf Bohren und Hans-Georg Geyer – Christian Möller, Von der Predigt zum Text – Rudolf Bohren in Predigtlehre, 122 ff.

Die Beschränkung, die sich diese Predigtanalysen dadurch auferlegen, daß sie sich nur mit dem gedanklichen Inhalt des Gesagten befassen, muß übrigens nicht bedeuten, daß sie wertlos sind. Besonders die Analysen von Manfred Josuttis bringen wichtige Ergebnisse. Nur kommt auf diese Weise die *Wirkung* der Predigt auf die Hörer nicht in Sicht. Wir hören das subjektive Urteil des Verfassers über gedruckte Predigten. Den Anspruch auf allgemeine Gültigkeit dieses Urteils darf der Verfasser nicht erheben. Rudolf Bohren tut das zum Beispiel in Predigtlehre, 418, wenn er bei der Analyse einer Predigt auf Ausdrücke stößt, von denen er findet, sie seien «nachdrücklich». Aus dieser Nachdrücklichkeit schließt er dann, daß der Prediger «nicht mehr ... als Hoffnungslosigkeit» ausdrückt. Das ist eine unerlaubte Verallgemeinerung seines privaten Urteils. Es ist sehr wohl denkbar, daß die damaligen Zuhörer die betreffende Predigt gar nicht nachdrücklich gefunden und gerade Hoffnung bekommen haben. Joachim Konrad ist vorsichtiger und weist selber darauf hin, daß der Analyse und Kritik einer nur gedruckten Predigt nicht unerhebliche Schranken gesetzt sind (ebd. 505).

An sich ist es natürlich eine Ausnahme, daß eine Gruppe von Theologen einen Gottesdienst besucht. Diese Möglichkeit ergibt sich im Rahmen eines Kurses, sie fehlt sonst, weil die meisten selber am Sonntag den Gottesdienst in der eigenen Gemeinde leiten müssen. Es gibt auch Ausbildungsgruppen, die nur dann und wann einen Tag zusammenkommen und eine Predigt besprechen. Diese ist aber schon vorher gehalten worden, ohne daß die Teilnehmer an der Analyse sie gehört haben. Das Tonband, oder in seltenen Fällen der Videorecorder[9], ermöglicht es, Gottesdienst und Predigt mitzuerleben. Es ist klar, daß bei diesen Konservierungsmitteln viel verlorengeht. Beim Tonband fehlt das visuelle Element ganz, beim Videorecorder das echte Raumerlebnis. Dazu ist der vorgeführte Gottesdienst eine Aufnahme, die echtes Mitmachen erschwert. Die Analyse kann durch die Reduktionen durch die Konservierungsmittel verschiedene Gebiete nicht oder nur ungenügend erreichen.

Wenn nicht einmal ein Tonband benutzt wird, sind die Möglichkeiten der Analyse noch beschränkter. Der Prediger kann höchstens ein Manuskript, falls es so etwas gibt, vorlesen. Dabei wird die Predigt aus dem Ganzen des Gottesdienstes herausgenommen. Und auch diese Predigt wird verändert dargeboten: Der Stimmton wird jetzt der für Predigten unnatürlich kleinen Zahl der Kollegengruppe angepaßt, und damit geht viel für die Analyse Wertvolles verloren. Der gedankliche Inhalt der Predigt bekommt jetzt ein relativ größeres Gewicht, weil andere Elemente wegfallen[10].

Am wenigsten verheißungsvoll ist es, wenn die Teilnehmer an der Analyse eine vervielfältigte oder gedruckte Predigt selber lesen. Auf diese Weise sind natürlich alle bisher veröffentlichten Predigtanalysen gemacht. Aber jetzt ist auch noch die eigene Stimme des Predigers ausgeschaltet. Eine Wirkungsanalyse ist hier kaum mehr möglich. Die Reduktion auf den gedanklichen Inhalt ist jetzt fast total[11].

Der Rahmen einer Predigt, der Gottesdienst mit seinen verschiedenen

---

[9] s. Günter Rohkämper und Dieter Seiler, Trainingskurs mit Videorecorder in der homiletischen Aus- und Fortbildung; Hans Werner Dannowski, Elementarisierung theologischer Begriffe in Sprechakten; Sprachbefähigung in der Ausbildung. Selber habe ich kaum gute Erfahrungen mit Videorecorder-Aufnahmen gemacht. Die Auswertungsgruppe fühlte sich immer in einer Zuschauerrolle. Die Beteiligung ist bei Tonbandaufnahmen intensiver.

[10] Die Konzentration auf «Predigtanalyse» halte ich schon für eine gefährliche Überbetonung des intellektuellen Inhaltes der Predigt. Die Analyse wird dann Ergebnisse zeigen, die von der Voraussetzung, daß das inhaltlich Gesagte das wichtigste ist, geprägt sind. Die Höreraussagen sind dann vorprogrammiert.

[11] Eine gehörte Predigt ist «etwas ganz anderes» als eine gelesene, Otto Haendler, Die Predigt, 145.

Momenten, ist prägend, manchmal entscheidend für die Wirkung der Predigt. Es ist gekünstelt, für die Forschung nur die Predigt aus diesem Ganzen herauszunehmen. Daneben steht eine Predigt im Rahmen einer einmaligen Zeit und eines bestimmten Ortes. Wer eine Predigt liest, statt sie im Gottesdienst zu hören, merkt die Wirkung dieses Rahmens nicht mehr. Anspielungen, die nur im Moment verständlich sind, werden später beim Lesen übersehen. Auch wenn der Prediger etwas absichtlich nicht nennt, kann das seine Wirkung haben, positiv oder negativ. Später ist das nicht mehr erlebbar [12].

Nur die hörende Gemeinde selber kann optimal über den erlebten Gottesdienst reflektieren. Erst von der konkreten Beteiligung am ganzen Geschehen her ist jemand voll berechtigt, bei der Wirkungsanalyse mitzureden [13].

Die Repräsentanz der Hörerreaktionen

Gottesdienst und Predigt wirken auf jeden teilnehmenden Zuhörer unterschiedlich, weil die Zuhörer ihre Wahrnehmungen und Empfindungen durch das Bezugssystem, in dem sie leben, prägen. Jeder Mensch hat sein einzigartiges Bezugssystem. Das wird geprägt von seinem Alter und seinem Platz in der Gesellschaft, seiner Lebenserfahrung, seinem Wohl- oder Unwohlbefinden, seinem Charakter, den Beziehungen zu den Mitmenschen und noch einigem mehr. Dazu kommt, daß die Wirkung bei den Zuhörern nur teilweise bewußt geschieht. Die totale Wirkung eines Gottesdienstes fest-

---

12 Wenn zum Beispiel kurz zuvor eine große Katastrophe stattgefunden hat und der Prediger sagt nichts darüber, hat das auf viele Hörer eine starke negative Wirkung. Christian Möller weist darauf hin, daß die Tatsache, daß Karl Barth in der Hitlerzeit in seinen Predigten nicht auf die politischen Ereignisse einging, eine vielsagende Sache war (Von der Predigt zum Text, 112 ff.) Das merkt man alles nicht beim Lesen.

13 Ernst Lerle sucht für die Analyse der Predigtwirkung Hilfe bei Arbeitsmethoden und Ergebnisse, die von Psychologen an philosophischen, naturwissenschaftlichen, medizinischen Fakultäten oder an technischen Hochschulen entwickelt wurden (Homiletische Forschung zwischen Hermeneutik und Psychologie, 79). Ich finde das fraglich. Die Analytiker sind dann keine Gottesdienstteilnehmer, sondern Beobachter. Sie schauen «von der Sakristei aus durch kleine Scheiben in das Kirchenschiff», um die Gesichter der Gottesdienstbesucher zu studieren (Einleitung in die empirische Homiletik, 23). Das ist Voyeurverhalten. Der Beobachter sieht zwar etwas, aber er merkt nur das, was ein Voyeur eben merken kann. Das Fehlen der inneren Beteiligung beeinflußt seine Wahrnehmung. Die eigenen Kriterien bestimmen damit die Feststellung der Hörerreaktionen. Lerle untersucht dann auch nur den gedanklichen Inhalt der Predigt.

zustellen, ist darum eine Unmöglichkeit. Jede Beschreibung der Wirkung trifft nur teilweise zu.

Für den Prediger ist es aber auch gar nicht interessant zu wissen, wie ein von ihm geleiteter Gottesdienst auf jeden einzelnen gewirkt hat. Manche Wirkungen sind dermaßen vom Bezugssystem der Hörer geprägt, daß sie keinen nennenswerten Rückmeldungswert für den Prediger haben. Aus den durchgeführten Analysen ist jedoch klar erkennbar, daß die Wirkung von Gottesdienst und Predigt teilweise auch allgemein ist, das heißt von allen oder fast allen Zuhörern gleich oder ähnlich empfunden worden ist. Bei der Beschreibung der Wirkung müssen wir also bei jedem Element auf die Streuungsdichte achten. Allgemein empfundene Wirkung läßt auf ein allgemeines Bezugssystem schließen, vereinzelt empfundene Wirkung auf ein besonderes Bezugssystem. Damit ist nicht gesagt, daß nur die Wirkung mit großer Streuungsdichte Rückmeldungswert hat. Der Prediger muß wissen, aus welchem persönlichen Hintergrund eine Hörerreaktion kommt, bevor er entscheiden kann, ob er sich von dieser Reaktion beeinflussen lassen will. Wenn ein Hörer sagt, er habe in der vergangenen Woche einen schmerzlichen Verlust erlitten und habe Trost in dem Gottesdienst gesucht und nicht gefunden, kann das, auch wenn nur einer das sagt, den Prediger zu einer wichtigen Korrektur veranlassen. Künftig wird er sich vielleicht regelmäßig bei seiner Vorbereitung prüfen, ob er mit Gottesdienstbesuchern rechnet, die gerade Schweres erlitten haben. Sagt ein Zuhörer aber, daß er einfach von persönlichen Schwierigkeiten nicht abschalten konnte und deswegen nicht immer am Gottesdienst beteiligt war, so muß das nicht immer wichtig genommen werden, zumal wenn anderen Zuhörern die Beteiligung kein Problem gewesen ist.

Für die Analyse ist es wichtig, die Dichte der Aussagen festzustellen. Die Höreraussagen mit der dichtesten Streuung verlangen selbstverständlich die Hauptaufmerksamkeit. Dort sind auch die instruktiven Überraschungen für den Prediger zu entdecken.

Wen soll man befragen? Die Analysen von Gottesdienst und Predigt haben in den Kursen der klinischen Seelsorge-Ausbildung angefangen, zunächst noch ohne Berücksichtigung des Problems, inwieweit die Befragung repräsentativen Wert haben könnte. Aber diese Frage tauchte rasch auf, weil die Ergebnisse der Analyse dramatisch waren und aufschlußreich erschienen. Die Frage, inwieweit die Gemeinde sich ähnlich wie die Kursgruppe äußern würde, lag auf der Hand. Es ist auch entscheidend wichtig zu entdecken, wie die Gemeinde auf den Gottesdienst reagiert. Sie, und nicht die Kursgruppe, kommt regelmäßig in den Gottesdienst. Wie ist «die Gemeinde» aber zu fassen?

Mir ist kein Weg bekannt, die Gemeinde in ihrer Ganzheit zu befragen. Es stellt sich heraus, daß es sehr schwierig, wenn nicht völlig unmöglich ist, eine ganze Gemeinde oder einen repräsentativen Teil für eine Gottesdienstauswertung zu mobilisieren. Die Nachbesprechungen, die in den letzten Jahrzehnten versucht worden sind, haben als Rückmeldungsinstanz nicht überzeugend gewirkt [14]. Die Teilnehmer an der Nachbesprechung sind nicht ohne weiteres repräsentativ für die Gemeinde. Das Problem der Leitung einer solchen Sitzung ist auch schwer zu lösen. Wenn der Prediger selber die Leitung hat, fördert das die Offenheit nicht. Meistens geschehen die Nachbesprechungen eher ohne Leitung und versanden dann rasch in uferlosen Betrachtungen. Extravertierte Teilnehmer reden und reden, die meisten anderen sagen wenig oder nichts. Fast immer wird über Themen diskutiert. Echte Auswertung geschieht kaum. Gute Erfahrungen mit Nachgesprächen betreffen mehr den Austausch der Gottesdienstbesucher über das, was in der Predigt behandelt worden ist. Der Rückmeldungswert für den Prediger ist sehr beschränkt.

Für eine offene Aussprache über die Wirkung eines Gottesdienstes braucht es viel Vertrauen, denn es muß möglich sein, daß sehr positive und sehr negative Dinge gesagt werden. Das verlangt grundsätzlich eine Kleingruppe, während der traditionelle Gottesdienst gerade größere Gruppen umfaßt. Der Kirchgemeinderat oder die Kirchenpflege kann unter Umständen eine Gruppe sein, in der eine solche offene Aussprache möglich ist. Ich habe es versucht, als ich in einer Klinikgemeinde Pfarrer war. Wir waren zwei Pfarrer, und bei der Auswertung des Gottesdienstes, den ich geleitet hatte, hat mein Kollege die Besprechung geleitet, während ich führte, als seine Predigt besprochen wurde. Die Ergebnisse waren wertvoll, aber auch mager. Wir mußten feststellen, daß die Teilnehmer sich kaum zu äußern wußten. Dazu kam, daß sie es fast nicht fertigbrachten, etwas Kritisches zu sagen.

Die Gruppe in der klinischen Seelsorge-Ausbildung hat als Auswertungskreis für einen Gottesdienst einige große Vorzüge. Erstens sind die Teilnehmer gewöhnt, Empfindungen bewußtzumachen. Es verlangt Übung, zu entdecken und zu wissen, was man erlebt. Von vielen Gottesdienstbesuchern kann man das nicht erwarten. Erleben ist eines, sich sein Erleben bewußtzu-

---

14 Bei solchen Nachbesprechungen kommt wenig Förderliches heraus, meint Willi Born (Kriterien der Predigtanalyse, 3). Herbert Breit sagt, daß sie oftmal über die Erwähnung von Äußerlichkeiten nicht hinauskommen (Anfragen der Gemeinde an die Predigt, 34). Nur wenige Gemeindeglieder werden in den Dialog einbezogen, klagt Clyde Reid (Die leere Kanzel, 42). Werner Jetter beobachtet, wie echte Offenheit fehlt bei den Nachbesprechungen (Predigt als Gespräch mit dem Hörer, 225 f.). Wybe Zijlstra meint, daß vieles von Gemeindegliedern, die einfach an die Analyse herangezogen werden, zwar lieb gemeint, aber unbrauchbar für die Analyse ist (Methoden van preekanalyse, 31).

machen ein anderes. Psychoanalyse und psychosomatische Krankheitslehre haben gezeigt, wie sehr Menschen ihr Erleben verdrängen. Sie wissen oft nicht, was sie erleben. Es gibt keinen Grund, anzunehmen, daß es Gottesdienstbesuchern anders ergeht. Wer die Wirkung eines Gottesdienstes entdecken will, muß Menschen suchen, die die Fähigkeit haben, sich ihre Erlebnisse bewußtzumachen. Das Erleben bei denen, die sich ihre Erlebnisse nicht klar bewußtmachen, bleibt diffus. Die Gottesdienstbesucher sehen zum Beispiel nicht klar, daß es die theoretische Sprache eines Pfarrers ist, die sie gelangweilt hat. Es bleibt ihnen ein diffuses Gefühl, «nicht viel von der Predigt zu haben». Für die Befragung sind solche Äußerungen wertlos, weil sie sich auf sehr vieles beziehen können.

Zweitens hat sich in den Kursen ein großes Maß an Vertrauen gebildet, das den Teilnehmern eine große Offenheit erlaubt. Diese zwei Vorteile machen zurzeit, wenn ich recht sehe, die Gruppe in der klinischen Seelsorge-Ausbildung oder jeden anderen Kreis, wo diese zwei Bedingungen erfüllt sind, am besten geeignet für die Untersuchung der Wirkung eines Gottesdienstes und einer Predigt.

Nachteile hat eine solche Gruppe auch. Zum größten Teil sind es Gottesdienstbesucher, die oft selber eine Predigt halten. Inwieweit färbt das ihre Aussagen? Das muß untersucht werden, denn die Feststellung, wie Gottesdienste auf besuchende Theologen wirken, hat wenig Wert. Gottesdienste werden nicht für Theologen, sondern für die Gemeinde gehalten. Nur wenn die Aussagen, die die Theologen über ihre Erlebnisse als Zuhörer machen, repräsentativen Wert haben, sind sie wirklich brauchbar. Ein anderer Nachteil ist der nicht repräsentative Bildungsgrad der Teilnehmer an einer Gruppe der klinischen Seelsorge-Ausbildung. Es sind größtenteils Akademiker. Es wäre verheerend, wenn ihre Rückmeldungen die Prediger dazu führen würden, mehr mit Akademikern zu rechnen und sich (noch) weiter von den zahlreichen Nichtakademikern zu entfernen. Ein letzter Nachteil ist, daß die Auswertungsgruppe nicht zu einer einzigen Gemeinde gehört. Sie ist nur kurze Zeit (sechs Wochen) zusammen, sie besucht einen Gottesdienst, der nicht unmittelbar für sie gehalten wird.

Einige Male habe ich untersucht, inwieweit die Hörerreaktionen innerhalb der Gruppe der Seelsorger sich von den Reaktionen anderer Hörer, die zu der betreffenden Gemeinde gehörten, unterscheiden[15]. Bis auf einen wichtigen Unterschied war die Streuung der Reaktionen in beiden Gruppen genau gleich. Das heißt, daß die Reaktionen mit großer Dichte, die also nicht nur von einem, sondern von allen oder fast allen Teilnehmern der Seelsorgergruppe gemacht wurden, auch von allen oder fast allen Personen der anderen Gruppe ausgesagt wurden. Die Reaktionen mit einer

---

[15]   s. zum Beispiel in der Analyse, S. 12.

kleinen Streuungsdichte waren in beiden Gruppen ähnlich. Der einzige Unterschied war, daß die Seelsorger etwas mehr negative Bemerkungen machten. Diese kritischen Bemerkungen hatten aber immer eine kleine Dichte. Allgemein als negativ empfundene Elemente des Gottesdienstes wurden immer auch von den Nichttheologen genannt[16].

Meine These ist, daß es möglich ist, aus einer solchen Gruppe von Seelsorgern eine für die Gemeinde repräsentative Rückmeldung zu gewinnen. Es verlangt nur eine rechte Befragung. Dabei ist es möglich, das Theologisch-berufliche und Bildungsmäßige – also das Nichtrepräsentative – auszuscheiden. Es gilt zwischen spontanen und bearbeiteten Reaktionen zu unterscheiden. Die spontanen Reaktionen sind nämlich bei Theologen und anderen im Prinzip genau gleich. Die Bildung, der Beruf prägen nur die bearbeiteten Aussagen. Die Kunst der Supervision ist es, von den bearbeiteten Aussagen den Weg zu den spontanen Empfindungen zurückzufinden. Diesen Weg werde ich nachher genauer beschreiben.

Was mich erstaunt hat, ist das Rollenverhalten bei Gottesdienstbesuchern einerseits und beim Prediger anderseits. Die gleiche Person hat in der Rolle des Predigers andere Prinzipien, andere Empfindungen, andere Ideen, ja sogar eine andere Theologie als in der Rolle des Gottesdienstbesuchers. Darum ist es auch möglich, Pfarrer über die Wirkung eines Gottesdienstes zu befragen, denn sie verhalten sich als Besucher ganz anders, als wenn sie selber predigen. Zwar ist ihr Besucherverhalten ihnen selber nicht immer bewußt und übertüncht vom Berufsverhalten, aber rechte Supervision findet ihr eigentliches Erleben. Und das unterscheidet sich nicht grundsätzlich vom Erleben anderer Gottesdienstbesucher.

Es ist wie beim Autofahren. Wer fährt, hat andere Ideen, andere Vorurteile und ein anderes Verhalten, als wer zu Fuß geht. Man kann aber beide Rollen am gleichen Tag, ja in derselben Stunde erleben. Der Fußgänger schimpft über die Frechheit der Autofahrer, der letztere ärgert sich über das unvernünftige Benehmen der Fußgänger. Das gleiche Rollenproblem erleben wir in der Familie. Die Welt sieht anders aus, wenn wir Kind oder wenn wir Eltern sind. Auch das läßt sich innerhalb einer Stunde kontrollieren. Die Rolle prägt unser Verhalten und unser Empfinden. Wenn der Prediger selber in den Gottesdienst geht, als Zuhörer, läßt er sein Empfinden im Grunde genauso vom Zuhören bestimmen wie die anderen Gottesdienstbesucher[17]. Das ist auch recht. Damit ist er auch geeignet als Forschungsobjekt, wenn wir die Wirkung von Gottesdienst und Predigt untersuchen.

---

16 Auch Hans-Christoph Piper berichtet, wie die Höreraussagen von Gemeindegliedern und Kursteilnehmern grundsätzlich gleich sind (Predigtanalysen, 17).

17 Diese These schließt nicht aus, daß die Zuhörerrolle des theologischen Gottesdienstbesuchers oft von Berufsgedanken überlagert wird. In dem Zusam-

Die in diesem Buch beschriebenen und benutzten Analysen von Gottesdienst und Predigt haben alle ziemlich rasch nach dem Gottesdienst oder dessen Wiedergabe stattgefunden. Sie analysieren also die kurzfristige Wirkung. Es gibt auch eine langfristige Wirkung. Darüber sagen diese Analysen nichts. Dieses Gebiet habe ich ausgeklammert, nicht weil es unwichtig wäre, sondern weil ich keine erfolgversprechenden Methoden sehe, die hier einzusetzen wären. Mir ist auch nicht bekannt, daß auf diesem Gebiet schon Untersuchungen stattgefunden haben. Nur über die Reproduzierbarkeit des Predigtinhaltes nach längerer Zeit liegen einige Ergebnisse vor[18]. Weil eine Predigt nicht Wissensübertragung ist und es auch nicht sein will, scheinen mir solche Untersuchungen zu wenig sinnvoll zu sein, um darauf einzugehen. In einer Ehebeziehung zu kontrollieren, ob die Partner noch wissen, worüber sie vor einigen Wochen geredet haben, wäre genauso unsinnig. Eine Untersuchung der langfristigen Wirkung von Gottesdienst und Predigt müßte schon anders vorgehen. Das zu entwerfen, habe ich mir nicht zur Aufgabe gestellt.

Spontane und bearbeitete Reaktionen

Das Neue in den Wirkungsanalysen von Gottesdienst und Predigt, gegenüber früheren Predigtanalysen, ist, daß nicht Meinungen, sondern Empfindungen die Ausgangslage bilden. In den herkömmlichen Predigtanalysen werden die Predigten an theoretischen Maßstäben gemessen. Den Sinn dieses Verfahrens will ich nicht in Frage stellen. Die *Wirkung* einer Predigt kann man aber auf diese Weise nie feststellen. Es gilt zu entdecken, was der Gottesdienst bei den Teilnehmern bewirkt hat, besonders, welche Empfindungen und Gefühle er bei ihnen hervorgerufen hat. Das ist keine einfache Sache. Man muß die Teilnehmer befragen, damit fängt es an. Aber wissen die Teilnehmer, was sie empfunden haben? Sind sie fähig, sich die Wirkung des Gottesdienstes bewußtzumachen? Hier liegt eine große Schwierigkeit, die allzuoft übersehen wird[19]. Zwischen dem Getroffenwerden vom

---

menhang müssen manche Prediger wieder lernen, ein Gottesdienstbesucher zu werden. Sie finden dann den Kontakt zu ihren eigentlichen Empfindungen zurück. Die Berufsüberlagerung und das Gottesdiensterleben lassen sich trennen.

[18] s. bei Ernst Lerle, Homiletische Forschung zwischen Hermeneutik und Psychologie, 80.

[19] Karl Wilhelm Dahm zum Beispiel übersieht die Komponente des Bewußtwerdens in seiner Beschreibung der Predigtwirkung (Kommunikationssoziologische Überlegungen zur gegenwärtigen Predigtnot).

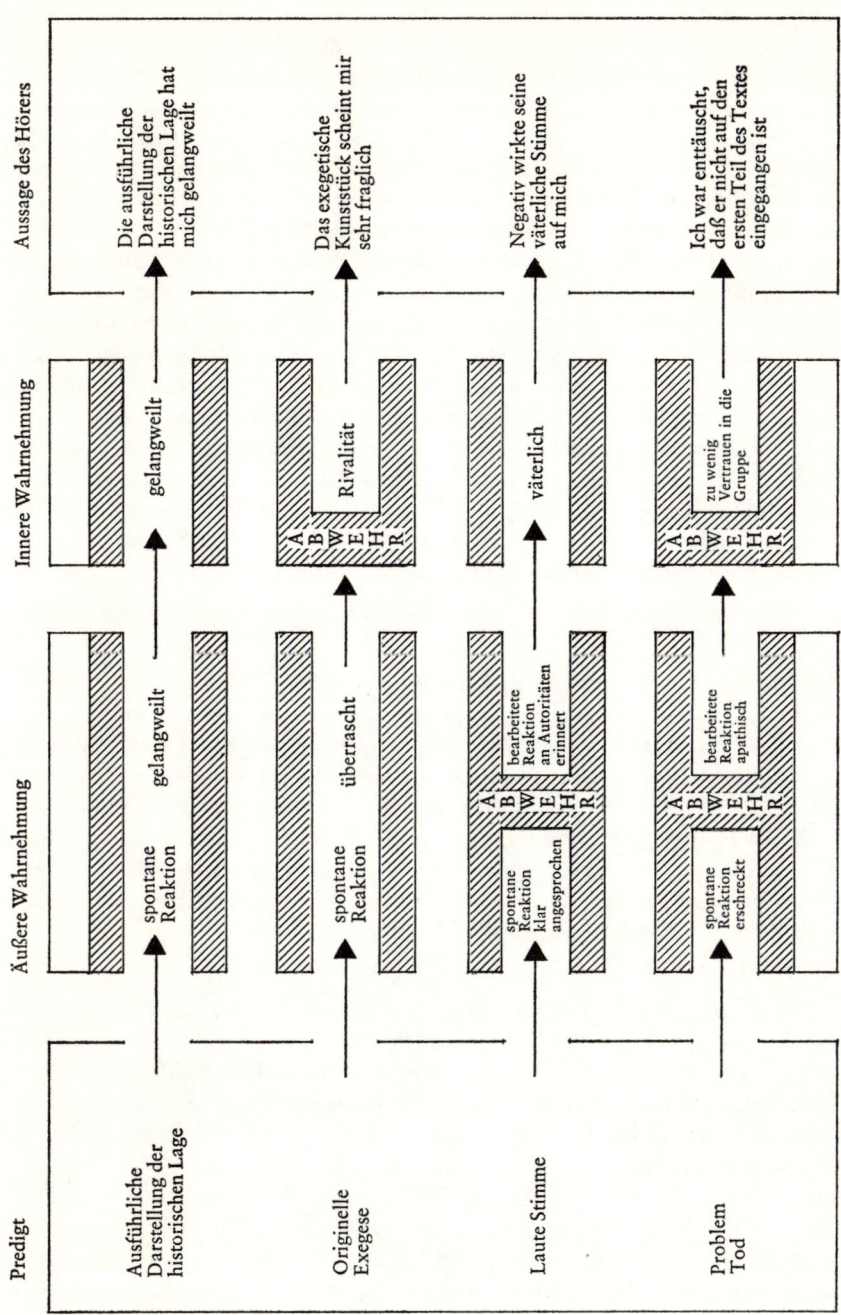

Predigt

Ausführliche Darstellung der historischen Lage

Originelle Exegese

Laute Stimme

Problem Tod

Äußere Wahrnehmung

spontane Reaktion — gelangweilt

spontane Reaktion — überrascht

spontane Reaktion klar angesprochen
A
B — bearbeitete Reaktion an Autoritäten erinnert
W
E
H
R

spontane Reaktion erschreckt
A
B — bearbeitete Reaktion apathisch
W
E
H
R

Innere Wahrnehmung

gelangweilt

A
B
W
E — Rivalität
H
R

väterlich

A
B
W — zu wenig Vertrauen in die Gruppe
E
H
R

Aussage des Hörers

Die ausführliche Darstellung der historischen Lage hat mich gelangweilt

Das exegetische Kunststück scheint mir sehr fraglich

Negativ wirkte seine väterliche Stimme auf mich

Ich war enttäuscht, daß er nicht auf den ersten Teil des Textes eingegangen ist

Gottesdienst und der Bekanntgabe, wie er auf ihn gewirkt hat, bearbeitet der Hörer unbewußt seine spontanen Reaktionen. Was er aussagt, ist nicht unbedingt zuverlässig. Wenn der Analyseleiter die Bearbeitungen nicht bemerkt, verwirrt er die ganze Analyse.

Sehen wir genau zu, was alles geschehen kann zwischen Empfindung und Aussage. Das Schema versucht es zu verdeutlichen. Es sind verschiedene Momente zu unterscheiden. Ich fange an beim dargebotenen Gottesdienst, der Vereinfachung wegen nun reduziert auf die Worte der Predigt. Die Predigt kommt von außen auf den Hörer zu. Es sind ja nicht seine eigenen Worte, für ihn gehören sie zu seiner Außenwelt. Sein Hören der Predigt ist eine *äußere Wahrnehmung*. Dabei können zwei Dinge geschehen. Entweder wirken die Worte unmittelbar auf ihn, oder sie werden in irgendeiner Weise umgeleitet, abgewehrt, also sie wirken nur mittelbar auf ihn. Im ersten Fall ist die Kommunikation einfach und ungestört, im zweiten kompliziert und gestört. Die ausführliche Darstellung einer historischen Situation langweilt einen Hörer, eine originelle Exegese überrascht ihn. Das sind unmittelbare, einfache, ungestörte Wirkungen. Die erste Wirkung ist negativ, weil der Prediger einen Fehler macht, die zweite Wirkung ist positiv. Spontane Reaktionen des Hörers bei der Predigtanalyse wären:

– Die ausführliche Darstellung der historischen Lage hat mich gelangweilt
– Ich war überrascht von seiner Exegese

Aber es ist nicht sicher, daß der Hörer sich auf diese Weise mitteilt. Denn jetzt ist die Frage, ob der Hörer zur *inneren Wahrnehmung* bereit und fähig ist. Kennt er seine Innenwelt, seine spontanen Reaktionen? Will er sie mitteilen? Es ist möglich, daß er den Prediger nicht gerne hat, vielleicht in einer Rivalität mit ihm steht. Zur ersten Aussage über die Langeweile ist er natürlich ohne weiteres bereit, bei der zweiten ist das weniger sicher. Sie tönt wie ein Kompliment. Die Frage ist, inwieweit dieser Hörer bereit ist, dem Prediger dieses Kompliment zu machen. Wenn nicht, dann verändert er seine Aussage, vielleicht völlig unbewußt.

– Das exegetische Kunststück scheint mir sehr fraglich

Der Analyseleiter kann jetzt geneigt sein, die Aussage verkehrt zu verstehen. An sich kann eine unklare oder sonderbare Auslegung tatsächlich negativ auf den Hörer wirken, und es ist wichtig, daß ein Prediger dieses Phänomen entdeckt. Bei der angeführten Bemerkung spielt das aber nur scheinbar eine Rolle. In Wirklichkeit geht es um ein gruppendynamisches Phänomen, nämlich um die Rivalität. Der Hörer sagt mehr über sich selber und über seine Beziehung zum Prediger als über sein Erleben der Predigt. Solche Sachen zu entwirren ist unbedingt nötig für das Gelingen der Analyse, sonst wird der Prediger mit Aussagen konfrontiert, die seinen Gottesdienst gar nicht betreffen. Der Hörer hat, im genannten Fall, keine rechte

innere Wahrnehmung geübt. Seine äußere Wahrnehmung war unmittelbar
– man merkt es noch ein wenig an seiner Aussage («Kunststück») –, aber
seine innere Wahrnehmung ist von der Rivalität bearbeitet.

Auch die äußere Wahrnehmung kann schon bearbeitet sein. Dann wird
es noch komplizierter. Nehmen wir den Fall eines Hörers mit einem Auto-
ritätskonflikt. Der Prediger hat eine laute Stimme. Anstatt – wie die anderen Hörer – sich davon klar ansprechen zu lassen, macht er unbewußt
sofort die Assoziation mit Autoritäten. Er hört nicht nur eine Stimme, er
wittert Befehle und Manipulation. Das versetzt ihn in Widerstand. Er wird
aussagen:

– Negativ wirkte seine väterliche Stimme auf mich

Für die Analyse ist es wichtig zu entdecken, ob der Prediger tatsächlich
eine zu laute Stimme hat, also eine, die bei mehreren Hörern Befehlsasso-
ziationen weckt, oder ob nur dieser eine Hörer auf einen klaren Stimmton
allergisch ist[20]. Oder gilt beides, mehr oder weniger? Hier muß die Rückmeldung an den Prediger genau formuliert werden, sonst würde er sich
eventuell am falschen Ort zu korrigieren versuchen.

Am kompliziertesten ist es, wenn sowohl die äußere als auch die innere
Wahrnehmung gestört sind. Die Aussage bei der Analyse ist dann in ihrer
Rohform völlig irreführend und unbrauchbar, weil die spontane Empfindung doppelt bearbeitet ist. Ein Hörer hat große Angst vor dem Thema
Sterben. Sobald dieses Thema an ihn herankommt, erschrickt er dermaßen,
daß er sich innerlich zuschließt. Die spontane Empfindung ist Erschrecken,
aber weil es zu bedrohend für ihn ist, sich das einzugestehen, verdrängt er
es sofort. Er wird apathisch, verliert das Interesse an der Predigt und langweilt sich. Nehmen wir an, daß er selber vage bemerkt, wie er immer beim
Thema Tod das Interesse verliert. Aber nun wird seine innere Wahrnehmung auch noch dadurch gestört, daß er zu wenig Vertrauen in die Kollegengruppe hat, um sich unangenehme Empfindungen bewußtzumachen.
Er sagt nicht:

– Beim Problem «Tod» bin ich apathisch geworden. Das Thema ist mir unangenehm

Sondern er bearbeitet seine, schon bei der äußeren Wahrnehmung bearbeitete Empfindung und sagt

– Ich war enttäuscht, daß er nicht weiter auf den ersten Teil des Textes eingegangen ist

---

20 s. auch die angeführte Gottesdienstanalyse, in der ein einzelner Teilnehmer
    sagt, der Bibeltext hätte die Predigt verdorben, S. 16. Diese Bemerkung
    führte zu einem Gespräch der Gruppe mit diesem Teilnehmer, über seine
    Beziehung zur Bibel überhaupt. Es war klar ein Problem dieses Teilnehmers,
    nicht des Predigers.

Von einer Textlesung geweckte Erwartungen nicht aufzunehmen, ist an sich ein ziemlich oft vorkommender Fehler in Predigten. Aber dem Prediger im angeführten Fall zu sagen, daß er mehr mit der Wirkung einer Textlesung rechnen soll, wäre völlig falsch. Denn der Hörer meint etwas ganz anderes, ohne es selber zu wissen.

Von den vier wiedergegebenen Aussagemöglichkeiten sind also drei eine Falle. Die Teilnehmer einer geübten Gruppe lernen langsam, die eigenen, echten Empfindungen zu entdecken und bekanntzugeben. Immer bleibt aber die Möglichkeit der Verzerrung bestehen. Bei der Analyse wird klar, wie stark jeder Zuhörer aus seiner eigenen Welt heraus zugehört hat, wie stark sein Bezugssystem seine Wahrnehmung geprägt hat. Auch für die Zuhörer ist die Gottesdienstanalyse deswegen ein aufregendes Geschehen. Sie stellen fest, wie andere diesen Gottesdienst erlebt haben, teilweise in Übereinstimmung, teilweise aber auch im Unterschied zu ihnen selber. Daß jeder selektiv erlebt, sieht und hört, wird eindrücklich klar.

Mühsam ist bei jeder Analyse die Neigung der Zuhörer, nicht ihre Empfindungen, sondern Beurteilungen bekanntzugeben. Wenn die innere Wahrnehmung gestört ist, reden die Hörer oft nicht von sich selber, sondern vom Prediger, wenn sie ihre Reaktionen bekanntgeben. Anstatt zu sagen, was sie selber erlebten («ich langweilte mich»), projizieren sie die Schwierigkeit auf den Prediger, zum Beispiel: «Er hat ein unmögliches Thema gewählt.»[21] Hier liegt das gleiche Problem vor wie in Partnerkonflikten. Die meisten Streitgespräche fangen damit an, daß der eine dem anderen klarzumachen versucht, nicht was in ihm selber, sondern was in diesem anderen vorgeht. Die verurteilende Haltung bewirkt eine Eskalation der Kommunikationsschwierigkeiten. Zurückfinden zur Kommunikation geschieht nur über die «Ich»-Botschaft: das mitteilen, was in einem selber vorgeht[22]. Genauso geht es bei der Analyse von Gottesdienst und Predigt. Hier gilt es, ganz streng zu unterscheiden zwischen Empfindung und wertender Beurteilung. Empfinden können wir nur, was wir selber fühlen. Empfinden enthält keine Beurteilung anderer. Empfinden können wir nicht, was ein anderer tut, sagt oder ist. Über die Art und Qualität von anderen können wir eine Meinung, eine Vermutung oder eine Phantasie haben, keine Empfindung.

Der Unterschied zwischen «ich finde» und «ich empfinde», «ich habe das Gefühl» hat in diesem Zusammenhang entscheidende Bedeutung. Für das, was wir «finden», sind wir selber voll verantwortlich, für das, was wir «empfinden», «fühlen», tragen wir keine Verantwortung. Denn empfinden, fühlen ist unsere spontane, natürliche Reaktion auf Reize von außen, unmittelbare

---

21   s. weiter auch in der beschriebenen Analyse, S. 10 f.
22   s. Carl R. Rogers, Partnerschule, 48 f.

Wahrnehmung der Außenwelt. Verantwortung trage ich nur dafür, inwieweit ich meine Empfindungen bekanntgebe, nicht für die Tatsache, daß, und die Art, wie ich sie habe. Es ist aber ein viel benutzter Trick, anderen Vorwürfe zu machen mit der Einleitung «ich empfinde». Das Raffinierte dabei ist, daß ich eine persönliche Meinung, für die ich selber verantwortlich bin, darstelle, als ob sie empfunden wäre, also notwendig und damit gültig sei. Die Verantwortung wird damit von einem selber einem anderen zugeschoben. Solche Kniffe darf kein Analyseleiter zulassen:

– Ich habe das Gefühl, daß er ein autoritärer Prediger ist
– Ich empfinde seine Stimme als weich
– Ich habe das als zu kurz empfunden [23]

Es ist klar, daß man in der Umgangssprache schwer verlangen kann, daß eine genaue Terminologie benutzt wird. Es geht hier aber nicht um sprachlichen Perfektionismus. Es geht um die Unterscheidung von Bewertungen, für die man die Verantwortung trägt, und Empfindungen, die man nun einmal erlebt, ohne dafür verantwortlich zu sein. Nur die letzteren sind sichere Grundlagen für die Wirkungsanalyse [24].

Die echten Empfindungen sind immer gültig, weil sie echt sind. Über Beurteilungen, die man an seinen Empfindungen anknüpft, läßt sich diskutieren. Hinter Beurteilungen und wertenden Aussagen sind die wirklichen Empfindungen oft versteckt. Sie müssen ausgelesen werden. So wird die Empfindung, von eigenen Gedanken mitgerissen und von der Predigt abgelenkt zu sein, gerne verkleidet in Aussagen wie «Ich fand ihn langfädig» oder «Er hat die Möglichkeiten des Textes nicht genügend benutzt». Bei Theologen muß der Leiter, besonders am Anfang eines Kurses, oft kämpfen gegen Versuche, eine theoretisch-exegetische oder dogmatische Diskussion zu entfachen. Aussagen wie «Der Prediger hat die synoptischen Parallelen übersehen» oder «Seit Moltmann kann man so nicht mehr über Hoffnung reden» sind in dieser Form für die Analyse wertlos. Der Leiter muß

---

[23] «Ich fühlte mich autoritär behandelt» ist kein Zutagetreten einer Empfindung, wie Willi Born meint (Kriterien der Predigtanalysen, 33). Mit «autoritär» bewertet der Hörer den Prediger, er sagt nichts von seinem Erleben. Er will wahrscheinlich sagen, daß er sich «als Kind» behandelt fühlt. Jetzt kann man untersuchen, was dieses Gefühl hervorgerufen hat. Vielleicht hat es tatsächlich ein autoritäres Auftreten des Predigers ausgelöst, vielleicht aber etwas anderes. Das soll untersucht werden. Ähnlich bei Ernst Lerle, Grundriß der empirischen Homiletik, 71, wo es heißt, daß jemand die Anrede «als arrogant empfunden» hat. Er «findet» sie arrogant! Was er empfunden hat, ist unklar. Und Helmut Gollwitzer (Zuspruch und Anspruch, 234): «Ich habe ... das Empfinden, daß das ... vielleicht seine Zeit gehabt hat.» Das kann kein Mensch empfinden, höchstens vermuten.

[24] s. S. 10 f.

im Gespräch mit dem befragten Zuhörer durchzudringen versuchen zu seinen spontanen Reaktionen, zum Beispiel: «Ich habe gewartet auf die synoptische Parallele und war dann enttäuscht, daß er nicht darauf einging» und: «Ich hatte den Eindruck, daß ich ein besserer Theologe bin als er, ich fühlte mich überlegen.»

Eine Analyse von Gottesdienst und Predigt ist also vordergründig eine Analyse der Höreraussagen. Sie müssen geläutert werden von Bearbeitungen, damit die ursprünglichen, spontanen Reaktionen klar werden. Damit kann der Prediger am meisten anfangen.

Nur die Empfindungen der Hörer festzustellen, genügt aber nicht. Es muß auch klar werden, was die Empfindungen ausgelöst hat[25]. Auch das verlangt manchmal ein mühsames Entdecken. In der am Anfang dieses Kapitels angeführten Analyse ist gezeigt, wie unterschiedlich gleichlautende Sätze wie «ich fand es ermutigend» gemeint waren. Sagte ein Teilnehmer erst, als ungereinigte Aussage, «ich fand ihn langfädig» und hat er im Gespräch mit dem Leiter entdeckt, daß es zum Beispiel ein packendes Bild war, das ihn zu eigenen Gedanken geführt hat, oder daß es die begriffliche Sprache war, die ihn gedanklich zu sehr angestrengt hat, dann lautet die gereinigte Aussage dieses Teilnehmers: «Das packende Bild hat mich zu mir selber und zu eigenen Assoziationen geführt, ich fand den Weg zur Predigt nicht mehr zurück» oder ähnliches. Diese Aussage steht klar im Zusammenhang mit seiner Empfindung und ist deswegen von Nutzen für den Prediger.

Auch wenn die Empfindung des Hörers klar ist, ist seine Aussage noch nicht immer einsichtig. Die Reaktion: «Das Neblige hat mich verwirrt», sagt zwar, was der Hörer erlebt hat. Was aber nicht klar ist, ist der Auslöser. Was nennt er «neblig»? Was hat er beobachtet? Hörer haben die Tendenz, ihre Beobachtungen in Bilder zu verstecken:

– Es war mir wie in einem Höhenflug
– Eine Glaswand war zwischen mir und ihm

Für den Prediger wird eine Höreraussage erst wertvoll, wenn ihm klar wird, welches Verhalten oder welche Worte zu der mitgeteilten Wirkung geführt haben. Erst wenn es gelingt, diese zwei Größen: Auslöser (in der Predigt) und Empfindung (im Hörer) genau zu identifizieren, kann die Analyse fruchtbar werden.

---

[25] s. in der Analyse, S. 13.

Die Entdeckung der Kommunikation und ihrer Störungen

Bevor der Prediger selber in den Analysegesprächen mitredet, hat der Leiter mit den anderen Teilnehmern die Aussagen gesammelt und geordnet. Eine doppelte Reihe von Aussagen kommt zustande, positive und negative[26]. Dabei ist es von entscheidender Bedeutung, daß der Unterschied zwischen vereinzelten und allgemein bemerkten Aussagen klar wird[27].

Der Wert der positiven Aussagen ist, daß sie zeigen, inwieweit und weshalb die Kommunikation zwischen Predigt und Gemeinde zustande gekommen ist[28]. Für die beruflichen Prediger unter den Teilnehmern ist das instruktiv. Hier wird keine Theorie angeboten, die auf Verwirklichung wartet. Hier wird klar, welches Predigerverhalten den Hörer erreicht und anspricht.

Spannender sind die negativen Aussagen. Die allgemein ausgesagten Reaktionen zeigen eben, wo und weshalb die Kommunikation zwischen Prediger und Hörern nicht gelungen ist. Meistens deuten diese zusammengefaßten negativen Aussagen auf Wirkungen, die der Prediger nicht beabsichtigt hat[29]. Jetzt wird klar, daß Kräfte, die dem Prediger nicht bewußt sind und deshalb auch nicht unter seiner Kontrolle stehen, die Gestaltung von Gottesdienst und Predigt mitbestimmt haben. Nun gilt es, diese Kräfte zu entdecken[30]. Das ist ein höchst persönliches, manchmal schmerzliches Verfahren. Hier muß der Leiter ein feines Gespür dafür haben, was in dem

---

26 s. S. 11 f.

27 s. S. 12 f.

28 Wie man das bewerten muß, ist noch offen. Eine gelungene Kommunikation kann an sich illegitim oder fraglich sein. Die falschen Propheten sind fatalerweise zu gewinnender Kommunikation fähig. Die hier beschriebene Wirkungsanalyse von Gottesdienst und Predigt bietet keine Gewähr, daß das entdeckt wird. Dafür sind andere Maßstäbe als das direkte Erleben nötig. Darum kann die Wirkungsanalyse nie den Anspruch erheben, dem Prediger alles zu bieten, was er nötig hat. Jeder Prediger braucht auch eine exegetische und dogmatische Selbstkontrolle.

29 Hat er sie beabsichtigt, zum Beispiel als Schockierung, dann klaffen die Meinungen über Zweck und Sinn eines Gottesdienstes zwischen Zuhörer und Prediger offenbar auseinander. Dann ist eine theologische Diskussion nötig. «Was sind die Voraussetzungen, unter denen ein Prediger schockieren soll? Sind die hier erfüllt? Auf welche Weise ist Schockieren angebracht?» Solche Fragen müssen besprochen werden. Das kann jetzt auch sinnvoll geschehen, weil die sachliche Problematik nicht eine Verkleidung persönlicher Probleme ist. Wäre das der Fall, dann hätte sich das schon längst in der zweiten und dritten Phase der Predigtanalyse gezeigt und wäre damit zum Thema geworden.

30 s. in der Analyse S. 15 f.

Moment angebracht und verheißungsvoll ist und was nicht. Entblößung ist abscheulich in einer Atmosphäre ohne genügendes Vertrauen. Sie ist aber wohltuend und hilfreich, wo liebendes Vertrauen, kollegiales Mitempfinden und Respekt da sind [31]. Wenn der Prediger merken läßt (manchmal nur nichtverbal), daß er nicht will, muß sich der Leiter dem beugen, auch wenn er noch so gerne tiefer gehen würde.

Fast immer ist der Prediger hochmotiviert, sich selber besser zu verstehen und die Wurzeln der festgestellten Störungen in der Gottesdienstkommunikation zu entdecken. Seine Haltung wird eine tiefere Analyse sehr fördern. Er wird sich nicht verteidigen, auch nicht, wenn er Grund dazu hätte. Immer wird er zuerst zu verstehen versuchen, welche Aussagen, welche Darstellungsart die Hörer zu bestimmten negativen Reaktionen geführt hat. Sobald ein Prediger sich gegen die Hörer verteidigt, als ob sie falsch reagiert hätten, droht die Analyse zusammenzubrechen. Eine Diskussion über das, was sein soll, ersetzt das Gespräch über den Prediger. Besonders unglücklich wird es, wenn einzelne Hörer, die vielleicht unbewußt von Höreraussagen mitbetroffen worden sind, dem Prediger Schützenhilfe leisten. Der Analyseleiter muß solche Entwicklungen zu verhindern versuchen.

Es gibt verschiedene Wege, auf denen ein Leiter und eine Gruppe zusammen mit dem Prediger den Wurzeln der Kommunikationsstörungen näherkommen können. Immer ist es eine heikle Arbeit. Hilfreich ist, wenn die Gruppe den Prediger schon einigermaßen kennt. Sie sieht Parallelen zwischen dem festgestellten Predigtverhalten und dem allgemeinen Benehmen dieser Person.

Ein möglicher Zugang zum persönlichen Problem des Predigers ist die Annahme, daß er die festgestellten negativen Hörerreaktionen unbewußt beabsichtigt hat. Damit ist gesagt, daß es unbekannte, aber sehr wirksame Kräfte im Prediger gibt, die ein Interesse daran haben, genau jene Predigtauswertung zu bekommen, die von der Gruppe gegeben wurde. Das bedeutet, daß eine positivere Auswertung im Grunde noch bedrohlicher für den Prediger wäre als die festgestellte negative.

Das scheint natürlich unsinnig. Wer möchte schon eine negative Wirkung ausüben? Aber die Kräfte einer Persönlichkeit haben ihre eigene, für unser bewußtes Reflektieren manchmal undurchsichtige eigene Moral. Die angeführte Analyse am Anfang dieses Kapitels gibt ein klares Beispiel. Der Prediger wirkt zu gewichtig [32]. Das findet er unangenehm, denn es ist eine negative Rückmeldung. Aber noch mehr, unbewußte, Angst hat er davor,

---

[31] Wybe Zijlstra meint sogar, daß eine Predigtanalyse außerhalb eines geleiteten Gruppenprozesses unverantwortlich ist (Methoden van preekanalyse, 34).

[32] s. S. 15 f.

32

daß er unbeschwert wirken könnte, denn das ist für sein Erleben mit Scham vor Banalität verbunden. Also erreicht er, oder besser: erreichen die unbewußten Kräfte in ihm genau das, was sie wollen: Die Hörer werden sehr beeindruckt und kommen nicht auf den Gedanken, daß der Prediger nicht ganz so gewichtig sein könnte. Daß die Hörer aber leiden unter dieser angestrebten Gewichtigkeit, damit haben die Kräfte im Prediger nicht gerechnet! Diese negative Rückmeldung wird nun der Schlüssel zum persönlichen Problem des Predigers. Gerade die negative Wirkung liefert das Mittel, womit dem Prediger geholfen werden kann.

Der Prediger wird eingeladen mitzudenken, wenn die ganze Gruppe nach den Vorteilen, dem «Krankheitsgewinn» der negativ beurteilten Wirkungen forscht. Die Entdeckungen, die jetzt gemacht werden, sind die eindrucksvollsten der ganzen Analyse. Eine Persönlichkeit, ein ganzes in sich zusammenhängendes System von Lebensbewältigung kann sichtbar werden. Tränen und Humor, Angst und Staunen, vor allem aber Erleichterung durch plötzliches Schauen, es kann alles auftreten. Auch wird klar, warum die Predigt so gewirkt hat, wie aus den Hörerreaktionen hervorgegangen ist. Die Hörer verstehen ihre Reaktionen dann oft besser oder sie verstehen sie sogar zum ersten Mal [33].

Nicht immer gibt Gott uns die Gelegenheit für derartig tiefe, persönliche Gespräche. Dann muß die Analyse mehr an der Oberfläche bleiben. Auch ohne daß der Prediger etwas sagt, ist es sinnvoll für ihn, zuzuhören, wie andere über den Gottesdienst berichten, den er geleitet hat. Aber die wirklich verheißungsvolle Arbeit liegt in der Arbeit in der Tiefe der Persönlichkeit. Die großen Fragen des Glaubens an Jesus Christus werden einem Prediger dort unausweichlich gestellt.

Auch die Hörer können wichtige Erfahrungen machen. Besonders die auffallenden Bemerkungen über die Wirkung, die nur von einem einzelnen Hörer gemacht worden sind, können Anlaß zum sinnvollen Glaubensgespräch werden. Es ist denkbar, daß dieser Hörer sehr viel von seiner eigenen Problematik verraten hat, ohne sich dessen bewußt zu sein. Seine äußere oder innere Wahrnehmung wird dann gestört sein, wie ich oben schon dargelegt habe. Eine gute Gruppe merkt das und nimmt das unter Umständen auf.

Die spekulative Antwort auf die Frage, wie der Prediger bestimmte Teile des Gottesdienstes oder der Predigt anders, besser hätte gestalten können, kann manchmal dem betreffenden Prediger ganz klar zeigen, was genau den Zuhörern gefehlt hat und in welcher Richtung eine rechte Korrektur liegen

---

[33] Die Predigtanalysen von Hans-Christoph Piper zeigen wiederholt, wie die Hörer mit einem gewissen Staunen ihre eigenen Reaktionen verstehen, sobald klar ist, welche Problematik den Prediger behindert hat (Predigtanalysen, 27, 33, 46, 73 u. a. O.).

würde. Wenn die Kollegen, am Schluß der Analyse, Vorschläge zur Verbesserung geben, rufen sie manchmal Aha-Erlebnisse beim Prediger hervor.

Die Aufgabe des Analyseleiters

Die Analysen von Gottesdienst und Predigt, die den Untersuchungen in diesem Buch zugrunde liegen, haben alle im Rahmen der klinischen Seelsorge-Ausbildung stattgefunden. Es wäre denkbar, Gottesdienst und Predigt auch in anderen Zusammenhängen und mit anderen Methoden auf ihre Wirkung hin zu untersuchen. Mit der Aufgabe, die Wirkung zu entdecken, sind aber einige Voraussetzungen verbunden, die in jedem Analyseverfahren entscheidend sind. Diese Bedingungen habe ich in den vorangegangenen Abschnitten dargestellt. Es bleibt noch die Frage nach der Funktion des Analyseleiters. In der klinischen Seelsorge-Ausbildung ist seine Funktion schon ziemlich vom Charakter dieser Ausbildung her festgelegt. Bei der Analyse von Gottesdienst und Predigt wird die Art seines Auftretens, wie sie allgemein in dieser Ausbildung vorzukommen pflegt, auf eine besondere, dem Thema angemessene Weise angewandt.

Weil die Entstehung der Gottesdienstanalysen nicht unmittelbar aus homiletischem Interesse, sondern aus allgemeinem Interesse an den an den Kursen teilnehmenden Pfarrern stattgefunden hat, will ich die Beschreibung der Aufgabe des Analyseleiters damit beginnen, daß ich sein Auftreten im Rahmen der klinischen Seelsorge-Ausbildung darstelle[34]. Nachher erwähne ich, welche Elemente davon für das homiletische Anliegen notwendig sind und was noch fehlt.

Der Leiter eines Kurses Klinische Seelsorge-Ausbildung bietet Supervision. Mit «Supervision» ist eine bestimmte Art von Berufsausbildung gemeint. Der Supervisor hilft dem Kursteilnehmer, seine Arbeit sachverständig auszuführen. Der Schüler soll ein Fachmann werden. Es geht aber nicht um seine technische Befähigung, sondern um die Entwicklung seiner Berufsidentität, damit er sich persönlich in die Ausübung seiner Arbeit investiert. Er soll in seinem Beruf die Verfügung über sich selber bekommen. Für diese Art von Lernen ist eine persönliche Entwicklung und Veränderung nötig.

Bei dieser Art von Ausbildung werden nicht einfach Prinzipien und Gesetze bekanntgegeben. Der Kursteilnehmer lernt, aber mit innerlichem Einverständnis. Er ist auch selber für sein Lernen verantwortlich. Das Ziel ist, daß der Pfarrer in der Ausbildung merkt, auf welche Art er sich in seinen Beruf einsetzt und wie er damit auf andere wirkt. Durch die Analyse und Re-

---

34 Für ausführliche Darstellungen, s. Wybe Zijlstra, Seelsorgetraining, 147 ff.,
     Hermann Andriessen, Pastorale Supervision, 111 ff.

flexion der Arbeit, zum Beispiel der Seelsorgebesuche, wird ihm klar, wo seine Stärken und Schwächen liegen. Die Kollegengruppe dient ihm als Rückmeldungsinstanz. Die Beziehung zu diesen Kollegen und zum Kursleiter ist von entscheidender Bedeutung und bildet einen wichtigen Teil des Lernmaterials, weil sich die Berufsprobleme des Kursteilnehmers in diesen Gruppenbeziehungen wiederholen oder spiegeln.

Der Supervisor sagt ihm normalerweise nicht, wie er seine Arbeit tun soll. Er versucht ihm zu helfen, seine eigenen Wege zu finden.

Für die Leitung einer Gottesdienstanalyse bedeutet das nun folgendes:

1. Der Supervisor muß dem Prediger helfen zu entdecken, wie er tatsächlich gewirkt hat. Diese Rückmeldung läßt sich nicht, wie beim Seelsorgegespräch, aus den Gesprächsbeiträgen des besuchten Gemeindegliedes erschließen, denn im Gottesdienst wird kein Gespräch geführt. Die Rückmeldung kommt jetzt von den Hörern, die befragt werden. Wie ich schon dargestellt habe, ist es unerläßlich, die Hörerreaktionen zu reinigen, also genau festzustellen, welche Elemente oder Züge des Predigers welche Reaktionen ausgelöst haben. Soweit die Hörer diese Bedingungen nicht einhalten, muß der Supervisor sie dazu führen.

2. Der Supervisor muß darauf sehen, daß das Gespräch zwischen Prediger und Kollegen-Zuhörern einen ordentlichen Verlauf nimmt. Meistens bedeutet das, daß der Supervisor ziemlich energisch Gesprächsleitung bieten muß. Wenn die Gruppe wichtige Themen liegen läßt oder von der Orientierung an diesem einen Prediger ablenkt, soll er das Gespür haben, wo und wie er eingreifen muß. Er wird oft deutliche Hilfen anbieten müssen, damit die Gesprächsteilnehmer einander besser verstehen.

3. Der Supervisor muß merken, wo die Ergebnisse der Analyse persönliche Probleme des Predigers signalisieren. Mit oder ohne die Gruppe soll der Prediger entdecken können, wie technische und theologische Phänomene (wie zu rasches Reden oder Gesetzlichkeit) in seiner Lebenseinstellung verwurzelt sind. Je nach Tragfähigkeit des Predigers und Vertrauensbildung in der Ausbildungsgruppe muß entschieden werden, was in der Gruppe und was in einem persönlichen Gespräch oder sogar was überhaupt nicht besprochen werden soll. Daß der Supervisor hier eine große Verantwortung trägt, dürfte klar sein.

4. Der Supervisor muß sensitiv sein für die gruppendynamischen Entwicklungen während der Analyse. Komplimente und Kritik sind oft nicht sach-, sondern persongemäß. Das ist übrigens nicht unrealistisch. Viele Gottesdienstbesucher lassen ihr Erleben des Gottesdienstes durch ihre Beziehung zum Prediger beeinflussen[35].

---

35 Hierauf weist Ernst Lerle hin, wenn er den «statischen Kontakt» die erste Komponente des Mitteilungsaktes der Predigt nennt. Der statische Kontakt

5. Der Supervisor muß homiletisch geschult sein, damit er dem Prediger und den andern Kursteilnehmern einen Einblick in Zusammenhänge, eine genaue Darstellung der Probleme und Hinweise auf die heutige Diskussion geben kann. Er soll aber nicht erklären, wie der Prediger predigen soll. Er hilft ihm, seinen eigenen Weg zu finden.

Ein wichtiges praktisches Problem ist, welche Fragen der Supervisor stellen soll. Die Frage ist ohnehin eines der wichtigsten Mittel in der Supervision, darum ist der Inhalt der Frage von entscheidender Bedeutung. Mit der Frage führt er die Kursteilnehmer dazu, sich bestimmte Probleme, Haltungen, Absichten und Emotionen bewußtzumachen. Eines ist in allen Analysen gleich: der Anfang. Was fragt der Supervisor den Hörer? Das heißt: Worauf lenkt er das Interesse des Zuhörers? Über die Fragen, die der Supervisor im Verlauf der Analyse weiter stellen soll, zu reflektieren, scheint mir wenig sinnvoll, weil jede Analyse notwendigerweise einzigartig verläuft. Gemeinsam ist nur der Anfang.

Wenn die Wirkung eines Gottesdienstes untersucht werden soll, scheint mir eine möglichst wenig suggestive Befragung am verheißungsvollsten. Wir untersuchen die Wirkung des Gottesdienstes, also lautet die Frage:

– Wie hat der Gottesdienst auf dich gewirkt?

Jetzt hat der Befragte die Freiheit, die Gebiete und Dimensionen des Gottesdienstgeschehens herauszustellen, die ihm beim Zuhören wichtig geworden sind. Vielleicht redet er von tiefen Gefühlen, die in ihm geweckt oder nicht geweckt worden sind. Vielleicht von der Botschaft, die ihn angesprochen oder nicht angesprochen hat. Oder von einigen einzelnen Momenten, die ihm noch stark in Erinnerung sind.

Ernst Lerle macht sich verdienstlich durch seine Resonanzforschung der Predigt. Er weist mit Recht darauf hin, daß die Explorationsfragen dem Hörer nicht eine unangemessene kritische Einstellung zur Verkündigung suggerieren sollen[36]. Nur gilt dieser Grundsatz noch viel breiter. Die Exploration soll sogar die Wahl der Bereiche des Gottesdienstgeschehens, die der Hörer in seiner Resonanz anspricht, ihm selber überlassen. Im Grunde untersucht Lerle nur den Inhalt der Predigt. Damit unterschiebt er aber dem Hörer, daß ihm der Inhalt der Predigt genauso wesentlich sein muß wie dem Befrager. Viele Gottesdienstbesucher erleben Predigten aber anders. Auch in Kreisen der klinischen Seelsorge-Ausbildung gibt es manch-

---

ist «ein Zustand, der in Gemeindearbeit, in Seelsorge und in Predigten durch längere Zeiträume aufgebaut wird. Er beeinflußt ... die Hörerresonanz», (Grundriß der empirischen Homiletik, 62). Das aktuelle Kontaktgeschehen während der Predigt darf nicht isoliert von diesem gruppendynamischen Zustand betrachtet werden.

36 ebd., 80.

mal ähnliche Unterschiebungen. Wybe Zijlstra und Hans-Christoph Piper fragen die Zuhörer,

– Was für eine Botschaft hat mir die Predigt übermittelt? [37]

Per Frick Høydal fängt mit der Frage an

– Wir wollen uns zunächst auf das konzentrieren, was uns an der Predigt gefallen hat [38]

Es scheint mir klar zu sein, daß die genannten Fragen die Aufmerksamkeit der Hörer auf Aspekte und Bereiche richten, die wichtig sind. Die Gefahr ist aber ziemlich groß, daß diese Bereiche in der Analyse dann wichtiger als im wirklichen Erleben erscheinen. Was Willi Born an Befragung vorschlägt, ist nicht weniger als ein subjektives homiletisches System, das dem Hörer aufgedrängt wird [39]. Auf diese Weise fällt die Analyse zurück in eine theoretisch-inhaltliche Analyse, die ihren Wert hat, aber keine Wirkungsanalyse ist.

Der Absicht, die Wirkung des Gottesdienstes und der Predigt zu entdecken, dient am ehesten die Frage, die Willem Berger vorschlägt:

– Sagen Sie nur, was Ihnen beim Hören der Predigt widerfahren ist [40]

Diese Fragestellung führt den Hörer dazu, mitzuteilen, in welchen Bereichen des Erlebens er berührt worden ist. Das verlangt vom Analyseleiter die Flexibilität, diese Bereiche ernst zu nehmen, auch wenn er selber den Gottesdienst ganz anders erlebt hat und in anderen Bereichen angesprochen ist.

Wenn der Analyseleiter es wichtig findet, die Aufmerksamkeit der befragten Zuhörer auf bestimmte Bereiche zu lenken, wie auf den Inhalt der Predigt, auf die Zusammenhänge zwischen Predigt und Text, auf die Sprache oder auf die Beziehung zwischen Prediger und bestimmten Zuhörern (Kranken zum Beispiel), so kann das sehr instruktiv sein. Nur soll es ihm dabei klar sein, daß er damit die Reaktionen programmiert und daher nicht die spontane Wirkung entdeckt. Die Wichtigkeit eines Bereiches steigt mit einer Frage, die diesen Bereich anvisiert.

Das Gespräch im weiteren Verlauf der Gottesdienstanalyse verlangt meistens eine sehr große Präsenz, viel Vorsicht und auch einiges Geschick vom Analyseleiter. Nur wenn der Prediger und die Analyseteilnehmer offen und

---

37 Hans-Christoph Piper, Predigtanalysen, 16; s. auch Wybe Zijlstra, Methoden van preekanalyse, 31.

38 Die Auswirkungen eines CPE-Kurses auf Persönlichkeit und Predigt, 488.

39 Kriterien der Predigtanalyse, 30 ff. Weniger ausgeprägt auch bei Günter Rohkämper und Dieter Seiler (Trainingskurs mit Videorecorder in der homiletischen Aus- und Fortbildung, 141 f.).

40 Preken en counselen, 36.

persönlich sind, gelingt die Analyse. Besonders in längeren, sechswöchigen Kursen wächst dabei eine intensive Verbundenheit zwischen Prediger und Kollegen, die ein offenes Teilen von Freude und Anfechtung im Glauben an Jesus Christus auslöst. Vielen Teilnehmern wird evident, daß die Kraft des Herrn selber, die im Erleben des Gottesdienstes wirksam war, auch diese gemeinsame Aussprache auf einer existentiellen Ebene ermöglicht. Die «Gemeinschaft der Heiligen» ist es besonders, an die sich die Kursteilnehmer noch lange erinnern. Bei vielen löst sie das Verlangen aus, regelmäßig auf diese oder ähnliche Weise mit Kollegen zu reden. Über Predigt und Gottesdienst, über Glauben. Und über Gott.

Ergebnisse der Analysen

In diesem Buch untersuche ich die Ergebnisse der Analysen von etwas mehr als zweihundert Gottesdiensten oder Predigten. Die Ergebnisse umfassen verschiedenes: die Höreraussagen, das Gespräch mit den Predigern und die Auswirkungen auf die Entwicklung dieser Prediger.

Die Höreraussagen sind subjektiv, also keine zuverlässige Angabe der Wirkung des Gottesdienstes. Es wäre unsinnig, die Wirkung von Predigten auf einzelne Hörer zu studieren. Ich werde nur jene Höreraussagen benützen, die übereinstimmend von allen oder fast allen befragten Hörern gemacht worden sind. Bei der Analyse selber ist die Trennung zwischen allgemein empfundenen und nur von wenigen oder sogar einzelnen empfundenen Reaktionen entscheidend wichtig. Obwohl auch nur von einem Hörer gemachte Aussagen wichtig sein können, lasse ich sie hier außer Betracht. Wo ich eine Ausnahme mache, führe ich die Aussage *in Klammern* an.

Wie am Beispiel einer Analyse gezeigt ist, erscheint am Schluß der Hörerbefragung eine doppelte Reihe von Aussagen, positive und negative [41]. In beiden Reihen werden die ubiquitären, also die von allen oder von fast allen (es darf nur einer fehlen dabei) mitgeteilten Reaktionen hervorgehoben. Hauptsächlich mit diesen hervorgehobenen Höreraussagen werde ich in diesem Buch arbeiten. Ich möchte damit eine gewisse Allgemeingültigkeit erreichen. Von jeder Aussage, die ohne Klammern angeführt wird, kann man behaupten, daß der betreffende Gottesdienst oder die betreffende Predigt sie bei den allermeisten Zuhörern auslösen würde.

Die genaue Formulierung einer Hörerreaktion ist natürlich immer einmalig. In strengem Sinne gibt es keine oder fast keine übereinstimmend gemachte Höreraussagen. Aber die Aussagen sind oft dermaßen ähnlich, daß es mir erlaubt erscheint, sie auf einen Nenner zu bringen. Ob ich dabei

---

[41] s. S. 11 f.

recht habe, läßt sich nachträglich nicht beweisen. Als Kontrolle hatte ich immer die Kursgruppe, die ich in allen Fällen darüber habe entscheiden lassen, ob eine Aussage im beschriebenen Sinne als allgemeingültig aufgefaßt werden konnte. Oft wurde dann eine von mehreren Höreraussagen als Zusammenfassung ähnlicher Reaktionen gewählt, manchmal erschien es nötig, die Zusammenfassung neu zu formulieren.

Reine Objektivität in diesem Verfahren habe ich wohl nicht anzubieten. Soweit es mir möglich schien, habe ich versucht, die Aussagen unabhängig von meinen eigenen Empfindungen und Überzeugungen zu registrieren. Daß ich, auch wenn dieses Streben gelungen ist, trotzdem eine persönliche Prägung nicht ganz habe verhüten können, anerkenne ich gerne als eine eventuelle Beschränkung des Wertes dieser Untersuchung. Ich kann nicht aus meiner Haut heraus, ich will das auch nicht. Von genauerer Registrierung und größerer Objektivität habe ich keinen Gewinn erwartet. Wer an meinen Untersuchungen interessiert ist, wird es in Kauf nehmen müssen, nicht nur die reine Wirkung der Gottesdienste, sondern auch hier und da mich, den Analyseleiter und Autor, anzutreffen.

Ich könnte jetzt die im genannten Sinne ubiquitären Hörerreaktionen aufzählen, alle hintereinander, chronologisch oder alphabetisch. Ich verzichte darauf. Ich zähle sie in den nächsten drei Kapiteln in der von mir selbst gewählten Reihenfolge auf. Wer eine Aufzählung will, müßte sie selber machen. Sinnvoller scheint es mir zu sein, meine Anordnung zu begründen.

Beim Vergleichen und Ordnen dieser Höreraussagen mit größter Streuungsdichte ist mir Folgendes aufgefallen:

1. Die meisten und stärksten Aussagen kreisen in irgendeiner Weise um das Thema «persönlich». Der Wunsch, daß es im Gottesdienst und in der Predigt persönlich zugeht, ist am stärksten unter den Bedürfnissen der Zuhörer.

2. Ein zweites zentrales Anliegen der Gottesdienstbesucher ist, daß ihnen Befreiung zugesprochen wird. Eine große Zahl der Höreraussagen betreffen dieses Thema. Die Zuhörer wollen von Druck erlöst werden. Wenn die Predigt gesetzliche Forderungen stellt, wehren sie sich.

3. Die übrigen Aussagen lassen sich unter dem Nenner des Erkennens und Verstehens zusammenfassen. Es ist den meisten Zuhörern wichtig, daß der Gottesdienst und besonders die Predigt sie zu Einsichten in den existentiellen Problemen ihres Lebens führt.

Diese ist die Ordnung, die mir spontan aufgefallen ist. Die nachträgliche Reflexion führte mich zur Unterscheidung von drei Dimensionen im Erleben eines Gottesdienstes, die diesen drei Zusammenfassungen entsprechen.

Drei Dimensionen im Erleben eines Gottesdienstes

Wer die unterschiedlichen Elemente, die in einem Gottesdienst wichtig sind, zusammenstellen und systematisch besprechen will, muß sich eine Ordnung ausdenken. Wieviele Varianten zur Wahl stehen, zeigen die immer wieder verschiedenen Einteilungen in den vielen homiletischen Lehrbüchern. Meine Besprechung der Problematik von Predigt und Gottesdienst findet ihren Ausgangspunkt in der Analyse ihrer Wirkung. Dieser Ausgangspunkt bedingt die Ordnung der Themen, die ich besprechen will. Selbstverständlich gibt es auch auf diese Weise noch mehrere Möglichkeiten der Systematisierung. Die hier gewählte soll nur der Forderung entgegenkommen, daß das Erleben der Gottesdienstbesucher Ausgangspunkt der Reflexionen ist.

Was mich am meisten überrascht hat bei den Wirkungsanalysen von Gottesdiensten und Predigten, habe ich mit dem Stichwort «persönlich» angedeutet. Es ist die Entdeckung, daß der Inhalt des Gesagten viel weniger wichtig ist für den Vorgang des Angesprochenwerdens der Zuhörer, als sämtliche Homiletik-Lehrbücher, mit Ausnahme von Otto Haendlers Buch, vorgeben. Am tiefsten getroffen, am meisten erfreut, am dankbarsten für den Gottesdienst sind die Teilnehmer dann, wenn der Prediger in ihnen ein Gefühl von Vertrauen, von Geborgenheit geweckt hat. Der Inhalt der gesprochenen Worte ist ein nicht unwichtiges Element beim Zustandekommen dieses Geborgenheitsgefühls, aber nicht das einzige und oft auch nicht das wichtigste. Je tiefer die Zuhörer sich angesprochen fühlen, desto mehr Geborgenheit haben sie im Gottesdienst erlebt. Das führt mich dazu, *die Dimension der Geborgenheit* als die erste zu betrachten, die bei der Auswertung der Analyseergebnisse Aufmerksamkeit verdient. Die Dimension der Geborgenheit kann aber nicht selbständig betrachtet werden. Ohne die Berücksichtigung der anderen noch zu nennenden Dimensionen entsteht kein Geborgenheitsgefühl. Wenn ich die Dimensionen hier getrennt voneinander aufführe, ist das nur der theoretischen Übersichtlichkeit zuliebe.

Geborgenheit bleibt primitiv und infantil ohne eine zweite Dimension, die schon angedeutet wurde mit den Stichworten «Druck», «Befreiung». Ich nenne sie *die Dimension der Befreiung*. Erwachsene Menschen fühlen sich nur dann wirklich angesprochen, wenn ihre tägliche Realität berücksichtigt wird, wenn sie darin eine Perspektive bekommen, die sie mit ihren Augen eben nicht sehen können, wenn wieder neuer Mut wächst, das Leben weiterzuleben, auch angesichts schwerer Bedrohungen. Darin unterscheidet sich die Geborgenheit, die Menschen im Gottesdienst erleben, vom Rausch, wie Alkohol, Drogen oder Schwärmerei ihn wecken. Befreiung deutet darauf hin, daß es nicht nur das Altvertraute ist, das Ruhe gibt. Es ist gleichzeitig das Neue, das hoffen läßt. Erst im Zusammenhang mit der Dimension der Befreiung wird die der Geborgenheit wirksam.

Eine dritte und letzte Reihe von Analyseergebnissen deuten auf *die Dimension des Erkennens,* ohne die eine Predigt nicht anspricht. Die Gottesdienstbesucher kommen nicht nur mit ihrem Bedürfnis nach Geborgenheit in die Kirche, sie haben auch ihre Fragen, ihre Skepsis, ihre Anfechtung. Wenn sie darin nicht ernst genommen werden, fühlen sie sich nicht angesprochen, und dann kommt es auch nicht zum Vertrauen und zur Freude. Die Verkündigung ist ihnen nicht oder nicht mehr selbstverständlich wie (vielleicht) vorangegangenen Generationen. Sie möchten sie neu kennenlernen, aber wirklich neu, das heißt unter Miteinbeziehung ihrer berechtigten und verständlichen Vorbehalte.

Die drei Dimensionen lassen sich nicht trennen. Im Geschehen des Gottesdienstes sind sie eine Einheit. Geborgenheit ohne Befreiung gibt es zwar auch, sie ist aber eine infantile Geborgenheit, die nur unselbständige Menschen anspricht. Ohne Erkenntnis ist sie naiv. Befreiung ohne Geborgenheit ist unverbindlich, ohne Erkennen ist sie nicht zuverlässig. Erkennen ohne Geborgenheit ist unpersönlich, ohne Befreiung ist es steril. Die drei unterschiedenen Dimensionen hängen aufs engste zusammen. Sie sind Varianten der Trias Liebe, Hoffnung und Glaube. Daß hier die Liebe voransteht, hängt wohl damit zusammen, daß ich von den Erfahrungen der Zuhörer ausgegangen bin und nicht von der anderen Seite, vom Auftrag zur Verkündigung. «Die größte von den dreien» ist ja die Liebe, also wirkt sie am tiefsten.

Bei den Analysen von Gottesdiensten und Predigten habe ich gemerkt, daß das Angesprochensein im allgemeinen nur dann geschieht, wenn der Prediger den drei genannten Dimensionen gerecht wird. Jetzt will ich diese Gebiete genauer untersuchen, anhand der Ergebnisse aus den Analysen.

Die drei Dimensionen sind im Gottesdienst oder in der Predigt nicht einzeln identifizierbar. Die eine Dimension ist an bestimmten Stellen klarer erkennbar als die anderen, aber grundsätzlich sind sie nur bei der nachträglichen Reflexion brauchbar, sie sind theoretische Hilfsmittel, um etwas von der komplexen Wirklichkeit zu erfassen. Die einzelnen homiletischen Fragekreise lassen sich dann auch nicht immer eindeutig einer bestimmten Dimension zuordnen. Die Grenzen sind nicht scharf gezogen. Ich glaube gerade dadurch der Realität besser gerecht zu werden als mit einer kleinteiligeren Kategorisierung.

Ist diese Arbeitsweise, die nicht vom Auftrag Gottes oder von der theologischen Begründung der Verkündigung, sondern von den Reaktionen der Gemeinde ausgeht, normativ? Beschreibt sie nicht nur, wie ein Prediger seine Leute befriedigen kann? Gehört dieses Buch in die Theologie oder in die Werbetechnik?

Was in den Höreraussagen sichtbar wird, reicht an sich als Grundlage einer Homiletik nicht aus. Der Gottesdienst soll nicht einfach Bedürfnisse der Besucher befriedigen. Die Aussagen der Besucher haben aber einen großen Wert als Rückmeldung. In ihnen leben ja nicht nur primitive, meinetwegen illegitime Wünsche, sondern auch Erwartungen, die vom Gottesdienst in der Vergangenheit geweckt und lebendig erhalten worden sind. Wenigstens teilweise sind diese Erwartungen das Abbild dessen, was Gottesdienst und Predigt der Gemeinde bedeuten wollen. Diese Bedeutung festzustellen ist nicht so einfach. Wer soll und darf eigentlich sagen, was ein Gottesdienst bewirken will? Wer hat das Recht, hier Gesetze zu formulieren? Als Berechtigte kommen zwei verschiedene Kategorien von Menschen in Frage: die Prediger und die Zuhörer. Üblicherweise befragt die Homiletik nur die Prediger, genauer gesagt: einen Prediger. Eine Homiletik wird normalerweise von einem Theologen, der selber predigt, geschrieben. Natürlich wird er sich auf Bibel und Theologie berufen, aber sein Blickpunkt ist einseitig die Kanzel. Vom Auftrag der Verkündigung her formuliert er die Bedeutung und damit Grundsätze und Programm der Predigt, somit auch die Einstellung und den Auftrag des Predigers. Die Einseitigkeit liegt darin, daß eine auf diese Weise zustande gekommene Homiletik, trotz Anführung von Bibelstellen, subjektiv und an der Rolle des Predigers orientiert ist. In diesem Buch suche ich den anderen Weg. Der Zuhörer soll nun einmal sagen, wie die Gesetze, wie das Programm und die Grundsätze des Gottesdienstes sein sollen [42]. Aus der Rolle des Zuhörers sieht das Ganze dann ein wenig anders aus. Auch hier ist Prüfung nötig. Genauso wie die Sätze des Kanzelhomiletikers müssen die Erwartungen der Gemeinde auf ihre Realisierbarkeit und Legitimität hin geprüft werden.

[42] Ich hoffe, damit dem Verlangen, das Gerhard Krause formuliert, entgegenzukommen. Krause meint, daß die Christen in der Gemeinde, nicht die Prediger, Antwort erteilen sollen auf die Frage, wie die Kirche predigen soll. Er beruft sich auf Paulus und Luther (Die Predigt braucht das Laienurteil, 92 f.).

2. Kapitel

Die Dimension der Geborgenheit

Eine Formulierung, die Zuhörer oft benutzen, um anzudeuten, was sie im Gottesdienst und in der Predigt erlebt haben, ist der Ausdruck: «Ich fühlte mich angesprochen», «Es hat mich angesprochen» oder ganz persönlich: «Du hast mich angesprochen.» Natürlich können Gottesdienstbesucher diese Aussage verschieden ernst meinen. Das Erleben, das sie damit andeuten, kann relativ oberflächlich oder intensiv sein, jedenfalls ist es positiv. Wenn dieses Erleben während des Gottesdienstes nicht eingetreten ist, sind die Zuhörer enttäuscht. Die Erwartung, daß es zu diesem Angesprochenwerden kommen soll und daß der Prediger dafür mitverantwortlich ist, ist ihnen selbstverständlich.

Was ist genau gesagt mit diesem «Angesprochen»? Ich glaube, daß das, was hier gemeint ist, vielschichtig ist. Ich ergänze diese allgemeine Aussage mit einigen anderen, die entweder ebenso positives Erleben oder aber Enttäuschung, daß das ausblieb, zum Ausdruck bringen, damit klarer wird, was im Geschehen vorgegangen ist.

- Die Predigt hat mich sehr mitgenommen
- Ich fand es interessant, aber es hat mich nicht getroffen
- Ich bin kalt geblieben
- Wo ich überrascht war, fühlte ich mich ganz wohl, aufgehoben, heiter. Die Kruste von Sorgen und Grübeln fiel weg, ich fand mein Vertrauen in Gott wieder.
- (Manchmal kam eine herrliche, warme Luft: «Gott tut es»)
- Der Schlußteil weckte großes Vertrauen in mir
- Das Ganze hat mich sehr beruhigt
- Seine klare, langsame Stimme gab mir das Gefühl: «Es ist gut so» (Abdankungspredigt)
- Das Bild vom Bergsee hat mich sehr gepackt, ich wollte fast nicht mehr weggehen davon
- (Gedanklich war ich abwesend, aber es war angenehm, ihn [den Prediger] zu sehen und seine Stimme zu hören)
- (Ich fühlte mich wieder ermutigt. Es war schön, anschließend das Lied zu singen, ich fühlte mich nicht mehr allein. Es hat mich richtig aufgestellt.)

In diesen Zusammenhang gehört auch einiges, was über die Stimme des Predigers gesagt wird:

- So entschieden
- Warm und führend
- Verbindlich, zuverlässig
- Gewinnend

Diese Sammlung, die sich noch ergänzen ließe, zeigt einige auffällige Phänomene.

1. Die Bezeichnung «warm» oder «kalt» kommt einige Male vor[1].

2. Positive Stimmung wird oft diffus ausgedrückt: «ganz wohl», «heiter», «herrlich», «gut so», «angenehm».

3. Manche Worte verraten eine verborgene Beziehung zur Berührung: «mitgenommen», «getroffen», «aufgehoben», «gepackt».

4. Es werden Qualifikationen aufgezählt, die an sich für Eltern und andere liebevolle Autoritäten bestimmt sind: «führen», «verbindlich», «zuverlässig».

5. Die wichtigsten Gefühle, die geweckt wurden, sind: Vertrauen, Mut, Ruhe und das Gefühl, nicht mehr allein zu sein.

Aus diesen Aussagen ist zu schließen, daß die Zuhörer sich in tiefen Schichten ihrer Person treffen lassen. Wenn sie sich dort nicht angesprochen fühlen, erleben sie das als einen Mangel, eine Enttäuschung. Offenbar rechnen sie damit, daß der Gottesdienst sie in der Tiefe berührt. Sogar die tiefste Erlebnisschicht wird in den angeführten Aussagen sichtbar. Das älteste Verlangen des Menschen ist die Sehnsucht nach Geborgenheit. Geborgenheit ist das erste, was ein Mensch in dieser Welt erleben muß, um überhaupt am Leben zu bleiben. Auch wenn wir später Geborgenheit erleben, schenkt uns das immer ein starkes positives Gefühl. Wenn wir es erwarten und nicht bekommen, ist das eine schmerzliche Enttäuschung. In der Dynamik zwischen Geborgenheit und Ungeborgenheit liegt die tiefste menschliche Betroffenheit.

In der ersten Lebensperiode eines Menschen, in der oralen Phase, kommt die Spannung zwischen Geborgenheit und Ungeborgenheit, zwischen Ur-Vertrauen und Ur-Mißtrauen, zum erstenmal auf uns zu. Es ist von daher zu verstehen, daß wir die Neigung haben, Geborgenheitserleben anzudeuten mit Worten und Bildern, die in die erste Lebensphase zurückweisen. In dem Sinne sind die fünf genannten Phänomene in den angeführten Aussagen zu verstehen. Sie bezeugen, daß Gottesdienstbesucher erwarten, in der tiefsten, oralen Erlebnisschicht angesprochen zu werden. Sie rechnen damit, daß das religiöse Erleben die tiefste Stufe des Erlebens erreicht. «Du hast mich angesprochen» heißt dann: «Du hast mein Geborgenheitsgefühl, mein Vertrauen verstärkt, bestätigt, erneuert.» Mit dieser tiefsten Schicht des Angesprochenseins befasse ich mich in diesem Kapitel.

Das Ur-Vertrauen und seine dauernde Erneuerungsbedürftigkeit

Unsere tiefsten Gefühle sind auch unsere ältesten Gefühle. Die existentiellen Fragen sind die allerersten, die uns gestellt werden, sobald wir das Licht

---

[1]   Genauso bei den Höreraussagen in Hans-Christoph Piper, Predigtanalysen, 70,98.

des Lebens sehen. Im Dunkel des Mutterschoßes gab es für uns keine Probleme. Erst als wir physiologisch selbständig geworden waren und zum erstenmal erleben mußten, was Unlust, was Hunger und Elend, was Warten und Bangen ist, da mußten wir entscheiden, ob wir wirklich leben wollten oder nicht. Als wir biologisch auf die Welt gekommen waren, mußte die Frage, ob wir nun auch das geschenkte Leben bejahen wollten, beantwortet werden. Die «existentielle Geburt»[2] folgt der biologischen Geburt erst, wenn der neugeborene Mensch sich wohl und sicher genug fühlt in der neuen, fremden Welt. Fühlt er sich nur unsicher und unwohl, so wird er sich wehren gegen das Leben und stirbt. Weiterleben setzt das grundsätzliche Vertrauen voraus, daß die Zukunft Gutes bringen wird. Der menschliche Wille ist also von Anfang an miteinbezogen, wenn auch nicht klar bewußt. Dieser Wille zum Leben wird geweckt und gestärkt durch das liebevolle und zuverlässige Verhalten unserer Mutter oder ihrer Stellvertreter. Der Normalfall ist, daß das Kind durch die positive Beziehung mit seiner Mutter rasch sein Leben bejaht und sich dann gesund entwickelt. Dieses Kind hat ein Gefühl von «Ur-Vertrauen»[3] bekommen. Die psychoanalytische Forschung hat klargemacht, wie gewaltig die existentielle Entscheidung ist, die wir gerade am Anfang unseres Lebens treffen. Inmitten einer fremden Welt, zwischen Bedrohung und Verheißung, kommt es zu einem Gefühl von ontologischer Geborgenheit, von Ur-Vertrauen, das stärker ist als das Ur-Mißtrauen.

Ur-Vertrauen heißt aber nicht, daß kein Mißtrauen mehr da ist. Erstens gelingt die Überwindung des Ur-Mißtrauens nie ganz[4], zweitens ist das Ur-Vertrauen keine Errungenschaft, die ein für allemal erworben wird. Durch

[2] Der Psychiater Ronald D. Laing benutzt diesen Ausdruck (Das geteilte Selbst, 50). Er behauptet, daß die existentielle Geburt die Grundlage ist für das Gefühl, ein wirklicher Mensch, eine lebende und kontinuierliche Persönlichkeit zu sein. Die existentielle Geburt bedeutet das Entstehen einer Grundsicherheit, einer ontologischen Geborgenheit. Wo diese fehlt, entsteht psychotisches Verhalten. Laing sucht hier die Wurzeln der schizophrenen Psychose (s. S. 47–75).

[3] Der Psychoanalytiker Erik H. Erikson hat diesen Ausdruck geprägt. Er nennt dieses Ur-Vertrauen den «Eckstein der gesunden Persönlichkeit» (Identität und Lebenszyklus, 63). Es ist ein Grundgefühl, das diffus Oberfläche und Tiefe der Person durchdringt, bewußt und unbewußt. Es gibt mehrere Dimensionen des Ur-Vertrauens: bewußtes Erleben, Verhalten und unbewußte innere Zustände. Im Ur-Vertrauen geht es um die positive Einstellung zu sich selbst und zur Welt (s. bei Erikson, ebd. 57–69). Für die meisten Menschen ist ein gutes Maß an Ur-Vertrauen dermaßen selbstverständlich, daß es ihnen nicht bewußt zu sein braucht.

[4] Auch im günstigsten Fall «scheint diese Phase im Seelenleben ein Gefühl von Trennung und eine undeutliche, doch umfassende Sehnsucht nach einem verlorenen Paradies zu hinterlassen» (Erikson ebd. 69).

das ganze Leben zieht sich ein Kräftespiel zwischen den entgegengesetzten Ur-Gefühlen. Das Vertrauen wird ständig bedroht. Deshalb suchen wir Menschen immer wieder Möglichkeiten, die unser Geborgenheitsgefühl neu festigen und aufrechterhalten. Diese Möglichkeiten suchen wir auf verschiedenen Gebieten, an der Oberfläche genauso wie in der Tiefe. Überall wollen wir stets neu erleben, daß unsere Welt noch in Ordnung ist.

Angesichts der tiefsten und letzten Lebensfragen suchen Menschen die Bestätigung ihres Ur-Vertrauens nun auch im Gottesdienst. Seit der Zeit der Betreuung durch unsere Mutter hat sich viel verändert. Aber unser Bedürfnis nach Zuverlässigkeit, nach Bejahung und Liebe, besteht immer noch. Es ist das Bedürfnis nach einer Geborgenheit, die sich nicht auf einfache Formeln bringen läßt. Eher diffus als differenziert, eher unbewußt als bewußt fragen Menschen:

- Habe ich eine Zukunft?
- Bin ich verloren oder gehalten?
- Habe ich Boden unter den Füßen?
- Bin ich mir allein überlassen oder gibt es Hilfe?
- Muß ich mich wehren, verkrampfen oder soll ich mich entspannen, ergeben?
- Darf ich Mut fassen oder soll ich resignieren?

Immer sind die individuellen Situationen wieder anders, wenn wir Menschen diese «letzten Fragen» stellen. Es geht jetzt nicht darum, ob diese Fragen immer berechtigt oder reif und erwachsen sind. Was mir jetzt wichtig ist, ist die Feststellung: Menschen suchen immer wieder Bestätigung und Erneuerung ihres Ur-Vertrauens. Verständlich ist dieses Suchen auf jeden Fall. Das Leben ist für die wenigsten Menschen einfach. Störungen und Drohungen sind tägliches Brot. Gerade das einfache Leben der unzähligen einfachen Menschen ohne öffentliche Bedeutung ist ein schwieriges Leben: sich selbständig behaupten in unserer Gesellschaft, an der Arbeitsstelle, in der Familie; Herzlichkeit und Verständnis finden, wenn wir es brauchen; Kinder erziehen; leben mit ungestillten Sehnsüchten; verpaßte Chancen, Eifersucht, Trauer, Sorgen um Gesundheit ertragen; überall drohen Enttäuschungen und Angriffe, das Ur-Vertrauen zu zerstören.

Der Gottesdienst ist eine Möglichkeit unter vielen, die Erneuerung des Ur-Vertrauens zu erleben. Er unterscheidet sich von anderen Möglichkeiten besonders dadurch, daß Menschen hier in ihrer Beziehung zum Leben als Ganzem angesprochen werden. Sie werden in ihrer «schlechthinnigen Abhängigkeit» in Betracht gezogen. Der Gottesdienst hat in bezug auf die Erneuerung des Ur-Vertrauens auch seine Beschränkung. Wer nie ein starkes Ur-Vertrauen erlebt hat, wird es wohl kaum in einem Gottesdienst finden. Für die Erweckung und Entstehung von ontologischer Geborgenheit fehlt Entscheidendes. Dazu wäre eine spürbare Partnerschaft nötig, während in der Kirche meistens eine gewisse Anonymität herrscht. Für Menschen, die ihr Ur-Vertrauen in Verbindung mit ihrem Glauben erleben, kann der Gottesdienst aber die Schmerzen der Ungeborgenheit, wie sie im Alltag oft erlebt werden, tragbar machen. Sie sind nicht mehr emotional entscheidend für die, die ihren Halt in Gott finden. Darum suchen die Gottesdienstbesucher in der Kirche immer wieder die Festigung ihrer Geborgenheit. Das drücken sie verschieden und auch nicht immer theologisch korrekt aus, wenn wir sie fragen, was sie vom Gottesdienst erwarten:

- Ich will einen Moment die Qualen des Alltags vergessen
- Ich suche Kraft für die neue Woche
- Ich möchte aus der Hetze raus, ein bißchen Ruhe finden
- Endlich mal kein Streit, jetzt will ich Frieden
- Es muß uns auch einmal wieder gut zugeredet, es muß uns Mut gemacht werden [5]

Bevor wir hier Protest einlegen, weil das Evangelium uns gerade nicht beruhigen, sondern in Gang setzen will, sollen wir daran denken, daß es hier nicht um die Bestätigung und Erhaltung irgendeines Status quo geht [6]. Es geht um das tiefste Vertrauen, mit dem Menschen sowohl in Dauerzuständen als in Umbrüchen leben. Für Gottesdienstbesucher ist dieses tiefste Vertrauen mit Gott und dem Evangelium verbunden. Der Gläubige interpretiert sein Ur-Vertrauen als ein Vertrauen in Gott [7]. Sein letzter Halt, glaubt er, ist der Herr. Das Ur-Vertrauen gefestigt bekommen, heißt, heute neu zu entdecken und zu glauben, was gestern der Halt war. Für den Gläubigen ist das die Geborgenheit in Gott. Die will er neu finden, schauen, erfahren, glauben oder ahnen. Ein lebendiger Glaube läßt sich nicht lange bewahren, wie das Manna in der Wüste. Aber die Erinnerung an diesen Glauben besteht weiter und führt Menschen dazu, ihn wieder zu suchen. Sie sind enttäuscht, wenn sie im Gottesdienst nichts davon finden. «Ich bin genauso aus der Kirche gegangen, wie ich reingegangen bin», sagen sie und meinen damit nicht, daß

---

5 Götz Harbsmeier, angeführt bei Walter Neidhart, Psychologische Überlegungen zur Gestaltung von Gottesdiensten für die Gegenwart, 233.

6 Über «Veränderung» und «Erneuerung» im Rahmen eines Gottesdienstes wird noch zu reden sein (s. S. 92 ff.).

7 «Der Gottesdienstteilnehmer hat in seiner Vergangenheit ein bestimmtes christliches System angenommen, von dem aus er die Welt deutet und Wertungen vornimmt. Im Gottesdienst erlebt er durch Worte, die gesprochen werden, und durch das Zusammensein mit anderen, die nicht zur Intimgruppe gehören, daß sein Bezugssystem gilt, daß seine Weltauslegung richtig ist» (Walter Neidhart, ebd. 234). Man muß dieses «Annehmen» eines Systems nicht immer als einen Vorgang verstehen, der bewußt verläuft ist. Die Wurzeln können in der frühesten Kindheit liegen, wo eine Mutter ihrem Kinde ein Gebet vorzusingen pflegte.

sie leider keine neuen Ideen bekommen haben, sondern daß sie nicht in ihrem Glauben gestärkt sind und daß ihre Geborgenheit nicht neu lebendig geworden ist.

Soweit im Gottesdienst und beim Hören der Predigt Geborgenheit geweckt wird, findet in den Zuhörern eine Regression statt, ein Zurückkehren zu Verhalten und Gefühlen der allerersten Lebensphase. Nun gibt es destruktive, aber auch konstruktive Regressionen. Der Schlaf und viele übliche Verhaltensweisen sind Regressionen, die der Regeneration der Person dienen und rekreative Bedeutung haben. Warum soll der Gottesdienst nicht unter anderem auch die Funktion haben, Menschen eine heilsame Regression zu ermöglichen?[8] Durch die Regression ist es eben möglich, zu erleben, was wir zum erstenmal am Anfang unseres Lebens erfahren haben.

Vertrauen erleben wir in bestimmten Erlebnisformen. Es ist kein Zufall, daß diese Formen uns an die Kindheit erinnern. In der oralen Phase des Lebens, wenn das Ur-Vertrauen entsteht, werden zum erstenmal ganz bestimmte Verhaltensweisen und Gefühle im Menschen aktiviert. Wenn wir im späteren Leben Erneuerungen des Ur-Vertrauens erleben, geschieht das immer in Erlebnisformen, die uns aus dieser oralen Phase bekannt und vertraut sind. Erlebnisweisen wie «gepackt werden», «warm werden» sind unsere Zugangswege zum Ur-Vertrauen.

Das Wort «oral» deutet auf den Mund, der in dieser Phase ein wichtiges Zentrum für die Annäherung an das Leben ist. Mit dem Essen korrespondieren unsichtbare Tätigkeiten wie «in sich aufnehmen», «erfüllt werden», «empfangen», «befriedigt werden». Das rezeptive Verhalten kennzeichnet diese Phase. Im liebevollen Verhältnis mit der Mutter wird erfahren, was es heißt «sicher sein», «sich getragen, aufgenommen fühlen», «partizipieren», «dazu gehören». Auch «Wirheit», «Gemeinschaft» wird zur Erfahrung. Dies alles zusammen ermöglicht das umfassende Ur-Vertrauen, die ontologische Geborgenheit[9].

Es ist unverkennbar, daß die angeführten Reaktionen von Gottesdienstbesuchern häufig in die Kategorien der oralen Erlebnisphase gehören. Die fünf Zusammenfassungen[10] stimmen manchmal wörtlich mit der Termino-

---

8   Manfred Josuttis bewertet die Wiederholbarkeit des Gottesdienstes und den ganzen Vorgang von Wiederholung und Repetition erlernten Verhaltens positiv als Bestätigung der Kontinuität und Identität der Person (Praxis des Evangeliums zwischen Politik und Religion, 184 f.). Mit Recht sagt Günter Hegele, daß ohne Stabilität auch Freiheit und Veränderung nicht denkbar sind. Deshalb ist es positiv, wenn der Gottesdienst diese Stabilität festigt (Das Problem der Wiederholbarkeit im Gottesdienst, 90 f.).

9   Näheres in entwicklungspsychologischer Literatur, zum Beispiel Antoine J. M. Vossen, Selbstwerden in menschlichen Beziehungen, 118.

10   s. S. 44.

logie der Oralität überein. Und nicht nur Zuhöreraussagen, auch Bibel und Theologie bieten Verheißungen, die sich, psychologisch betrachtet, in Erlebnisformen der oralen Phase verwirklichen: Gemeinschaft mit Gott, Gott «alles in allem» [11], «Christus lebt in mir» [12], «sie wurden alle voll des Heiligen Geistes» [13], und sehr viel anderes wäre hier aufzuzählen. Die Kirchenlieder sind eine wahre Fundgrube, wenn jemand Ausdrücke für orales Erleben sucht.

Mit «Ur-Vertrauen» habe ich einen Ausdruck aus der Entwicklungspsychologie übernommen. Wenn ich Erlebnisreaktionen von Zuhörern auf das Geschehen im Gottesdienst als Ausgangslage betrachte, unterwerfe ich mich damit notwendigerweise psychologischen Kategorien. Es ist klar, daß ich auf diese Weise nur einen Teil des Gottesdienstgeschehens umfassen kann, und zwar nur den Teil, der für psychologische Wahrnehmungen faßbar ist. Ich möchte nicht behaupten, daß es beim Vertrauen der Zuhörer nur um das wiederbelebte Ur-Vertrauen geht. Ich glaube, daß viel mehr geschieht. Menschen kommen mit dem lebendigen Gott in Verbindung! Das ist aber nicht in psychologischen Kategorien zu fassen, das ist ein ungreifbares Geheimnis. Mir ist die Feststellung wichtig, daß es in dem unfaßbaren Geschehen nun auch um die Erneuerung des Ur-Vertrauens geht. Das ist die für unser analytisches Erkennen faßbare Seite des Geschehens.

Der Bereich, den ich mit «Ur-Vertrauen» und der Dimension der Geborgenheit anvisiere, läßt sich auch mit dem Wort Erbauung andeuten. Ich rede in diesem Kapitel von Erbauung. Aus den Hörerreaktionen ist klar, daß Erbauung zu deren tiefsten Anliegen gehört: Geborgenheit beim Altvertrauten. In den homiletischen Lehrbüchern wird wenig oder gar keine Aufmerksamkeit auf die Erbauung, im Sinne von Erneuerung des Ur-Vertrauens, gelenkt [14]. Es herrscht in unserer theologischen Welt eine Stimmung, die wenig

---

[11] 1. Kor. 15, 28.

[12] Gal. 2, 20.

[13] Apg. 2, 4.

[14] Eine klare Ausnahme bildet der angeführte Artikel von Walter Neidhart, Psychologische Überlegungen zur Gestaltung von Gottesdiensten für die Gegenwart. Albert Schädelin widmet eine Seite dem Erbauungszweck der Predigt, benutzt aber mehr als die Hälfte dieser Seite für die Warnung vor Mißverständnissen (Die rechte Predigt, 40). Helmut Schreiner benutzt Erbauung nur negativ, macht zwar eine Ausnahme, wenn es sich nicht um «gemütliche», sondern um «sachliche» Erbauung handelt (Die Verkündigung des Wortes Gottes, 100). Wenn Karl Barth über Erbauung lehrt, betont er, daß Menschen Gottes Befehl vernehmen und gehorsam werden sollen. Nur innerhalb des Rahmens «Gehorsam» darf dann das zweite hinzukommen: Erbauung durch die Gnade Gottes zum Leben. Aber es sind nur «die Nullen, die an die Eins zu hängen sind» (Homiletik, 50). Kein Wort über Vertrauen

geeignet ist, das Altvertraute zu pflegen. Nicht nur in der Theologie wird Erneuerung höher bewertet als Festhalten am Altvertrauten. Wenn ich recht sehe, gibt es eine Kluft zwischen dem heutigen, in den meisten von uns spürbaren Hang zum Neuen und dem Pflegen und Bewahren des Altvertrauten, das Voraussetzung ist für das Wecken von Geborgenheit. Vom Prediger erhoffen sich die Gottesdienstteilnehmer, daß er ihr Ur-Vertrauen, das Tiefste und Älteste, was es für sie gibt, verstärkt und bestätigt. Das verlangt vom Prediger eine Flexibilität, die ihm auch eine konservative Haltung erlaubt[15]. Sie ist Voraussetzung der Möglichkeit, Geborgenheit zu wecken. Es geht hier um eine conditio sine qua non. Das Orten der konservativen Haltung soll nicht bedeuten, daß der Prediger sich in allen Dingen nur konservativ benehmen oder daß die Herausforderung des Neuen im Gottesdienst überhaupt keinen Raum haben soll. Für eine positive Wirkung eines traditionellen Gottesdienstes scheint mir jedoch eine grundsätzlich konservative Einstellung unerläßlich. Am empfindlichsten sind die Gottesdienstteilnehmer für Veränderungen in den liturgischen Gewohnheiten. Viel mehr als der Inhalt der Predigt sind Änderungen im Ablauf des Gottesdienstes Grund für Verärgerung. Man übersieht die Dimension der Geborgenheit mit ihrem Haltsuchen beim Altvertrauten, wenn man diese Verärgerung bagatellisiert. Das

---

oder Mut. Sicher muß man diese Aussagen im Rahmen ihrer Zeit sehen. Mit «Erbauung» meint man heute, im Unterschied zum biblischen Sprachgebrauch, eine individuelle Erfahrung. Aber der Sache ist nicht damit geholfen, daß wir den individuellen Rest der Erbauung auch noch verdächtig machen. Er soll ergänzt, nicht ersetzt werden. Die Geborgenheit dürfte nicht nur in der Homiletik, sondern in der ganzen Theologie in letzter Zeit zu kurz gekommen sein. Auch das Wort fehlt weitgehend.

15   Das Adjektiv «konservativ» hätte ich gerne vermieden, weil es fast nur negativ verwendet wird. Es ist meistens synonym mit «beschränkt», «borniert», «engstirnig», «rückständig» und «zurückgeblieben». Der Mythos vom Fortschritt erträgt kein Konservieren. In der Politik in Westeuropa ist «konservativ» fast überall ein Schimpfwort. Aber die konservative Haltung ist in jeder politischen Auseinandersetzung feststellbar und auch nötig. Die Bezeichnung der konservativen Parteien ist aber selten offen, sie sind mit Ausdrücken wie «christlich-demokratisch», «Volkspartei» oder noch anders überklebt. Wenn ich in diesem Buch «konservativ» schreibe, meine ich damit eine Einstellung von Beständigkeit, die das Gute bewahren will; die die Tradition nicht leichtsinnig für Modelaunen preisgibt; die bewährte Grundlagen kräftig aufrechterhalten will; und die offen ist für das Neue, aber immer versucht, es zu ordnen unter Beibehaltung von möglichst vielem des Vorhandenen. In der Kirche sind auch andere Haltungen nötig, wie im Leben überhaupt. Wir reden jetzt aber vom traditionellen Gottesdienst und seinen Voraussetzungen. Der alte Akzentunterschied zwischen priesterlich und prophetisch wird hier sichtbar.

Ritual erreicht eben, mehr als Begriffe und Lehre, die existentielle Tiefe der Persönlichkeit und bietet von daher dem Prediger nur einen beschränkten Spielraum für Veränderungen. Die Einstellung und Erwartung der Gottesdienstbesucher ruft die Prediger also dazu auf, das Bewährte zu bestätigen. Diese Einstellung wird den Gottesdienstbesuchern nicht immer bewußt sein. Sie ist aber untrennbar mit ihrem Hoffen auf Erneuerung des Ur-Vertrauens verbunden. Ist diese Erwartung nun legitim? Darf der Prediger hier geben, was man von ihm verlangt?

Die Antwort muß meines Erachtens ein vorsichtiges Ja sein. Vorsichtig, weil hier nur eine Seite des Evangeliums sichtbar wird, und es gibt auch eine andere. Eine Bejahung dieser Hörererwartung ist aber grundsätzlich mit biblischer und systematischer Theologie in Übereinstimmung. Dies zeigt sich besonders in den Psalmen, die Zeugnisse von Glaubenserfahrungen sind und damit auch Erwartungen der hörenden Gemeinde bezeugen. Die Verbindung von Vertrauen und Altvertrautem ist oft anzutreffen: «Von alters her ist Gott ein König» [16]. Zu denken ist auch an den Ausdruck «von Ewigkeit» [17]. In der systematischen Theologie heißt das Gottes Unveränderlichkeit oder Beständigkeit. Alle Treue setzt Beständigkeit voraus. Das muß nicht bedeuten, daß alles langweilig beim alten bleibt. Treue bezeugt sich immer neu. Das kann unter Umständen sehr dynamisch sein. Das Neue an Gott ist, daß er sich als Antwort auf die Sünde der Menschen «als derselbe, der er von Ewigkeit und von der Schöpfung der Welt her war, aufs neue bestätigt» [18]. Die biblische Überlieferung bezeugt Gottes Treue. Das Neue ist, daß das Alte auch heute gilt. Gerade das ist es, was das Ur-Vertrauen beim Menschen zu bestätigen vermag.

Der Gottesdienstbesucher hofft auf die Erneuerung seines tiefsten Vertrauens. Er ist dankbar, wenn diese Erwartung erfüllt wird. Auch von der theologischen Seite her ist ein Vorgehen, das dieser Erwartung Rechnung trägt, einwandfrei. Was ist also das Problem? Daß es uns Predigern viel zu wenig bewußt ist. Die Analysen von Predigten und Gottesdiensten machen klar, daß wir in dieser Dimension die schwersten Fehler machen. Ich will der Frage nachgehen, was es für die Gestaltung des Gottesdienstes und der Predigt bedeutet, daß wir (auch) Geborgenheit und Vertrauen bei der Gemeinde wecken sollen. Die Chancen und Gefahren für die Prediger werden dann differenziert klar werden.

---

[16] Ps. 74, 12. Der Ausdruck «von alters her» (מִקֶּדֶם) kommt öfter vor; Ps. 143, 5; oder מֵאָז , Ps. 93, 2.
[17] Ps. 41, 14.
[18] Karl Barth, Kirchliche Dogmatik, II/1, 569.

Persönlich predigen

Geborgenheit wird nur geweckt, wenn Liebe zum Ausdruck gebracht wird. Wenn Menschen in einen Gottesdienst gehen, damit sie Geborgenheit finden, suchen sie Liebe, klare Zeichen von Liebe. Denn Liebe sucht Gemeinschaft, Liebe erreicht die existentielle Erlebensschicht, in der das Bedürfnis nach Geborgenheit entspringt. Im Gottesdienst suchen wir nicht oder nicht nur die Liebe unserer Mitmenschen, sondern, umfassend gesagt, die Liebe Gottes. Das ist, wenn ich die angeführten Zuhöreraussagen richtig verstehe, das tiefste Anliegen beim Gottesdienstbesuch. Die Menschen suchen «den lieben Gott», wie der landläufige Ausdruck lautet.

Für diese Gemeindetheologie, wenn ich es so nennen darf, lassen sich ohne Komplikation biblische Parallelen finden. «Gott ist Liebe», schreibt nicht nur 1. Joh. 4, 8 und 16, die ganze biblische Botschaft in ihrer Mannigfaltigkeit läßt sich auf den Nenner der Liebe Gottes für sein Volk bringen[19]. Es ist ohne weiteres verständlich, daß die Hauptsache in der Bibel auch für die Hörer in der Gemeinde die Hauptsache geworden ist. Die Kirchgänger hoffen und erwarten, im Gottesdienst wieder zu entdecken und zu erfahren, daß sie bei Gott geborgen sind, daß die tiefste Qualifikation ihres Lebens ist, geliebt zu sein. Ich drücke hier in Begriffen aus, was bei den meisten Gottesdienstbesuchern eher undifferenziert als eine fromme Sehnsucht da ist.

Was bedeutet dies nun für den Prediger? Wie kann und soll er dazu beitragen, daß die Gemeinde die Geborgenheit und Gottes Liebe wieder findet? Natürlich kann kein Prediger Gottes Liebe produzieren und vorführen. Über Gott läßt sich grundsätzlich nicht verfügen. Meine Frage ist nicht: Wie macht man das? Ich frage: Was soll der Prediger tun, wenn die Gemeinde auf diese Geborgenheit hofft? Welches ist das angemessene Verhalten?

Meine erste These ist, daß er sich persönlich verhalten soll. Liebe ist grundsätzlich eine persönliche Angelegenheit, eine Sache des Herzens, in Einheit von Gefühl und Tat. Nun geht es der Gemeinde zutiefst zwar nicht darum, vom Prediger geliebt zu werden. Er soll ihr die Liebe Gottes bezeugen. Aber jetzt stoßen wir auf eine eigenartige Feststellung aus den Analysen von Gottesdienst und Predigt: Je persönlicher sich der Prediger gibt, desto stärker ist die Geborgenheitserfahrung der Zuhörer.

---

[19]   Auch wenn das Wort «lieben» nicht immer vorkommt und sogar in großen Teilen der Bibel fehlt, läßt sich die Sache leicht in anderen Ausdrücken wiederfinden: der Bund, Jahwes Erbarmen und ähnliches (s. unter anderem bei Karl Barth, Kirchliche Dogmatik, IV/2, 863–869). Leider hält Barth es für nötig, immer wieder zu erklären, Gottes Liebe sei eine Tat, «ganz unsentimental» und nicht ein Gefühl oder ein Gesinntsein (867). Ich sehe keinen Grund für dieses Auseinanderreißen von Tat und Gefühl. Für das Problem der Gefühle in der dialektischen Theologie s. S. 84.

Hier müssen wir aufpassen. Ich rede nicht von Verursachung, sondern von angemessenem Verhalten. Wenn der Prediger Ursache der Vertrauenserfahrung wird, geht er in eine Falle. Denn in dem Fall entsteht eine neurotische Abhängigkeit vom Prediger. Die gibt es übrigens dann und wann, und nicht immer ohne Sinn und Verheißung. Nur ist es nicht das, worauf ich hier aufmerksam machen will. Es geht jetzt um eine Parallelität, und zwar zwischen der von der Gemeinde gesuchten Liebe Gottes und der Art, wie der Prediger sich gibt. Weil die erste Größe sehr persönlich ist, soll es die zweite auch sein. Gottes suchende und tragende Liebe verkündigen Prediger um so authentischer, je persönlicher sie sich geben. Verkündigung fordert persönliches Bekennen. Das persönliche Reden und Auftreten des Predigers wirkt für die Zuhörer als Zeichen der persönlich gemeinten Liebe Gottes. Durch dieses Zeichen wird ihnen Geborgenheit in Gott erfahrbar[20].

Persönlich sein hat eine individuelle und eine soziale Seite: Echtheit und Interesse für andere.

1. Echt sein. Wenn die Zuhörer darüber klagen, daß der Prediger unpersönlich gewesen ist, meinen sie meistens, daß sie innerlich nicht getroffen sind. Die Gründe können verschieden sein. Ich führe einige Aussagen an, die mit der Pauschalbeurteilung «unpersönlich» verknüpft waren:

- Er gab sich Mühe, zu verkündigen, besonders am Schluß, aber es war blaß, was er sagte
- Die allgemeinen Aussagen trafen mich gar nicht
- Seine Sprache ist farblos

Hier wird eine fehlende Komponente von Echtheit angedeutet: die Klarheit, die Profiliertheit. Wer echt ist, zeigt sich deutlich sichtbar. Damit wird er faßbar. Das macht ihn zuverlässig. Farblosigkeit vermeiden wir nur, wenn wir Farbe bekennen. Die eigene Stellungnahme ist dabei unumgänglich[21]. Eine konkrete Folge der klaren Haltung ist die Verwendung des Personalpronomens «ich». Es ist das klare Zeichen, daß der Prediger sich identifiziert mit dem, was er sagt. Nur ist nicht jedes «ich» in Predigten positiv zu werten. Es gibt verschiedene «ich»[22]. Hier meldet sich das Problem der Relevanz.

---

20 «Der Hörende hat ... das Gefühl, daß das, was der Redende sagt, eine unmittelbare Verquickung des Wesens des Redenden mit dem Wesen der von ihm verkündigten Wahrheit darstellt» (Otto Haendler, Die Predigt, 145). «Wahrheit ist Äquivalent für Treue, Zuverlässigkeit, Beständigkeit. Das heißt aber, daß sie nur kommunikativ vermittelt werden kann» (Hans-Christoph Piper, Predigtanalysen, 132).

21 Zum Problem der politischen Stellungnahme s. S. 129 ff.

22 Manfred Josuttis widmet diesem Thema interessante Seiten, in: Praxis des Evangeliums zwischen Politik und Religion, 91 ff. Er findet das «verifikatorische Ich», das den Glauben mit Hilfe der eigenen Person begründen will,

Die Gottesdienstbesucher kommen nicht in die Kirche, um zu erfahren, was «ich» finde und meine und glaube. So wichtig ist der Pfarrer nicht! Aber das ist nur eine Seite. Die andere ist, daß Geborgenheit, auch Geborgenheit bei Gott, nur erfahrbar wird, wenn die Verkündigung persönlich geschieht. Dann sollen wir aber auch «ich» sagen! Kein Wort in unserer Sprache ist persönlicher als «ich». Zwar haben die früheren Generationen das «ich» nicht gewollt[23]. Üblicher in Predigten ist «man», «der Mensch», «wer» und besonders «wir». Rudolf Bohren attackiert das homiletische «wir»[24], hinter dem sich der Prediger versteckt und unpersönlich wird. Die Ergebnisse der Predigtanalysen sind zwar nicht so streng. Nicht immer weckt «wir» einen unpersönlichen Eindruck, ebensowenig ist es unbedingt nötig, «ich» zu sagen, um persönlich zu wirken. Das «wir» und das «ich» sind nur Symptome einer Haltung. Wenn die Haltung des Predigers eine echte, persönliche ist, wird sein Wort den Hörer im Innern treffen[25].

Eine andere Komponente der Echtheit wird in den nächsten Zuhörerreaktionen anvisiert:

- Ich habe keine Beziehung zwischen der eigentlichen Botschaft und all dem anderen gefunden. Sie blieb ein Fremdkörper.
- Es wurde dann so theologisch, es blieben leere Formeln für mich
- Er ließ immer Petrus reden, mir war nicht klar, ob er es selber auch so sieht und glaubt

In diesen Aussagen ist immer eine gewisse Anerkennung, aber schwerer wiegt eine Verlegenheit, ein Nichtüberzeugtsein. Wir stoßen hier auf einen neuen Aspekt des Echtseins. Hier fehlt nicht Klarheit, hier fehlt Offenheit. Negativ läßt dieser Aspekt sich noch genauer bestimmen. Es kommt eine

---

eine fragliche Verwendung des «ich». Weiter unterscheidet er das «biographische Ich», das aus dem Erfahrungshorizont eines Menschenlebens interpretiert; das «konfessorische Ich», das eingeht auf die Differenz zwischen Wahrheit Gottes und Wirklichkeit des Menschen; das «repräsentative Ich», das den Prediger stellvertretend für den Hörer einführt; das «exemplarische Ich», das an der eigenen Person demonstriert, was das Evangelium bedeutet; das «fiktive Ich», das dienen kann, um eine Geschichte aus einer bestimmten Perspektive zu erzählen.

23 Josuttis sieht die Wurzeln sogar in der Politik, «ich» sagen bedeutet eventuell Spielverderber sein, bedeutet Aufruhr. «Wir» dagegen besagt, daß ich mich anpasse und auf meine individuellen Wünsche und Bedürfnisse verzichte (ebd. 76).

24 Predigtlehre, 409.

25 In einer Predigt, die allgemein positiv aufgenommen wurde, kamen Personal- und Possessivpronomen 156mal vor, innerhalb einer halben Stunde. Davon waren 52mal «ich», «mir», «mich» oder «mein», also 33 Prozent. «Wir», «uns» und «unser» kamen 65mal vor, also 41 Prozent.

Fassade, ein trügerischer Schein auf die Zuhörer zu. Wenigstens befürchten sie es. Sie müssen zu sehr raten, wie die Person des Predigers ist. Es kann alles richtig sein, was er sagt. Wenn es aber nicht aus ihm selber kommt, sondern übernommen ist, aufgeklebt, dann ist es unglaubwürdig. Denn was objektiv richtig ist, hat nur Wirkungskraft, wenn es persönliches Eigentum des Predigers geworden ist. Merkwürdigerweise droht die Gefahr der Fassade ausgerechnet bei den entscheidenden Aussagen in der Predigt, wo von Gott, von Jesus Christus gesprochen wird. Das kann daher kommen, daß die Prediger dann mehr sagen, als sie selber eigentlich für wichtig halten. Sie verraten sich durch Signale, die die Zuhörer warnen. Eigentlich ist es wunderbar, daß die Gemeinde merkt, wenn der Prediger sie fromm betrügt. Auf diese Weise ist sie gegen Verführung geschützt.

Andere Klagen über unpersönliche Prediger gehen auf die körperliche Darstellung zurück:

- Es hat mich gestört, daß er so stark ans Papier gebunden war
- Seine Stimme ist monoton
- Sie steht völlig regungslos da
- Es war gar kein Staunen da (der Prediger holte nie tief Atem)

Und positiv:

- Seine Gesten, sein Gesichtsausdruck, alles war lebendig und spontan, das hat mir gefallen

Gottesdienstteilnehmer sind in der Regel empfindlich für das, was sie sehen. Ein Gottesdienst ist auch eine Schau, und jeder regelmäßige Gottesdienstbesucher weiß, welch große Rolle die Augenweide spielt. Das ist ernst zu nehmen. Denn die Körperhaltung ist auch eine Sprache: die Atmung, der Stimmton, die Bewegung der Hände, der Blick. Körpersprache ist überzeugender als Worte, sie redet direkt zum Unbewußten des Zuschauers, wirkt dadurch tiefer als das intellektuelle Wort[26]. Das bedeutet, daß die frohe Botschaft mit einer monotonen Redeweise nicht froh wirken kann. Sogar die Füße der Freudenboten sind lieblich, meint Jesaja[27].

Echt sein umfaßt den ganzen Menschen. Was ich mit Worten sage, muß ich auch mit meinem Körper sagen, sonst wirke ich unpersönlich.

---

26 Paul Watzlawick unterscheidet analoge und digitale Kommunikation. Sprache ist digital, weil sie hauptsächlich auf Abmachungen beruht. Zwischen einem Wort und der bezeichneten Sache besteht nur ein zufälliger Zusammenhang. Körpersprache ist nicht zufällig, sie gehört zur analogen Kommunikation. Zwischen der Geste oder dem Gesichtsausdruck und dem dadurch bezeichneten Gefühl besteht ein unmittelbarer Zusammenhang. Deshalb überzeugt die nichtverbale, analoge Kommunikation mehr als die digitale (Menschliche Kommunikation, 64).

27 Jes. 52, 7, s. C. Aalders, Het verschijnsel preek, 260 f.

Eine letzte Komponente der Echtheit wird vermißt, wenn ein Prediger kühl und distanziert wirkt. Es bedeutet, daß er keine eigenen Emotionen in die Gestaltung von Predigt und Gebet einbezieht. Echt sein umfaßt eben auch, daß wir das eigene Empfinden mitteilen. Auf diese Weise werden wir Person für den anderen Menschen, und wir kommen in direktere Nähe zu ihm. Es handelt sich hier nicht nur um eine Möglichkeit der Bereicherung, es geht um alles oder nichts. Die Zuhörer verlieren ihr Engagement, wenn der Prediger seine eigenen Gefühle verdrängt. Nur wenn er Zugang zu seinem eigenen Erleben findet, darf er auf eine positive Wirkung des Gottesdienstes hoffen. Und sein Erleben ist in diesem Bezug nichts anderes als sein persönlicher Glaube, seine Glaubenserfahrungen: vielleicht Verwunderung über Gott; Dankbarkeit für sein Leben, seine Arbeit; Widerstand gegen die Nachfolge Jesu; Ärger über Gottes Verborgenheit. Der Prediger wirkt nur persönlich, wenn er beim Predigen und Beten bewußt in diesem Erleben stehen will. Nur dann ist er echt.

An dieser Stelle der Reflexion über die Wirkung eines Gottesdienstes drohen Einseitigkeiten. Die Schwierigkeit ist, daß geradlinige Logik nicht ausreicht, um zu verstehen, was im Gottesdienst geschieht. Eines ist die Kraft Gottes, die Wirkung seines Geistes, die wir in keiner Weise fassen können, auch nicht in einer homiletischen Theorie. Ein anderes ist die Wirkung jenes Menschen, der den Gottesdienst leitet und der predigt. Die Versuchung der Reflexion besteht darin, die Aussagen über die Wirkung zu pauschalisieren. Dann heißt es, daß, weil Gottes Wirken nicht verfügbar ist, der Prediger sich nicht auf technische Tricks einzulassen habe. Oder daß es in unserer Macht liegt, einen guten Gottesdienst zu gestalten, wenn wir nur die richtigen psychologischen Erkenntnisse anwenden. Solche Thesen spielen den einen Pol der Wirkung gegen den anderen aus. Zur Wirkung gehört nun einmal beides: Gottes Kraft und die Glaubwürdigkeit und persönliche Nähe des Predigers. Sie verhalten sich nicht zueinander als ergänzende Teile, sie sind zwei Dimensionen eines unteilbaren Geschehens. Diskursives Denken vermag das nicht zu fassen. Nur mit Humor und ohne Systemzwang läßt sich hier etwas verstehen [27.1]. Der Prediger verkündigt nicht sich selbst oder sein Ergriffensein. Ebensowenig verkündigt er «lediglich das Ergreifende». Er hat «das Ergreifende in der Weise, wie er von ihm ergriffen ist, zu verkündigen» [27.2]. In der Verkündigung fügt Gott seine eigene Sache und die Person des Ver-

---

[27.1] Das Ausspielen des Göttlichen gegen das Menschliche beschränkt auch den Wert von Helmut Tackes Buch (Glaubenshilfe als Lebenshilfe), zum Beispiel wenn die Seelsorge Gottes gegen die Glaubwürdigkeit des Verkündigers ins Feld gebracht (152) oder wenn berufliche Identität als Alternative einer Glaubenskrise betrachtet wird (159).

[27.2] Wilhelm Knevels, Analysen typischer Predigttheorien, 245.

kündigers zusammen. Darum haben die Emotionen des Predigers und das, was er mit ihnen tut, grundsätzliche und nicht nebensächliche Bedeutung für die Homiletik.

Das Buch «Predigtanalysen» von Hans-Christoph Piper ist ein klares Zeugnis davon, wie die Verdrängung oder das Ausklammern der eigenen Emotionen: Angst, Hilflosigkeit, Aggression, Enttäuschung, ein Hauptgrund dafür ist, daß manche Predigten keine positiven Wirkungen haben. Diese Einsicht führt zu einer These und zu einer Frage. Die These lautet, daß die Homiletik ihre Aufmerksamkeit anders verteilen muß als bisher. Sie soll viel umfassender die Person des Predigers in ihr Blickfeld nehmen, damit er lernt, seiner Arbeit jene Prägung zu verleihen, ohne die sie wirkungsarm oder sogar wirkungslos bleibt: den persönlichen Charakter. Die Frage lautet, wie das in der Theologenausbildung realisierbar ist. Kann man eine so stark persönliche Ausbildung vom Professor für Praktische Theologie verlangen? Kann ein einziger Mensch das leisten, oder ist diese Arbeit an der Person, die mehr einen seelischen Reifeprozeß als eine fachliche Befähigung bezweckt, nur innerhalb der Gemeinde, der mündigen Gemeinde, möglich? Im letzten Kapitel werde ich diese Frage aufnehmen.

Es gibt auch eine Pervertierung der Echtheit, den Exhibitionismus. Diese Gefahr scheint bei Theologen weniger groß zu sein als die der Zurückhaltung. Hörer sagen viel öfter, daß der Prediger ihnen zuwenig persönlich war als zuviel. Zu persönlich ist er, wenn er von sich selber Dinge erzählt, die auf die Zuhörer peinlich wirken. Es gibt eine Grenze des Privaten, über die ein Redner nicht hinausgehen darf. Mit allzu persönlichen Mitteilungen kommt er der Gemeinde zu nah, so daß sie sich abkehrt. Die Aussage: «Liebe Gemeinde, ich bin eigentlich sehr müde, ich wäre am liebsten heute abend nicht in die Kirche gegangen», wurde allgemein negativ empfunden, weil die Aussage keine Verbindung hatte mit dem Predigtthema, deshalb nicht relevant war und in dieser Form einfach peinlich berührte. Eine Predigt, die von den Erfahrungen des Pfarrers in seinen Ferien handelte, wurde als peinlich erlebt, weil sie sehr viel Privates ohne Brauchbarkeit für die Zuhörer berichtete. Mit Angaben über das Privatleben macht sich der Prediger nicht persönlich. Zu persönlich sein ist im Grunde überklebtes Unpersönlichsein. Nur ein Schein von Echtheit wird gezeigt.

Echte Kommunikation besteht immer in der Spannung zwischen Nähe und Distanz. Darum hat auch Echtheit ihre Grenzen. Wer die rechte Distanz verletzt, stößt auf Ablehnung [28].

---

[28] J. Besemer nennt die Relevanz für den Hörer das Kriterium, womit der Prediger feststellen muß, inwieweit er von seinen eigenen Problemen reden soll (s. Manfred Josuttis, Praxis des Evangeliums zwischen Politik und Religion, 85).

Ich habe jetzt die Gestaltung des Echtseins besprochen. «Persönlich» wirkt eine Predigt nur, wenn der Prediger authentisch ist. Aber auch eine unpersönliche Predigt verrät sehr viel von der Person des Predigers! Gerade im Monolog zeigt sie sich noch klarer als im Gespräch. Eine Predigt ist eigentlich immer persönlich. Trotzdem klagen Predigthörer oft, daß sie den Prediger unpersönlich gefunden haben. In beiden Fällen bedeutet das Wort «persönlich» aber etwas Verschiedenes. Die Gemeinde hofft, daß der Prediger persönlich ist im Sinne von «original». Wer sich original gibt, lebt spontan aus seiner Tiefe, «orientiert an dem echten Kern der Persönlichkeit»[29]. Er gibt sich echt, wie er ist. Wenn der Prediger das nicht tut, übt er auch eine Wirkung aus. Alternativ für eine gute Wirkung ist nicht, daß keine, sondern daß schlechte Wirkung stattfindet. Jede Predigt ist ein Ausdruck der Persönlichkeit, persönlich im Sinne von subjektiv. Auch das Lesen, ja sogar das Ablesen läßt sich nicht objektiv gestalten: Stimmton, Tempo, Lautstärke sind subjektive Elemente. Der quasitheologische Einwand, daß ein Gottesdienst gerade nicht persönlich gestaltet werden soll, weil es um Gott und nicht um den Prediger gehe, ist, noch abgesehen von der doketischen Häresie, unrealistisch. Es gibt kein Entfliehen vor persönlicher Wirkung. Ist sie positiv, wird sie als «persönlich» gepriesen, ist sie negativ, wird sie als «unpersönlich» oder auch anders negativ qualifiziert.

Otto Haendler nennt den immer wirkenden Einfluß der Persönlichkeit des Predigers das Fluidum. «Aus allem, was im Prediger ist und aus ihm kommt, entsteht eine einheitliche Strömung, die auf die Hörenden sich auswirkt als ein ständiger und beim Einzelsubjekt im wesentlichen sich gleichbleibender Lebensstrom»[30]. Der Strom kommt aus den Tiefen der Persönlichkeit. Ohne ein positives Fluidum überzeugen die Worte nicht. Auch wenn der Augenblick bei jedem Menschen Schwankungen verursacht und es dadurch gute und schlechte Tage für jeden Prediger gibt, ist doch dieser Strom unterschwellig immer wirksam und entscheidend. Er spielt immer mit, ganz klar oder verborgen. Soweit der Gottesdienst vom Prediger gestaltet wird, ist dieser Strom die eigentliche treibende Kraft.

Es scheint mir ein merkwürdiges Phänomen, daß unter den öffentlichen Rednern nur vom Pfarrer verlangt wird, daß er persönlich sei. Was sonst nur im Zweiergespräch und in kleinen Gruppen möglich ist, soll der Prediger inmitten größerer Scharen bieten. In schweren Zeiten wird das zwar auch von Staatsmännern verlangt, aber dann als Ausnahme und nicht jeden Sonntag! Höchstens vom Schauspieler wird persönlicher Stil in einem großen Haus gefordert. Aber mit ihm läßt sich der Prediger nur teilweise vergleichen. Auch wenn das Spiel des Schauspielers durchaus nicht als unecht zu

---

29 Otto Haendler, Die Predigt, 51.
30 ebd. 144.

verstehen ist, sondern als lebendige Darstellung, im Gegensatz etwa dazu, einen Vortrag zu halten, ist der Unterschied dann doch, daß der Schauspieler einen anderen Menschen «spielt», und der Prediger sich selber! Vom Prediger akzeptiert man kein Spiel. Seine Haltung wirkt nur dann positiv, wenn diese auch außerhalb des Gottesdienstes an den Tag tritt.

Ist es nicht, bei allen mühsamen Seufzern, die die Forderung nach Echtheit beim Prediger hervorruft, eine herrliche Angelegenheit? Im Grunde ist echt sein ja das Allereinfachste, was von uns verlangt werden kann. Unechtheit ist immer komplizierter und verlangt mehr Energie. Echt sein setzt aber voraus, daß ich mich öffne, bloßstelle und eventuell lächerlich mache. Gerade dieses Risiko macht uns «persönlich». Es geht letztlich um die Frage, ob wir bereit sind, uns in dieser Weise faßbar und verletzbar zu machen. Nicht weniger als Hingabe wird hier verlangt. Ohne die korrespondierende eigene Hingabe können wir nicht wirksam Christus predigen, der in seiner Hingabe sein Herrsein offenbart.

Ich habe mich jetzt mit der Echtheit, das heißt mit der individuellen Seite des persönlichen Wirkens, befaßt. Dabei war die Person des Predigers selber zentral, seine Selbstmitteilung, als eine Komponente im Geschehen des Gottesdienstes. Das Echtsein ist der Ausgangsaspekt des persönlichen Wirkens. Jetzt wende ich mich zum Zielaspekt, der sozialen Seite des Vorgehens, das «persönlich predigen» heißt.

2. Anreden. Persönlich predigen sagt nicht nur, daß der Prediger Wesentliches von sich selber zeigt, es umfaßt auch, daß er die Gottesdienstbesucher direkt ernst nimmt. «Du hast mich angesprochen» heißt: «Du hast mit mir gerechnet», «du hast mich beim Namen genannt». Die Angesprochenen stehen auch im Mittelpunkt. Sie sind der zweite Mittelpunkt beim persönlich Predigen. Manfred Metzger beschreibt diesen Aspekt des persönlichen Predigens, wenn er von den Hörern sagt, daß sie erwarten, «durch die frohe Botschaft gesucht, gefunden und heimgebracht» zu werden[31]. Die Analyse der Höreraussagen bestätigt diese Feststellung. Diesbezügliche negative Aussagen lassen sich in zwei Äußerungen zusammenfassen:

– Ich fühlte mich nicht angesprochen. Ich hatte eher den Eindruck, einen Vortrag zu hören. Es war gar nicht so wichtig, daß ich dabei war
– Es störte mich, daß er so stark an das Papier gebunden war

Unter den bereits erwähnten Aussagen[32] erinnere ich an Ausdrücke wie «mitgenommen», «getroffen», «gepackt».

Offenbar erwarten viele, ich glaube: die meisten Gottesdienstbesucher, daß sie selber persönlich ergriffen werden. Erst wenn das geschieht, ist das

---

31 Verkündigung heute, 49.
32 s. S. 44.

Beten oder Predigen persönlich für sie. In Ergänzung des Echtseins handelt es sich dabei um den zweiten Aspekt der «persönlichen» Darstellung: das Suchen des anderen. Dieser Aspekt ist die soziale, die Außenseite des persönlichen Stils.

Auch hier ist die Gemeindetheologie eine recht orthodoxe. Verkündigung ist eine missionarische Angelegenheit. Der verkündigte Herr wirbt um sein Volk. Werbung und Predigt sind verwandt[33]. Es sind keine objektiven Wahrheiten, die im Gottesdienst dargestellt werden. Es wird eine Wahrheit angekündigt, die auf Beteiligung zielt und wartet. Menschen werden dabei angeredet. Das *gesprochene* Wort ist unentbehrlich, wenn der Prediger im Gottesdienst persönlich wirken will. Glauben entspringt heute genau wie bei Paulus «aus dem Hören»[34]. Das hängt mit der Möglichkeit der Sprache zusammen, unmittelbar zur Beteiligung aufzurufen, ausdrücklich oder implizit. Menschen ansehen oder ihnen etwas zeigen erreicht nie den Grad von persönlicher Ausrichtung wie Menschen *anreden,* es sei denn in Zweierkontakt oder in der Kleingruppe.

Wie zum Echtsein das Personalpronomen «ich» gehört, führt das Anreden zum «du», «ihr» oder «Sie». Einige einfache Beispiele dürften das klarmachen:

- Wenn Sie diese Geschichte schon lange kennen, sind Sie vielleicht nicht mehr von diesem Ausgang überrascht
- Das ist die Richtung, in die der Herr Sie mit diesem Wort führen will
- Wenn Dir dann alles zuwider ist und der Mut zum Ausharren fehlt, dann stehst Du da und fragst bitter, wo Gott ist, nun da Du ihn brauchst

Wenn wir uns auch hier stilistisch nicht zwanghaft binden lassen müssen, ist doch das häufige oder seltene Vorkommen oder sogar das Fehlen dieser direkten Anredeformen im allgemeinen ein klares Zeichen dafür, ob und inwieweit ein Prediger seine Zuhörer persönlich in sein Blickfeld einbeziehen will. Es gibt einige Stellen in der Liturgie, wo «du» und «ihr» unausweichlich sind. Bei der Taufe zum Beispiel heißt es «ich taufe dich», beim Segen «der Herr segne und behüte Dich» (obwohl das «Dich» manchmal in «uns» abgeändert wird). Im Gebet wird Gott angeredet: «Dein Name werde gehei-

---

33 Horst Albrecht hat recht, wenn er die Predigt eine gewisse Manipulation nennt (Werbung und Predigt, 447). Die ausschließlich negative Bewertung der Qualifikation «suggestiv» für die Sprechweise des Predigers, bei Hans-Christoph Piper (Predigtanalysen, 131), rechnet zu wenig mit dem werbenden Charakter der Verkündigung. Der soll auch in der Sprechweise klarwerden.

34 Röm. 10, 17. Wolfgang Hammer macht darauf aufmerksam, daß optische Kommunikationsmittel wie das Fernsehen und der Film für Verkündigung fast nicht brauchbar sind (Die Sprache der Verkündigung im Prisma moderner Literatur, 12).

ligt.» Auch in den Liedern sind ähnliche Stellen zu finden. In sehr vielen Gottesdiensten beschränkt sich der Gebrauch der direkten Anredeformen aber auf diese vorgeschriebenen Stellen. Unzähligen Predigern kommt es nicht einmal in den Sinn, die Gemeinde mit «Sie» oder «Ihr» anzureden. Dabei ist es möglich, daß die Prediger selber der Meinung sind, die Predigt solle eine Anrede sein. Diese theologische Überzeugung ist noch keine Gewähr dafür, daß sie ihre Gemeinde auch wirklich anreden[35].

Es gibt wohl Prediger, die persönlich reden, ohne jemals die Vokabeln «Ihr» oder «Sie» zu benützen. Sprachanalyse befaßt sich nur mit dem Verbalen, und persönlicher Stil kann sich auch in nichtverbalen Formen zeigen. Trotzdem zeigt die Sprachanalyse ein wichtiges Indiz, wenn das homiletische «wir» allzu häufig benutzt wird. Das «wir» hat die verführerische Möglichkeit, nicht nur das «ich» des Predigers, sondern auch das «Sie» oder «Ihr» zu ersetzen. In beiden Fällen kann es ein Sichverstecken sein.

> Wir haben Mühe damit, daß wir immer im Glauben und nie im Schauen leben dürfen

Bei einfacher Veränderung der Personalpronomen wird klar, wieviel direkter und persönlicher der Satz tönt:

> Ich habe Mühe damit, daß ich immer im Glauben und nie im Schauen lebe. Geht es Ihnen auch so?

Dieser andere Ton setzt aber eine andere Haltung voraus. Manche Teilnehmer an Analysen von Gottesdienst und Predigt entdecken die Personalpronomina erst bei der Analyse und versuchen dann, mehr «ich» und «Sie» zu sagen. Sie stellen ohne Ausnahme fest, welche innerliche Veränderung damit korrespondieren muß. Sonst wirkt das «ich» und das «Sie» unecht.

Eine zweite mögliche Wirkung des homiletischen «wir» ist die Vereinnahmung:

> – Wir haben die kindliche Freude am Weihnachtsfest verloren
> – Wir schieben immer den anderen die Schuld zu
> – Wir warten mit Bangen auf den Tod

Die Zuhörer fühlen sich, wenn sie sich in solchen Aussagen nicht wiederfinden, vereinnahmt, und dagegen wehren sie sich[36].

---

35 Dietrich Rössler stellt das fest in der Analyse von Predigten Rudolf Bultmanns und Otto Webers (Das Problem der Homiletik, 24).

36 Die Wir-Anrede «neigt ... zu fragloser Einzwängung des Einzelnen in ein Kollektiv», «setzt subjektive oder ideologische Einseitigkeiten an die Stelle eines echten common sense und vergewaltigt dann die Freiheit der Person» (Gerhard Krause, Anredeformen der christlichen Predigt, 132). Im gleichen Sinn: Kurt Marti, Wie entsteht eine Predigt, wie entsteht ein Gedicht?, 194.

Es gibt aber auch eine angemessene Wir-Anrede, ohne Versteckspiel und ohne Vereinnahmung. Das ist gegen Bohrens pauschale Verurteilung des homiletischen «wir» zu sagen.

> ...Das ist ein unerhörtes Geschenk: Er gibt sich selber! Die Frage ist jetzt, ob wir das wollen. Es verlangt von uns eine totale Umstellung. Wollen wir uns beschenken lassen? Ist das Schwere für uns nicht...

Hier signalisiert das «wir» eine echte Solidarisierung des Predigers mit der Gemeinde.

Es wird klar, wie kompliziert oder, genauer gesagt, wie tief verwurzelt die Anredeproblematik ist. Sie läßt sich nicht nur mit bewußter Wortwahl lösen. Ausschlaggebend ist die innere Haltung des Predigers. Wer wirklich auf die Gemeinde zugehen will, findet die Formen von selber. Wer an seinen Formen entdeckt, daß etwas nicht stimmt und daß eine Diskrepanz besteht zwischen seiner Absicht und der Wirkung, die er erzielt, der muß an sich selber arbeiten. Erst dann werden sich seine Anredeformen, von innen her, organisch verändern[37].

Ich habe Anredeformen untersucht. Neben dem Verbalen ist ein Gottesdienst auch ein sichtbares Geschehen. Die Zuhörer beklagen sich fast ausnahmslos über die Bindung ans Papier. Die Bernische Prädikantenordnung von 1667 verlangt von den Pfarrern, daß sie ihre Predigt frei halten, «daß sie dieselben nicht müssen vor der Gmein aus dem Zeddel lesen, daß spöttlich ist anzusehen und den Predigern alle Frucht und Gnade bei den Zuhörenden nimpt»[38]. Die Berner Kirchenbehörden haben auf die Wirkung der Predigt geachtet und nicht nur auf den Inhalt, was in der Homiletik eher eine Ausnahme ist. Die Zuhöreraussagen sind ein massives Zeugnis für die Richtigkeit dieser Ordnung. Es steht viel mehr auf dem Spiel, als diejenigen meinen, die das Aufschreiben und Vorlesen unterstützen. Der persönliche

---

[37] Ein sprachliches Problem besteht in einigen, unter anderem in der hochdeutschen Sprache und verschiedenen schweizerdeutschen Dialekten, ob die Anredeform «Ihr» oder «Sie» lauten soll. Im allgemeinen tönt «Ihr» altmodisch oder herablassend, «Du» sogar plump-vertraulich. «Sie» dagegen wirkt eher distanziert. Otto Weber plädiert deswegen für das «wir», ohne die Gefahren zu sehen (s. bei Gerhard Krause, ebd. 118–132). Im Berndeutsch ist nur «Ihr» üblich, damit klar geeignet als Anredeform in der Predigt. Auch im Französischen und Englischen gibt es hier keine Probleme. Die Warnung Krauses gegen das «Sie», weil es den persönlichen Charakter von Gottes Wort mißachtet, ist übertrieben. Die Wirkung des «Sie» kann durchaus persönlich sein. Das läßt sich aus den Analyseergebnissen belegen. Krauses Befürchtung, daß das Durcheinander von «Sie» in der Predigt und «Du»/«Ihr» in den Bibelzitaten eine «Schizophrenie» (gemeint ist wohl Ambivalenz) verursacht, ist ebenso formalistisch (ebd. 130).

[38] Angeführt bei Albert Schädelin, Die rechte Predigt, 66.

Stil, die Anrede, unerläßlich für das Wecken von Vertrauen, wird im allgemeinen schwer beeinträchtigt durch das Vorlesen. Denn nicht nur der Inhalt, sondern gerade die Darbietung, und auch die sichtbare, ist wesentlich für das Erreichen des emotionalen Bereiches. Was aber zeigt sich beim Vorlesen, so raffiniert es auch immer vollzogen wird? Die Predigt *entsteht* nicht, sie ist von gestern. «Der Akt der im Augenblick des Redens vollzogenen Neugestaltung» wird vom Prediger verabsäumt [39]. Bestenfalls ist die vorgelesene Predigt in gesprochene Sprache übersetzte Schriftsprache. Denn das gesprochene Wort läßt sich nur annähernd aufschreiben. Sogar wenn es gelingt, vorher sprechnahe Formulierungen zu finden, stört der notwendige Vorgang des Reproduzierens den Kontakt, weil der Prediger im Grunde nicht anwesend ist, sondern in der Vergangenheit weilt. Richard Kliem plädiert für das Sprechdenken, womit er meint, daß der Prediger wie im Zweiergespräch während des Sprechens denkt, «so wie jeder Satz aus der zunächst noch nicht artikulierten Intention des Predigers während des Sprechens seinen Wortlaut findet, so findet die ganze Rede aus ihrer Gesamtintention ihre Sätze und ihre Wörter». Denn anders als beim Lesen eines Buches wird der Sinn der Worte beim Zuhören eines Redners klarer und rascher erfaßt, weil der Ton, das Tempo, die Mimik, ja die Gesamterscheinung des Sprechenden eine Sprache ist, die beim Lesen fehlt. Sobald der Prediger aber liest, fällt die Körpersprache zu einem großen Teil weg [40].

Das freie Reden, also ohne Manuskript, bedeutet nicht, daß der Prediger sich weniger gründlich vorbereiten oder einfach improvisieren soll. Der englische Prediger Spurgeon sagte seinen Studenten: «Die schwierigste und beste Art ist, daß ihr genug Stoff für die Predigt sammelt und sie dann so haltet, wie euch die Worte von selbst in den Mund kommen. Dies ist... nicht eine improvisierte Predigt; die Worte sind improvisiert – und ich halte dies für das Richtige, aber der Inhalt ist das Ergebnis gründlicher Vorbereitung» [41].

---

39 Otto Haendler, Die Predigt, 303. Auch Ernst Lerle stellt einen Zusammenhang fest zwischen der geringen Intensität im Mitteilungsakt und der Langeweile im Rezeptionsvorgang (Grundriß der empirischen Homiletik, 65). Zur Notwendigkeit einer freien Rede s. auch Eckhard Altmann, Die Predigt als Kontaktgeschehen; Joachim Konrad, Die evangelische Predigt, 505 f.; Rudolf Affemann, Tiefenpsychologie als Hilfe in Verkündigung und Seelsorge, 41; Reuel L. Howe, Partners in Preaching, 88.

40 Richard Kliem, Die katholische Predigt, 387 ff. Er gibt einfache Anleitungen für die Übung dieses Sprechdenkens, die praktische Verwendbarkeit mit gedanklicher Begründung kombinieren; s. auch Heribert Arens, Kreativität und Predigtarbeit, 125 ff.

41 s. bei Helmut Thielicke, Vom geistlichen Reden, 159. Spurgeon gibt seinen Studenten einfache Hinweise, das Sprechdenken zu üben und zu lernen (ebd. 165).

Bei den Schweizer Pfarrern spielt sich das Problem in der Auseinandersetzung zwischen Mundart und Schriftsprache ab. Weil ihre Muttersprache normalerweise nicht aufgeschrieben wird, ist ihnen klar, daß sie mit der Benutzung eines Manuskriptes eine andere, eben eine Schriftsprache reden. Das ist aber im Grunde überall der Fall, wo Redner ihre Worte vorlesen[42].

Das Aufschreiben der Predigt wird von Friedrich Schleiermacher, der die Vorteile der freien Rede stark betont, nur von den «beweglicheren und heftigeren» Rednern verlangt, weil sie sich auf diese Weise mäßigen[43]. Es ist aber die Frage, ob ein Redner seine Unmittelbarkeit opfern darf, um Mäßigung zu erreichen. Wie es auch sei – für ganz einwandfreie Prinzipien geben die Predigtanalysen selten Anlaß, auch an dieser Stelle nicht – unverkennbar ist, daß die Zuhörer im allgemeinen weniger Verständnis für das Manuskript haben als mehrere homiletische Lehrbücher. Das gründliche Plädoyer für die Predigt ohne Manuskript, wie Eckhard Altmann es gemacht hat, wird von den Gottesdienstteilnehmern voll unterstützt.

Memorieren ist selten eine gute Alternative für Vorlesen. Im Grunde ist es eben nichts anderes als Vorlesen. Wenn das Manuskript und ein gewisses Memorieren den Stellenwert hat, sich in die Predigt einzuleben, ist das selbstverständlich positiv. Gefährlich ist es, wenn Formulierungen fixiert werden[44].

Sobald die klare Anrede fehlt, droht sich die Verkündigung in eine Abhandlung zu verwandeln. Unmittelbares Ergriffenwerden ist damit fast unmöglich gemacht. Ein Reden über Gott statt ein Reden im Namen Gottes findet statt, eine ziellose Entfaltung des Schriftwortes. Anstatt die Gemeinde anzureden, redet der Prediger im Grunde nur mit sich selber. Er ist vielleicht sehr «persönlich» in seinen Aussagen, aber die Zuhörer verlieren die Aufmerksamkeit, weil sie sich nicht mit einbezogen fühlen. Sie werden nicht angeredet. Was der Prediger von sich selber zeigt, bleibt ohne positive Wirkung. Persönlich predigen heißt eben beides: sich selber klar zeigen und die

---

42   Die Problematik der Mundart im Gottesdienst ist noch komplizierter. Mir steht es, als Holländer, nicht zu, weiter darauf einzugehen. Ich erwähne nur, daß Teilnehmer an Predigtanalysen in der Mehrzahl vom Schriftdeutschen wegkommen oder es wollen und im Verlauf der Zeit vermehrt den Dialekt benutzen. Die Sache des Manuskriptes ist für sie direkt mit diesem Sprachwechsel verbunden.

    Auch Marshall McLuhan betont, daß die Dialekte heute durch den Einfluß des Fernsehens neue Bedeutung bekommen, weil sie eine Tiefenwirkung haben, die den standardisierten Sprachen fehlt. Dialektgebrauch fördert also den persönlichen Charakter (Die magischen Kanäle, 338).

43   s. bei Albert Schädelin, Die rechte Predigt, 60.

44   s. hierzu Robert Leuenberger, Berufung und Dienst, 119 f.

Zuhörer unmittelbar anreden. Die Voraussetzung dafür ist, daß der Prediger sich wirklich mit seiner Gemeinde einlassen will und daß er Verantwortung für sie zu tragen bereit ist.

Übertreibung und damit Pervertierung droht auch an dieser, der sozialen Seite des persönlichen Auftretens. Es gibt ein zu starkes, zu persönliches Anreden, das die meisten Zuhörer abstößt. Unter dem Stichwort «Kanzelpathos» läßt sich zusammenfassen, was Hörer oft beklagen. Diese Verzerrung wird dreimal mehr festgestellt und bedauert als die andere Form übersteigerter persönlicher Kommunikation, das Zurschaustellen des Privatlebens. Ein drängender, dadurch unechter Anredeton ruft Abwehr hervor, weil der Prediger zu nahe kommt. Der Hörer läßt sich nicht vereinnahmen. Zu persönlich ist der, der das Unpersönliche verdrängt statt es zu überwinden. Damit ist gesagt, daß der zurückgewiesene «pastorale» Ton innere Unsicherheit und Leere versteckt[45]. Was wirkt, ist aber die Leere, nicht das persönliche Anreden, das vorgetäuscht wird.

Es ist gar nicht so einfach! Es verlangt persönliche Reife, einerseits Verantwortung für das Anreden der Zuhörer zu übernehmen, andererseits den Zuhörern ihre Freiheit zu gewähren. Die Gratwanderung, die vom Prediger verlangt wird, gelingt nur, wenn er auch sonst in seinem Leben in der Polarität von Führen und Freilassen einen angemessenen Weg findet. Der autoritäre Führer wird sich durch Vereinnahmung verraten, derjenige, der die anderen nur nicht stören will, durch einen unverbindlichen Redestil. Dabei sind die Anredeformen nur Symptome. Nur sie zu verändern, wäre blutleere Technik. Die Zuhörer spüren, wenn richtige Worte und Verhaltensweisen die natürlichen Symptome einer angemessenen inneren Haltung sind.

Verantwortung tragen

Aus den Analysen von Gottesdienst und Predigt ist klargeworden, daß der Gottesdienst die tiefste Schicht des Erlebens erreicht, in der es sich um das tiefste Vertrauen des Menschen handelt. Aus den angeführten Höreraussagen ist klargeworden, daß dieses Vertrauen nur geweckt wird, wenn der Prediger einen persönlichen Stil hat. Das persönliche Predigen habe ich oben charakterisiert als Echtsein und Anreden. Das Anreden setzt voraus, daß der Prediger Verantwortung für seine Gemeinde tragen will. Diese These verlangt jetzt Aufmerksamkeit.

Es handelt sich um einen Aspekt der Autorität. Eine Autorität sein zu müssen ist heute für viele ältere und jüngere Pfarrer eine fragliche Angelegenheit. Wenigen ist sie noch eine Selbstverständlichkeit, und dann erscheint

---

45   Otto Haendler, Die Predigt, 308.

sie oft in einer autoritären Form, die bei unzähligen Leuten Ekel hervorruft. Ich betrachte es als ein Hauptziel dieses Buches, auf diese Problematik einzugehen. Hier liegen die Wurzeln von mancherlei Elend, nicht nur beim Predigen, sondern überhaupt in der Ausübung des Pfarramtes.

In allen drei Dimensionen des Gottesdienstes, beim Vertrauenwecken, beim Verkündigen von Befreiung und beim Durchringen zum Erkennen, macht sich die Problematik der Autorität bemerkbar. In der Dimension des Erkennens steht sie damit in Zusammenhang, daß der Prediger die Gemeinde vertritt, das heißt auch selber ein fragender Zuhörer ist. Seine Autorität liegt dann in der Solidarität, in der Fähigkeit, die Anfechtung der Gemeindemitglieder im Gottesdienst zu integrieren. In der Dimension der Befreiung ist die Autorität des Predigers die des Herolds, der die Sache Gottes repräsentiert. Seine Autorität ist die Vollmacht, aufgrund der Heiligen Schrift Dinge zu sagen, die unglaublich sind. Diesen zwei Aspekten der Autorität schenke ich in den nächsten Kapiteln Aufmerksamkeit. Jetzt geht es um Autorität in der Dimension der Geborgenheit. Es soll das angemessene Verhalten eines Menschen klarwerden, der im Auftrag einer Kirchgemeinde eine zentrale Rolle im Gottesdienst innehat. Ich rede von dem, was man jahrhundertelang das Hirtenamt genannt hat, jetzt nicht in seiner ganzen Breite vom Seelsorger und so weiter, sondern nur in bezug auf den Gottesdienst[46].

Alles Bangen, Ausweichen, Experimentieren und Schimpfen kommt nicht darum herum: Einen Gottesdienst in einer Kirche zu leiten und besonders zu predigen setzt voraus, daß einer sich als Autorität beauftragen läßt. Schon die Anordnung der Stühle und Bänke, die Kanzel oder das Mikrophon, eventuell der Talar reden eine klare, von irgendwelchen entgegengesetzten Interpretationen nicht zu überdeckende Sprache: Einer wird im Mittelpunkt stehen, einer wird der Wichtigste sein. Die Gottesdienstbesucher können einander kaum, jedenfalls nur teilweise sehen. Aber diesen einen sehen sie alle. In den protestantischen Kirchen ist es auch noch Brauch, vorher öffentlich den Namen des Predigers bekanntzugeben. Dazu weiß jeder, daß dieser eine, im Unterschied zu fast allen anderen Gemeindegliedern, für seine Arbeit von der Kirche ordiniert ist. Die Grenzen sind klar gezogen, ob wir wollen oder nicht.

Auch wenn wir das alles verändern würden – und warum könnten wir das nicht eines Tages tun? –, würde es immer noch in irgendeiner Form Autorität brauchen. Denn wo Menschen zusammenkommen, mit dem Anliegen, ihr tiefstes Vertrauen erneuern und verstärken zu lassen, da braucht es einen (oder mehrere), der bereit ist, die Rolle des Vertrauenerweckenden zu über-

---

46 Dieser Einteilung entsprechen mehr oder weniger die Unterscheidungen, die Hans Martin Müller macht: personale Autorität, Sachautorität und Amtsautorität, in: Die Autorität des Predigers in pastoralethischer Sicht, 11–24.

nehmen. Das ist eben eine Elternrolle, das heißt eine Autorität. Solange wir das Bedürfnis nach Erneuerung des Ur-Vertrauens erfüllen wollen, bedingt das unser Einsteigen in die Funktion eines Führenden [47].

Ist das Bedürfnis nach Geborgenheit, das heißt nach einem Menschen, der diese Geborgenheit vermittelt, im Raum der Kirche legitim? Ist nicht der Herr selber diese Autorität? Diese Frage läßt sich unterschiedlich beantworten [48]. Aus den Hörerreaktionen ist ersichtlich, daß jede Antwort, die den entscheidenden Einfluß des Predigers übersieht, unrealistisch ist.

In diesem Zusammenhang ist eines nicht zu vergessen, was oft übersehen wird. Nicht die Selbstbewertung des Pfarrers ist entscheidend, sondern wie er von den Gottesdienstteilnehmern eingeschätzt wird. Auch wenn heute eine autoritätsgläubige Pfarreranbetung nicht mehr oft vorkommt, hegen die Gottesdienstteilnehmer, über die wir ja reden, im allgemeinen mehr Anerkennung und Respekt für den Prediger, als dieser sich oft einzugestehen wagt. Warum ist das so? Die Tatsache, daß Menschen ihre Lebensaufgabe darin sehen, in der Kirche zu arbeiten; daß sie damit offen eine positive Grundbeziehung zu den von der Kirche repräsentierten Werten, einfach gesagt: zu Gott kundgeben; daß sie zu ihrer Aufgabe von der Leitung der Kirche für fähig und zuverlässig gehalten werden; das alles verfehlt seine Wirkung auf die Gottesdienstbesucher nicht. Die Prediger verbinden ihre Lebensaufgabe mit der Verkündigung von Werten, die jeden Menschen zutiefst angehen und von existentieller Bedeutung sind. Damit ist eine mysteriöse Verbindung zwischen Prediger und Zuhörer angedeutet, die viele Zuhörer zu tiefem Respekt führt. Die Zeichnung auf der nächsten Seite dürfte die Verbindung klarer darstellen als Begriffe. Der Prediger – ob er will oder nicht – vertritt, verkörpert oder macht bewußt, was im Zuhörer zutiefst als existentielles Anliegen vorhanden ist.

Heije Faber sucht den Grund, weshalb Menschen den Pfarrer oft so hoch einschätzen, im unbewußten Archetypus. Er betont in der Beschreibung der Identität des Pfarrers, daß die Figur des kirchlichen Amtsträgers auf dem Archetypus vom «Weisen Manne» eingepfropft ist. Faber beruft sich auf Carl Gustav Jung, wenn er behauptet, daß Menschen in bestimmten Berufsträgern Personifizierungen der Lebenshilfe und Lebensweisung erleben, die

---

[47] Mit Recht behauptet Hans Martin Müller: «Jeder, der in einem anderen Menschen etwas hervorruft, etwas wecken will, muß diesem anderen ... zur Autorität werden wollen», sonst würde es nur gegenseitiges Gewährenlassen geben (ebd. 16).

[48] Karl Barth drückt es klar und einfach aus, wenn er sagt, daß das Wort Gottes «innerhalb des Bereichs menschlichen Gehorchenwollens ... seine Repräsentation haben will, eine bestimmte kirchliche Funktion fordert» (Kirchliche Dogmatik, I, 1, 59). Die «Entsprechung» ist Bindeglied zwischen der Autorität Gottes und dem Menschen.

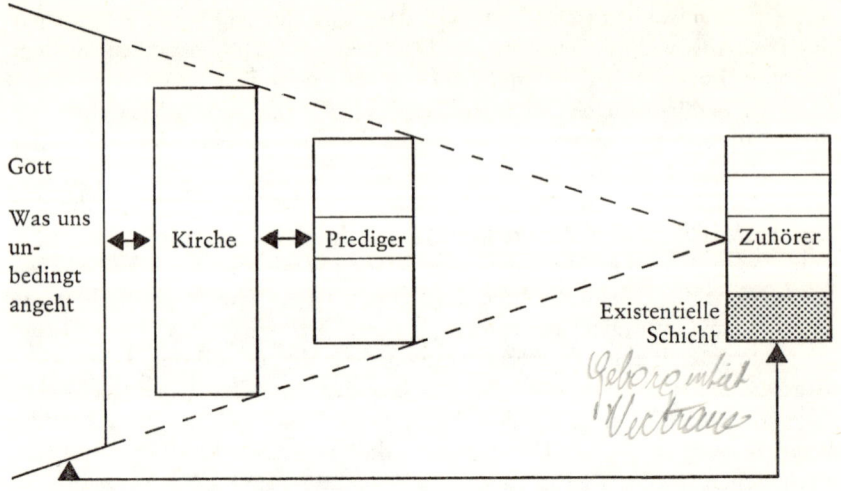

sie für ihre seelische Entwicklung und ihren seelischen Frieden brauchen[49].
Dieses Erleben ist eher diffus und unbewußt[50]. Oberflächlich betrachtet, ist
der Pfarrer für die Gemeindeglieder ein normaler Mensch, den sie heftig
kritisieren und ablehnen können. Das Erleben des «Großen Helfers» ist
manchmal ganz tief verborgen, unbewußt. Vielleicht kommt es nicht bei allen Menschen vor, aber sicher viel häufiger, als es sichtbar wird. Signale
sind zum Beispiel das übliche Staunen über das junge Alter eines Pfarrers.
Der Archetypus vom weisen Helfer wird automatisch assoziiert mit einem
älteren Mann[51]. Wenn eine Frau die Rolle trägt, kann das noch größeres
Befremden wecken. Der Archetypus ist ein männliches Urprinzip.

Das archetypische Erleben der Gemeindeglieder ist zu verstehen als eine
Erwartung, die man an den Prediger heranträgt. Viele Menschen nehmen
ahnend, diffus oder unbewußt an, daß der Pfarrer über Lebensgeheimnisse
verfügt oder diesen Anspruch hat. Sie erwarten von ihm, daß er diesem Anspruch gerecht wird und die geweckten Erwartungen erfüllt. Sonst sind sie
enttäuscht.

Die von Faber vertretene Theorie macht verständlich, warum Pfarrer oft
darüber klagen, daß die Menschen unerfüllbare Erwartungen an sie heran-

---

49 Profil eines Bettlers, 63 ff.
50 In primitiver Unmittelbarkeit kann es sichtbar werden, wie bei einem mon-
    goloiden Mädchen, das den Klinikpfarrer mit der Anrede «Gott» zu begrü-
    ßen pflegte.
51 Vom Pfarrer wird auch erwartet, mehr als von Ärzten und Psychotherapeu-
    ten, daß er ein moralisch unbescholtenes Leben führt. Vergleiche die Bedin-
    gungen in den Apostelbriefen für die Amtsträger: 1 Tim. 3, 1–12; Tit. 1, 6–9.

tragen. Denn die wenigsten Theologen begehren bewußt und offen die Funktion eines «Weisen Mannes». Sie wollen keine Autorität sein, und sie erleben dauernd, daß sie eine sind. Hier klaffen die Erwartungen der Gemeinde und des Predigers auseinander. Daß dieser Konflikt sich bei beiden größtenteils oder ganz unbewußt abspielt, machte die Sache nur schwerer.

Im Gottesdienst wird der Pfarrer Prediger. Der Prediger trägt die archetypischen Züge, die der Pfarrer überhaupt trägt, am stärksten! Ihn betrachten die Gottesdienstbesucher als Autorität und sich selber als diejenigen, die sich von dieser Autorität führen lassen. Dieser Sachverhalt ist ein klarer Ausdruck der Regression, die für die Erneuerung des Ur-Vertrauens notwendig ist[52]. Die Unterscheidung zwischen Amtsträger und Gemeinde ist als eine Art Spielregel zu betrachten. Jeder Gottesdienstbesucher weiß, daß der Pfarrer nur einer von ihnen ist. Gleichzeitig hat er die Würde des archetypischen Führenden. Das verlangt natürlich Flexibilität von Pfarrer und Gemeinde. Bei der Gemeinde ist sie übrigens schon seit Jahrhunderten eingespielt.

Die große Schwierigkeit ist, daß die Mehrzahl der heutigen Pfarrer keine oder wenig Lust hat, eine offensichtlich autoritative Rolle zu übernehmen. Hier ist eine Kluft zwischen der Erwartung der Gemeinde und dem Auftreten des Predigers entstanden. Die äußeren Merkmale der Würde erleben schwere Zeiten. Der Talar ist schon an vielen Orten abgedankt. Die Kanzeln sind immer bescheidener geworden, jetzt ist es sogar Brauch, die Predigt nicht mehr von der Kanzel aus zu halten. Soweit ich weiß, sind diese Veränderungen nie oder selten von der Gemeinde oder den Gottesdienstbesuchern veranlaßt, sondern immer von den Predigern, die sich weigern, sich

---

52 Es ist klar, daß niemand zum Mitmachen einer solchen Regression gezwungen werden kann. Nur innerliche Beteiligung ermöglicht sie. Dann kann sie aber sinnvoll und konstruktiv sein, wie viele andere Regressionen auch. Wer eine Karikatur einer solchen Regression darstellt, zeigt entweder, daß er die innere Empfindung nicht kennt oder daß er sie nicht wahrhaben will. So Yorick Spiegel, wenn er schreibt, daß der traditionelle Gottesdienst eine «autoritär bestimmte Regression» schafft, «indem er als eine Interaktion zwischen einem Vater und irrenden Kindern strukturiert ist, die der Belehrung bedürfen». Hier wird das Bedürfnis der Gottesdienstbesucher, wirklich «Kinder dieses Vaters» zu sein, nur als unreifes Verhalten in Betracht gezogen (Erinnern, Wiederholen, Durcharbeiten, 20). Auch das Bild der Predigt bei Elmar Maria Lorey, wo Schlagworte wie «das Modell absolutistischen Denkens», «erlassen», «anordnen» und «dogmatisch gesicherte Aussagen einbringen» tönen, ist eine Karikatur (Mechanismen religiöser Information, 127). Der Fehler bei Spiegel und Lorey liegt in der einseitigen Überspitzung des Autoritativen. Es besteht dann kein Unterschied mehr zwischen «autoritativ» im Sinne von «anerkanntes Ansehen» und «autoritär» im Sinne von «äußerliche, eingesetzte Macht».

mit den üblichen Formen zu arrangieren. So erscheint der Prediger dann, mit grüner Krawatte hinter einem Pültchen unter der Kanzel, und sagt: «Guete Morge mitenand.» Sein ganzes Auftreten will eines ganz klarmachen: «Ich maße mir nichts an, ich fühle mich nicht wichtig, ich bin keine Autorität.»

Der Widerstand gegen die Autoritätsrolle geht noch weiter. Die ganze Institution Predigt wird angegriffen. Dabei sind mehrere Gründe zu unterscheiden, aber ein Grund ist sicher die Abwehr der Verantwortung, die im Gottesdienst dem Prediger übertragen wird[53]. Die Analysen von Gottesdiensten haben mir noch nie eine Zuhöreraussage geliefert, die das Verfahren an sich, daß nur ein Mensch den Gottesdienst leitet und sich äußern darf, in Frage stellt. Das ist eindeutig ein Problem der Prediger, nicht der Gemeinde. Sie sind tief davon überzeugt, daß alle Gewalt und Manipulation wertlos ist für echte menschliche Kommunikation. Zu sehr haben sie oft selber unter Schul- oder Universitätsgewalt gelitten, zu begeistert auch haben viele gegen autoritäre Strukturen gekämpft, um jetzt im eigenen Beruf eine Autoritätsposition begehren zu wollen. Würdenträger zu sein würde ihre heiligsten Grundsätze verletzen, sie müßten sich vor ihrem eigenen Gewissen schämen. Ihre geistige Potenz würde zusammenschrumpfen, wenn sie ihre Arbeit mit Hilfe von äußerer Macht tun müßten. An Partnerschaft glauben sie, an echte Gleichheit mit allen Menschen, die in ihr Blickfeld kommen. Lernen wollen sie ihr ganzes Leben lang auch selber und nicht nur lehren. Bescheidenheit und Zurückhaltung ist ihre Attitüde, Aufdringlichkeit und Pathos sind ihnen fremd.

Das Mißtrauen gegen die Autoritätsrolle wird nicht erklärt durch unbewältigte Autoritätsproblematik[54]. Die hat es in früheren Zeiten auch gegeben, aber ohne diese Folgen. Die Frage ist vielleicht eher, warum sich unbewältigte Autoritätsproblematik dann in unseren Tagen auf diese Weise zeigt. Die Krise scheint mir tiefer zu liegen. Auch Menschen ohne Autoritätsprobleme begehren heute oft keine Autorität. Verantwortung für sich selber zu tragen, dazu sind erwachsene Menschen zwar bereit. Aber beim Predigen geht es um das Tragen von Verantwortung für *andere*. Das ist nicht mehr verlockend. Es besteht eine Allergie gegen solche Verantwortung. Die Ursache liegt in einer Entwicklung, die in den letzten Jahrzehnten immer stärker geworden ist. Sie läßt sich von verschiedenen Seiten her betrachten.

Im ethischen und geistigen Bereich funktionieren die festen Wertsysteme nicht mehr überzeugend und eindeutig. Das Wertbedürfnis ist weniger ausge-

---

[53] Wolfgang Steck verdolmetscht diese Abwehr mit folgenden Worten: «Es ist mir zu eng auf der Kanzel. Ich stehe allein dort oben, hilflos und verlassen, den vielen gegenüber, ihren unerfüllbaren Erwartungen, ihrem untergründigen Mißtrauen, ihrer Angst vor der Doppelbödigkeit meiner Predigt» (Die Angst vor dem Text, 512).

[54] So Hans Martin Müller, ebd. 21.

prägt. Damit steht das Abnehmen von Verantwortungsgefühl im Zusammenhang. Wertsysteme haben Sicherheit gegeben. Wenn sie wegfallen, verschwindet auch die Sicherheit. Wer nicht mehr sicher ist, kann nicht mehr führen.

Im organisatorischen Bereich sind wir auf dem Weg zu einer «vaterlosen Gesellschaft», in der Verantwortung für andere zu tragen in Verruf steht und Angst hervorruft. Alexander Mitscherlich sieht in der sogenannten Managerkrankheit die Signatur für diese Angst. In ihrem Aufstiegsbedürfnis haben die Manager eben nicht die Verantwortung gesucht, nur die Vergünstigungen [55].

Im Bereich der Selbsterfahrung entdecken Menschen, wie stark sie projizieren. Sie werden gewahr, wie sehr sie sich oft agierend mit eigenen Problemen auseinandersetzen, wenn sie sich mit anderen beschäftigen. Die Entdeckung führt aber leicht zu der Angst, daß man es wieder tun wird. Das wird Anlaß zum Rückzug aus der Verantwortung. Lieber lassen wir einander gewähren, als der Manipulation schuldig zu werden.

David Riesman hat versucht, die Haltung der Menschen unserer Kultur in unserer Zeit zu verstehen mit dem Begriff der Außenlenkung. In der vorigen Phase waren Menschen eher innengeleitet, das heißt, jeder hatte durch strenge Erziehung die Prinzipien seiner Eltern eingeprägt bekommen und war dadurch fähig, mit diesen Prinzipien als Kreiselkompaß den Weg durch das komplizierte Leben zu finden. Sie haben, wenn sie stark waren, gerne Verantwortung getragen, weil sie ihren Prinzipien auf diese Weise größeren Wirkungsbereich geben konnten, und das war eine allgemein anerkannt gute Sache. Jetzt haben wir aber zunehmend mit außengeleiteten Menschen zu tun, denen die gute Beziehung zu anderen Menschen wichtiger ist als prinzipielle Beharrlichkeit. Ihre Haltung ist geprägt von Sensitivität für das, was außerhalb von ihnen geschieht, ihr Bedürfnis nach Anpassung und Anerkennung ist relativ größer als vorher. Auch hier wird verständlich, daß Menschen keine Verantwortung begehren. Das höchste, was der außengeleitete Mensch gelegentlich erstrebt, ist Autonomie. Aber keine Macht. Die meidet er, oder er entzieht sich ihr absichtlich. Präsident sein will er nicht [56].

Im Vergleich zum autoritären Prediger finde ich den bescheidenen Mann mit seiner grünen Krawatte sympathisch. Ein langersehnter Hauch von Wärme und Menschlichkeit geht durch die Kirche. Aber alles ist umsonst, wenn diese Bescheidenheit letzten Endes Unverbindlichkeit bedeutet. Geborgenheit wecken kann nur der Prediger, der verbindlich ist. Verbindlichkeit umfaßt aber, auch im partnerschaftlichen Stil, Verantwortung zu tragen für den anderen. Die entscheidende Frage ist, wie Verantwortungtragen loszu-

---

55 Auf dem Weg zur vaterlosen Gesellschaft, 332.
56 David Riesman, Reuel Denney, Nathan Glazer, Die einsame Masse, 251 f.

lösen ist von autoritärem Verhalten; wie es zusammengehen kann mit der Einsicht, daß wir nicht besser sind und auch nicht mehr wissen als die zuhörende Gemeinde.

Die ganze Sache wird vielleicht faßbarer, wenn klar wird, was nun konkret getragen werden muß im «Verantwortungtragen», wenn die Vorstellungen über die Amtsautorität aus den Angst- und Karikaturvorstellungen gelöst und ins nüchterne Licht gerückt werden. Verantwortung tragen bezieht sich, genau wie das persönlich Predigen, auf den Prediger selbst und auf seine Zuhörer. In bezug auf ihn selber heißt Verantwortung tragen, daß der Prediger zu seiner Arbeit und seinen Worten steht. Es muß spürbar werden, daß er den Gottesdienst und seine Predigt für wichtig hält, daß seine Worte auf etwas hindeuten, das für ihn selber existentielle Bedeutung hat. In bezug auf die Zuhörer bedeutet Verantwortung tragen den Anspruch des Predigers, daß das, was er zu sagen hat, auch für diese Zuhörer entscheidend wichtig ist. Es muß zu spüren sein, daß er denkt: «Ich weiß jetzt ein Thema, ein Wort und auch eine Art, uns damit zu beschäftigen, die für Euch eine Hilfe ist.» Oder auch ein Grad bescheidener: «Ich weiß ein wichtiges Wort für Euch, ich hoffe, daß es mir gelingt, das klarzumachen.» Eine Haltung, die klarmacht, daß seine Worte größte Aufmerksamkeit verdienen, ist die konkrete Form von Verantwortung tragen.

Zwei Fundamente sind also nötig. Ohne lebendigen persönlichen Glauben ist diese Verantwortung eine Überforderung. Aber jede als echt empfundene Beteiligung an der Sache Gottes kann als Fundament dienen, diese Verantwortung zu tragen. Denn sie ist die Gewähr dafür, daß der Prediger von Dingen redet, die ihm selber wichtig sind. Es ist aber noch ein zweites nötig. Ohne die Überzeugung, daß diese eigene Sache auch für die Zuhörenden wichtig ist, ist die Verantwortung auch eine Überforderung. Mit Bekehrungseifer oder Missiontrieb muß diese Überzeugung nicht identisch sein. Aber etwas von diesen Elementen darf nicht fehlen, wenn der Prediger Geborgenheit wecken will. Erst das «Denn es ist uns unmöglich, *nicht* zu reden . . .» [57] kann den Prediger zuverlässig machen. Das Risiko des Bekehrungseifers ist unumgänglich für den, der ein verbindliches Wort sagen will. Der für eine nichtautoritäre Wirkung entscheidende Faktor ist, auf welche Art die Verbindlichkeit und die Verantwortlichkeit gestaltet wird [58]. Es gibt Verantwortung, die den anderen freimacht oder ihm wenigstens die Freiheit läßt. Verantwortung, die den anderen überwältigt und unterwirft, zum Beispiel mit vereinnahmenden «Wir»-Sätzen, ist eine pervertierte Form [59]. Wenn der Pre-

---

[57]   Apg. 4, 20.

[58]   Darüber werde ich unten noch Genaueres sagen (s. den Unterschied zwischen Eltern-Ich und Erwachsenen-Ich, S. 106 ff.).

[59]   S. 61.

diger auf authentische Art die Gemeinde anredet mit der Voraussetzung, daß sein Anliegen auch ihr wichtig ist, kann ihn gerade diese Voraussetzung als die zuverlässige Autorität erkennbar machen, die die Zuhörenden für die Erneuerung ihres Ur-Vertrauens nötig haben.

Gott erwarten

Eine erste Voraussetzung für persönlich Predigen ist, wie ich beschrieben habe, die Bereitschaft, Verantwortung zu tragen. Die zweite ist, daß der Prediger mit dem Wunder rechnet, daß der Herr selber in den Zuhörern wirkt. Mit Sicherheit kann man diese These auch noch anders formulieren, gemäß anderen theologischen Traditionen. Es ist hier nicht der Ort, die dogmatische Richtigkeit dieser Ausdrucksweise zu untersuchen. Vom Anliegen dieses Kapitels aus wäre es sogar denkbar, die These weniger theistisch oder sogar atheistisch zu formulieren. Otto Haendler faßt das gleiche Anliegen in lockereren Worten, wenn er die tiefste Erwartung der Gemeinde «das existentielle Verlangen nach der ewigen Wahrheit» nennt[60]. Noch vorsichtiger formuliert C. Aalders, daß die Menschen eine Begegnung mit dem Unwahrscheinlichen, dem Ungehörten, dem äußerst Überraschenden suchen[61]. In dieser Begegnung kristallisiert sich das eigentliche Anliegen des Gottesdienstbesuchers. Wenn er nachher sagt, daß er sich angesprochen fühlt, deutet das in diese Richtung. Die Gemeinde ist schnell zufrieden, wenn nur dieses Tiefenerlebnis Wirklichkeit wird. Sie ist schnell unzufrieden, wenn es gar nicht stattfindet. Sie hofft und erwartet, daß sie im Lied, im Gebet, in der Lesung oder der Predigt den Kontakt mit Gott erfährt[62].

Was die Gemeinde laut ihrer eigenen Aussagen erwartet und auch immer wieder findet, korrespondiert mit neutestamentlichen Worten[63], mit Bekenntnis und Theologie, besonders der reformierten[64]. Nie ist das Geheimnis klarer und einfacher ausgedrückt worden als in der Confessio Helvetica Posterior: «Praedicatio verbi dei est verbum dei.» Das ist ein Bekenntnissatz, er wird geglaubt, nicht bewiesen. Er besagt, daß die Gemeinde im Wort des

---

60   Die Predigt, 236.

61   Het verschijnsel preek, 263.

62   Daß über die Nutzlosigkeit der Sonntagspredigt «weitreichender Konsensus» besteht, wie Martin Kriener behauptet (Aporien der politischen Predigt, 7 f.), gilt wohl nicht für die regelmäßigen Gottesdienstteilnehmer.

63   Unter anderen Luk. 10, 16; 1. Thess. 2, 13; auch das «Siehe, ich bin bei Euch», (Mt. 28, 20) steht in direktem Zusammenhang mit dem vorangegangenen Auftrag zur Verkündigung.

64   Zunehmend auch in der katholischen Theologie (s. Richard Kliem, Die katholische Predigt, 363 f.).

Predigers Gott selber zu begegnen glaubt. Der verkündigte Herr ist selber wirksam. Das ist die Bedingung der Möglichkeit des Erlebens, mit Gott selber in Kontakt gekommen zu sein. Durch die Wirksamkeit Gottes bekommen Gottesdienst und Predigt sakramentalen Charakter. Im Wort liegt die «Realpräsenz des Herrn»[65]. Besonders Rudolf Bultmann hat das stark betont[66]. In der «Mitteilung» des Ereignisses der in Jesus Christus geschehenen Offenbarung der Gnade Gottes vollzieht sich jenes Geschehen stets neu[67]. Wie in den Sakramenten wird in der Verkündigung «ausgeteilt»: Gott selber teilt sich mit. Die theologischen Fragen, die an dieser Stelle zu beantworten sind, gehören nicht in diese Arbeit. Ich will nur andeuten, wie sich in Bibel und Theologie leicht Entsprechungen zu der sich in den Erwartungen und Erfahrungen der Hörer bekanntgebenden Gemeindetheologie finden lassen.

Was geht in den Gottesdienstteilnehmern vor, wenn sie bekennen, Gott zu begegnen? Welcher Art ist das Erleben dieses für psychologische Beobachtung und Interpretation unfaßbaren Geschehens? Die dialektischen Theologen sind in einigen Formulierungen in die Nähe einer Beschreibung gekommen. In Anlehnung an Karl Barth[68] sagt Hermann Diem zum Beispiel, daß die verkündigte Wahrheit nie eine Wahrheit in sich selber ist, sondern erst in einem Geschehen wahr ist, das heißt im Geschehen der Begegnung von Herr und Gemeinde[69]. Das Erleben wird noch klarer beschrieben, wenn C. Aalders die Unterscheidung von Karl Jaspers zwischen objektiver und subjektiver Wahrheit benutzt, um darzulegen, was der Teilnehmer am Got-

---

65   Gottfried W. Locher, Zur Vierhundertjahrfeier des zweiten helvetischen Bekenntnisses, 242.

66   s. aber auch die meisten Lehrbücher der Homiletik, unter anderen Helmuth Schreiner, Die Verkündigung des Wortes Gottes, 126; Albert Schädelin, Die rechte Predigt, 20; Otto Haendler, Die Predigt, 15; und Rudolf Bohren, Predigtlehre, 131.

67   Glauben und Verstehen, III, 168. Gegen die Ansicht, daß die Predigt damit Heilsereignis wird, hat Karl Barth sich gewehrt. Barth unterscheidet zwischen der unbedingten und absoluten Verkündigung Jesu und dem Reden von Jesus. Er muß aber doch auch wieder sagen, daß die Predigt an der Verkündigung Jesu partizipiert. Wer den Satz aus der Confessio Helvetica übernimmt (wie Karl Barth), charakterisiert damit die Predigt als Heilsereignis. Was sollte die Begegnung mit Gott anderes sein als ein Heilsereignis? Ich vermute, daß Barth in dieser Auseinandersetzung mit Bultmann zu einseitig christologisch und zu wenig pneumatisch argumentiert. Zu Recht kritisiert Christian Möller Barths Stellungnahme (Von der Predigt zum Text, 93 ff.). Für die Auseinandersetzung zwischen Bultmann und Barth, s. Manfred Josuttis, Das Wort und die Wörter, 239 f.

68   Kirchliche Dogmatik, I/1, 49 ff.

69   Der Theologe zwischen Text und Predigt, 296.

tesdienst erlebt[70]. Durch die objektive, rationale Wahrheit fühlt sich kein Mensch betroffen. Betroffenheit entsteht, wo wir mit der subjektiven, existentiellen Wahrheit in Verbindung kommen. Sie ist nicht allgemein gültig in ihrer objektiven Aussagbarkeit, aber sie ist unbedingt[71]. Im Gottesdienst kann der Teilnehmer seiner subjektiven, existentiellen Wahrheit begegnen. Wenn das geschieht, macht er eine Ur-Erfahrung, die ihn existentiell berührt. In diesem Geschehen wird er tiefer überzeugt, als rationale Argumente es jemals fertigbrächten. Er hat ein Evidenzerleben, in dem sich rationale Einsicht und emotionale Betroffenheit zusammenfinden. Was die Teilnehmer am Gottesdienst in die Kirche führt, ist die Erwartung, daß sie im Beten, Singen oder Zuhören eine Begegnung mit Gott erfahren.

Der Prediger muß für dieses Erlebnis, soweit er das überhaupt beeinflussen kann, den Raum schaffen oder wenigstens suchen, es nicht zu verhindern. An verschiedenen Stellen im Gottesdienst tritt es an den Tag, ob der Pfarrer mit dem Begegnungscharakter des Evidenzerlebens, mit dem Geschehen der Begegnung von Herr und Gemeinde rechnet. Ist Feierlichkeit, wenn sie positiv gemeint ist, nicht die Bezeichnung der Haltung und Stimmung, die mit der Erwartung dieses Geschehens korrespondiert? «Der Herr ist in seinem heiligen Tempel. Es sei vor ihm stille alle Welt!»[72] Nur durch Ehrfurcht macht der Pfarrer glaubwürdig, daß er Gott erwartet. Die Analysen von Gottesdienst und Predigt zeigen, daß die Mehrzahl der Zuhörer in dieser Hinsicht empfindlich ist. Sie ertragen das Triviale nicht. Humor wird manchmal gut, sogar sehr gut ertragen, manchmal auch abgelehnt. Im letzteren Fall ist die Ehrfurchtsgrenze verletzt. Beispiele und Witze, die mit dem Herrn oder der Bibel spielen, werden rasch als geschmacklos und salopp erlebt[73].

Ohne klaren Ausdruck der Erwartung des Geheimnisses kann der Prediger nicht mit Recht auf gute Wirkung hoffen. Das setzt natürlich voraus, daß er tatsächlich ehrfürchtig ist und den lebendigen Gott erwartet. Ein sehr vielsagender Augenblick ist das Gebet. Wenn im Ton des Gebetes nicht deutlich wird, daß der Pfarrer versucht, mit Gott zu reden, ist das ein großes Hindernis für die Erfahrung der Begegnung bei der Gemeinde. Der Aufbau und Charakter der Predigt ist ein letztes Zeugnis davon, ob der Prediger Gott erwartet oder nicht. Ein religiöser Vortrag, ein Reden *über* Gott ist durch das Fehlen dieser Erwartung von einer Predigt unterschieden, einem Reden im Namen Gottes. Wenn die Erwartung fehlt, bleibt dem Prediger nur noch,

70   Het verschijnsel preek, 262.
71   Karl Jaspers, Der philosophische Glaube, 11. s. auch S. 146.
72   Hab. 2, 20.
73   Beinamen für Jesus wirken fast immer negativ: «Der große Verkehrspolizist», «Er ist ein Bergbauer».

«allgemeine Wahrheiten» zu bieten, die die Zuhörer sich auch selber sagen können[74].

Kornelis Heiko Miskotte hat behauptet, daß Predigt in diesem Sinne nur in der christlichen Kirche vorkommt. In anderen Religionen ist Predigt entweder eine Durchleuchtung des Welträtsels oder eine Ermahnung zur rechten Lebensführung. Christlich predigen aber heißt hinweisen auf Werte, die es nicht «gibt» (keine allgemeinen Wahrheiten), sondern die «kommen», die erst wahr werden in der Begegnung mit ihnen selber[75].

Der nur bescheidene Prediger wird angesichts dieses Geschehens der Begegnung mit dem Unwahrscheinlichen also zu bescheiden sein. Wer erwartet, ist einer, der nicht immer und sofort zufrieden ist.

Ein letztes Problem in dieser Beziehung ist der Gottesdienstbesuch des Predigers selber. Die Frage wird in der Homiletik umgangen. Ist sie zu spießbürgerlich oder zu lästig? «Du sublême au ridicule il n'y a qu'un pas.» Die zu beantwortende Frage ist aber, ob der Prediger glaubwürdig wirkt, wenn er selber nicht regelmäßig einfacher Gottesdienstbesucher ist. Es geht nicht um die gesunde Erfahrung, sich in die Situation der Gemeindeglieder zu begeben. Es geht vordergründig um die Erwartung Gottes. Wenn die Erwartung Voraussetzung ist für die Leitung eines Gottesdienstes, wo Menschen ihr tiefstes Vertrauen zu erneuern und zu bestätigen suchen, lautet die Frage, welchen Stellenwert diese Erwartung beim Prediger selber haben muß, um glaubwürdig zu sein. Wenn der Stellenwert nur der ist, die Voraussetzung der eigenen Predigten zu erfüllen, ist das zu wenig. Der Verdacht der Unechtheit taucht unweigerlich auf. Ist die Wahrheit nicht ganz einfach? Der Prediger, der Gott erwartet in den Gottesdiensten, die er selber leitet, wird selbstverständlich auch in die Kirche gehen, wenn andere leiten. Denn wenn es wahr ist, daß die Gemeinde das Kommen Gottes in Wort und Geist erwarten darf, wird er die Gelegenheit nicht verpassen wollen, mit dabei zu sein[76].

---

74   Rudolf Bultmann, Allgemeine Wahrheiten und christliche Verkündigung, 168.

75   Om het levende Woord, 238.

76   Der Hebräerbrief mahnt zum treuen Besuch der Versammlungen, Hebr. 10, 25. Einfaches Beiseiteschieben dieser Aufforderung wäre genauso oberflächlich wie gesetzlicher Gehorsam. Auf dem Spiel steht nicht weniger als der Kontakt mit dem von der Kirche bekannten Gott. Wo finden wir seine Gegenwart sonst als «durch sein Wort und Geist»? Die heute oft gehörte Annahme, man erlebe Gott einfach im Kontakt mit dem Nächsten, wird wenigstens vom Neuen Testament nicht unterstützt. Liegen hier nicht Verwechslungen vor?

Die Beziehung zwischen Prediger und Zuhörer: Der Ort des eigentlichen Gottesdienstgeschehens

Die Analysen von Gottesdiensten und Predigten haben gezeigt, daß der traditionelle Gottesdienst von den Teilnehmern stark emotional erlebt wird. Entweder sind sie dankbar und begeistert, weil ihre tiefsten Gefühle, ihr Mut und ihr Vertrauen, verstärkt sind, oder sie sind frustriert, weil das nicht geschehen ist. Diese Dimension des Gottesdienstes gilt für das Erleben stärker als andere. Begeisterung über eine neue Einsicht zum Beispiel kommt weniger oft und weniger stark vor. Die Dimension der Geborgenheit, des Vertrauens steht für das Teilnehmen und Erleben eindeutig im Vordergrund. Es geht den Gottesdienstbesuchern vielmehr um die Wirksamkeit und Kraft des Glaubens als um klare und richtige Vorstellungen. Erleben, spüren, fühlen ist ihnen wichtiger als einsehen und überzeugt werden. Es geht ihnen hauptsächlich um die Wirkung des Gesagten, weniger um den Sinn. Sie wollen etwas erleben.

Ich stelle fest, daß dieses Ergebnis aus den Analysen eine grundsätzliche Herausforderung an die traditionelle Homiletik ist. Der übliche Stellenwert des Inhaltlichen, des Sinnes der gesprochenen Worte, wird in Frage gestellt. Leonhard Fendt hat am klarsten gesagt, wie im Grunde die ganze Homiletik denkt: «In der evangelischen Predigt der Gegenwart kommt alles auf den Inhalt an» [77]. Nicht weniger als das wird über den Haufen geworfen, wenn die Hörer sagen dürfen, was ihnen am wichtigsten ist. Ihnen kommt es eher auf das Erleben des Vertrauens an. Abgesehen von der Frage, wer hier recht hat, ist es höchst beunruhigend, eine so große Distanz zwischen Predigtlehre und Predigtwirkung feststellen zu müssen. Es bedeutet entweder, daß die Gemeinde gar nicht versteht, was ihre Prediger ihr geben wollen, oder daß die Homiletik am wesentlichen Punkt an der Gemeinde vorbeisieht. Schauen wir das beträchtliche Heer der Lehrbücher an. Sie arbeiten hauptsächlich oder ausschließlich am Inhalt der Predigt. Otto Haendler ist eine Ausnahme. Bei ihm finden wir auch eine Relativierung des Inhaltlichen [78]. Ich möchte nicht den guten Willen und nicht einmal den großen Wert der homiletischen Publikationen bezweifeln. Was ihren Wert aber einschränkt, ist eine unreali-

---

[77] Homiletik, 19. Auch Karl Barth wäre hier anzuführen; in der Frage, ob eine Predigt vorgelesen werden soll oder nicht, sagt er einfach: «Hauptsache ist, daß das, was kommt, recht und zu verantworten ist» (Homiletik, 112).

[78] Er behauptet zum Beispiel, daß die gleichen Worte anders wirken, wenn sie aus einem anderen Munde kommen (Die Predigt, 285). Damit ist gesagt, daß etwas anderes als der Inhalt die Wirkung bestimmt. Das gilt sogar beim Lesen. Eine gelesene Andacht wird unterschiedlich beurteilt, je nachdem der Leser meint, daß ein ihm sympathischer Autor sie geschrieben hat oder einer, der ihm unsympathisch ist. Helmut Barié belegt diesen Prestige-Effekt

stische Sicht. Das Wesentliche liegt für die Gemeinde nicht dort, wo die Predigtlehrer meinen.

Wo liegt das Wesentliche dann? Der Kontakt mit dem Unwahrscheinlichen, die Begegnung mit Gott, wo könnte sie denn sonst als im Sinn des Gesagten, im Inhaltlichen liegen? Wird Gottes Wort denn nicht, wenn irgendwo, im Sinne des menschlichen Wortes erfahren? Eben nicht! Wo also sonst?

In den Untersuchungen, die ich in diesem Kapitel über die Hörererlebnisse gemacht habe, habe ich festgestellt, welche Elemente der Gemeinde das Erneuern des Ur-Vertrauens ermöglichen: das persönliche Auftreten des Predigers, seine Echtheit, sein Anreden; seine Bereitschaft, Verantwortung zu tragen; eine Haltung der Erwartung. Die Integration dieser Verhaltensweisen ist die Voraussetzung für die Erneuerung des Ur-Vertrauens. Im Gottesdienst suchen die Teilnehmer in der Begegnung mit Gott diese Erneuerung, und zwar angesichts der letzten, existentiellen Fragen des Lebens.

Ich ziehe den Schluß. Für das Erleben der Gemeinde geschieht das eigentliche Geheimnis der Begegnung in der Beziehung zwischen Prediger und Zuhörer. Die Kommunikation von Pfarrer und Gemeinde ist der Ort, wo «es» stattfindet, wenn es stattfindet. «Es» ist: die Gemeinschaft von Herr und Gemeinde im Glauben; so ist es theologisch ausgedrückt. In psychologischer Terminologie läßt sich diese Erfahrung nicht fassen. Feststellbares Erleben, wie die Erneuerung des Ur-Vertrauens, ist nur ein Aspekt eines größeren Geschehens.

Ich glaube: die Gemeinde hat recht und nicht die Homiletik. Die Homiletik hat sich intellektualistisch auf den Inhalt, den Sinn der gesprochenen Worte gestürzt. Der Inhalt ist aber nicht das Eigentliche. Das Eigentliche geschieht in der Beziehung zwischen Prediger und Gemeinde, der Inhalt der Worte hat seine Wichtigkeit nur in diesem Rahmen. Die Wirkung der Texterklärung ist mit der Wirkung des Predigers untrennbar verbunden. Die Höreraussagen reden klar: Es gibt Predigten, die eine starke, positive Wirkung haben, ohne daß die Hörer genau sagen können, was der Inhalt war. Sie freuen sich aber, weil ihre Freude, ihr Vertrauen geweckt sind, sie loben Gott, ohne die Predigt reproduzieren zu können. Ich habe den Eindruck, so geht es den allermeisten nichtgebildeten Gottesdienstbesuchern immer oder fast immer. Daß es den Gebildeten manchmal anders geht, daß sie ab und zu eine Predigt reproduzieren können, bedeutet noch nicht, daß sie besser zugehört haben. Denn die Beziehung, um die es im Gottesdienst geht, ist wichtiger als alles Gesagte. Christus gibt sich nicht im kognitiven Sinn des gesprochenen Wortes, seine Verheißung gilt dem Zusammensein von zwei oder drei in sei-

---

mit Ergebnissen eines Experimentes (Kann der Zeuge hinter das Zeugnis zurücktreten?, 20 ff.).

nem Namen. Dort ist er «in der Mitte von ihnen»[79]. Die Wahrheit ist nicht inhaltlich, sondern kommunikativ[80]. Wie in der Liebe. Die Beziehung selber ist die Hauptsache[81]. In der Seelsorge gilt genau das gleiche, was hier für die

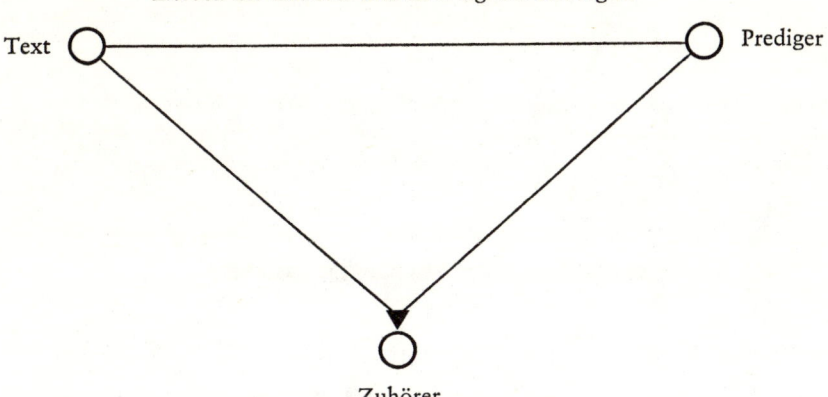

Erleben der Zuhörer laut ihrer eigenen Aussagen:

Für den Hörer ist die Wirkung des Textes mit der Wirkung des Predigers untrennbar verbunden.

---

[79] Matth. 18, 20.

[80] Adolf Sommerauer drückt etwas davon aus: «Christus wird nicht nur durch die Nennung seines Namens verkündigt, nicht nur durch eine Beschreibung seiner Ämter, sondern auch und nicht weniger durch das Verhalten des Predigers» (in Helmut Thielicke, Vom geistlichen Reden, 278). Im Sammelband «Didaktik der Predigt», hg. von Peter Düsterfeld und Hans-Bernhard Kaufmann, taucht die gleiche Einsicht manchmal auf, besonders bei Günter Rohkämper und Dieter Seiler (133): «Wir glauben, daß ,Evangelium' sich nicht nur an den Inhalten, sondern in der Kommunikationsweise dieser Inhalte erweist.» Auch Hans-Werner Dannowski befürwortet im gleichen Sammelband (163 ff.) die Aufmerksamkeit für die Beziehungsdimension in der Predigt, beschränkt diese aber auf die sogenannten «Sprechakten» (Behauptung, Warnung, Aufforderung und ähnliches). Damit wird nur ein Teil der Beziehungsproblematik berührt. Die Beschränkung der Aufmerksamkeit auf die Sprechakte, also auf die Redestruktur, klammert entscheidende Aspekte im Auftreten des Predigers aus: Glaubwürdigkeit, Wärme und so weiter. Die Wirkung der Persönlichkeit des Predigers kommt nicht genügend in Sicht.

[81] In der Kommunikationstheorie stellt Paul Watzlawick fest, daß die Sprache in dem Maße an Bedeutung verliert, als es um die Beziehung der Redenden selber geht. Am klarsten wird es in Liebesbeziehungen und Feindschaft (Menschliche Kommunikation, 64).

Homiletik behauptet wird. Das Wesentliche liegt nicht in den Aussagen, sondern in der Tiefendimension, in der nichtverbalen Begegnung[82].

Absicht einer inhaltsverhafteten Homiletik:

Für den Hörer ist nur die Wirkung des Textes wichtig. Der Prediger bietet ihn nur dar. Das Geheimnis des Gottesdienstes liegt im Text verborgen[83].

Das Geheimnis des Gottesdienstes geschieht zwischen den Zuhörern, dem Prediger und dem, was der Prediger vertritt und was ihn für den Zuhörer qualifiziert. Der Text (in der Predigt und in der Liturgie) ist, ähnlich wie der Prediger, ein Hinweis auf den Herrn selber. Was den Text gegenüber dem Prediger auszeichnet, ist seine uneingeschränkte Zuverlässigkeit und Objektivität. Dafür fehlt dem Text aber, was der Prediger kann: reden, sich sichtbar zeigen, lebendig vor Augen sein. Das eigentliche Geheimnis der Begegnung mit Gott ist vielleicht direkter mit dem Text als mit dem Prediger verbunden. Aber der *Ort,* wo der Text zu der Gemeinde kommt, ist die Beziehung zum Prediger.

Die Konsequenz, daß nur der Prediger wichtig sei und nicht der Text oder daß es nur um Beziehungsgefühle gehe und nicht um den Inhalt des Wortes, wäre eine unsinnige, darum soll man sie nicht ziehen. Möglicherweise gebe ich in diesem Abschnitt, in dem ich die entscheidende Bedeutung der Beziehung zwischen Prediger und Zuhörern betonen und theologisch rechtfertigen will, Anlaß dazu. Die zwei nächsten Kapitel dürften klarmachen, daß der

---

82 s. unter anderem Richard Riess, Seelsorge, 151.

83 Hans Urner verbalisiert genau, was ich in Frage stelle: «In Wahrheit kommt die rechte Predigt allein von Gott, der sich in seinem Worte offenbart. Und darum hängt alles am Text und nicht am Prediger. Gott bringt den Text zum Reden und den Prediger wie die Gemeinde zum Hören» (Gottes Wort und unsere Predigt, 93).

Text und der Inhalt der Predigt sich bei mir nicht über Raumprobleme zu beklagen brauchen.

Im Geschehen des Gottesdienstes und der Predigt hat sich etwas Wichtiges vom biblischen, hebräischen Leben bewahrt. Das wird klar am Unterschied zwischen dem hebräischen Begriff «dābār», den wir im Deutschen üblicherweise mit «Wort» übersetzen, und dem, was das deutsche «Wort» eigentlich meint. «Dābār» beschreibt, was in der Kommunikation geschieht. Unsere Vokabel «Wort» beschreibt einen im Wort verborgenen Sinn. «Dābār» verweist auf das Geschehen in der Beziehung als auf das Wichtigste, unser «Wort» verweist eher auf das, was hinter dem Wort liegt. Das Wort ist bei uns nur eine unwichtige Hülle. Wesentlich geht es um etwas hinter diesem Wort. Ich sehe hier eine Parallele zu der Unterbewertung des Leibes im Vergleich zur Seele in der abendländischen Anthropologie, wenn wir das Wichtigste beim Wort hinter, unter, über dem Wort suchen. Die Form des Wortes, zum Beispiel die Weise, wie es ausgesprochen wird, ist dann natürlich viel weniger wichtig. Es geht ja um den Inhalt. Bei «dābār» ist das anders. Da ist die Form, die Art und Weise, wie das Wort ausgesprochen wird, entscheidend. Es gibt keine Trennung zwischen Inhalt und Form. Was zwischen Sprecher und Hörer geschieht, ist das Entscheidende[84]. In diesem Geschehen liegt nicht nur der Sinngehalt des Wortes, sondern auch das Sprechen und die Art des Sprechens. Wort und Handlung lassen sich nicht sauber trennen. Die Persönlichkeit des Sprechers und auch die des Hörers spielt für das hebräische Verständnis von Wort eine zentrale Rolle. Bei unserem «Wort» ist die Persönlichkeit des Sprechers unwichtig. Es geht um den Sinn. Wenn wir den Sinn einmal erfassen, ist das Wort selber nicht mehr wichtig. Das führt uns dazu, die Persönlichkeit des Sprechers nicht mehr zu beachten. Nun stellt sich aber heraus, daß Gottesdienstbesucher den Gottesdienst und die Wortverkündigung eher biblisch-hebräisch als abendländisch erleben. Die Erklärung dieses Phänomens kann darin liegen, daß sich hier eine kräftige biblische Struktur behauptet hat, die jetzt ein Fremdkörper in ihrer kulturellen Umwelt ist. Die Erklärung kann aber auch sein, daß im Verhalten des Gottesdienstbesuchers klar wird, wie die abendländische Trennung zwischen Wortform und Sinngehalt vom Worthörer nicht erlebt wird. Die biblische Redeweise deckt dann ein allgemein menschliches Erleben auf[85].

---

[84] Das Wort geschieht, es wird nicht nur gesprochen. Man denke an die üblichen Einleitungsworten bei den Propheten: וַיְהִי דְבַר־יְהֹוָה — ἐγένετο λόγος κυρίου — τὸ ῥῆμα τοῦτο τὸ γεγονός. In Lk. 2, 16 sagen die Hirten der Weihnachtsgeschichte: «Das Wort (die Tat), das geschehen ist».

[85] Gerhard von Rad sieht die Unterschiede zwischen unserem «Wort» in seiner fast ausschließlichen Funktion als Bedeutungsträger und der schöpferischen, mächtigen Funktion des biblischen Wortes gegen den Hintergrund der ganzen antiken Welt, wo das Wort allgemein eine Kraft vergegenwärtigt. Auch

Die Kommunikation zwischen Prediger und Zuhörer ist der Ort des eigentlichen Gottesdienstgeschehens. Sich von Gott angesprochen fühlen und sich vom Prediger angesprochen fühlen sind interdependente Tatsachen. Das verlangt von der Homiletik, daß sie die Persönlichkeit des Predigers viel wichtiger nimmt als bisher. Ihre Einsätze für die Verbesserung des Inhaltlichen sind eine Symptombekämpfung ohne große Verheißung. Die ganze Ausbildung eines Predigers soll damit rechnen, daß das Inhaltliche, worauf so viel Wert gelegt wird, nur Sinn hat, wenn die Persönlichkeit des Predigers im Bereich des christlichen Glaubens kommunikationsfähig ist. Die in diesem Kapitel beschriebenen Elemente: Echtheit, Anreden, Verantwortung tragen, Gott erwarten verdienen nicht nur gedankliche Beachtung, sondern eingehende Bemühung in der Aus- und Weiterbildung der Prediger. Zwar hat die Homiletik schon lange gewußt, daß die Verkündigung des Wortes eine menschliche Komponente hat: die menschlichen Wörter. Sie muß aber noch einen beachtlichen Schritt weiter in der Entdeckung der humanitas Christi gehen: daß zur Verkündigung nicht nur der Inhalt und Sinn der menschlichen Sprache, sondern auch die ganze Kommunikationsfähigkeit beziehungsweise die Kommunikationsstörungen des Predigers gehören. Hier ist die Homiletik noch zu idealistisch und damit sogar noch ein wenig doketisch. Das Menschliche ist noch menschlicher.

Die Korrektur, die Karl Barth und die dialektische Theologie am Verständnis von Glauben und Predigt im 19. Jahrhundert angebracht haben, umfaßt zwei Hauptelemente. Das erste ist die Rehabilitierung der selbständigen Wirksamkeit Gottes, der Glauben weckt, und der der eigentliche Prediger ist. Diese Einsicht drohte bei Schleiermacher und Ritschl mit ihrer Betonung der christlichen Persönlichkeit unterzugehen. Aber Barths Korrektur hat auch ein zweites Element, ein intellektualistisches. Durch die Konzentration auf Gott und sein Wort hat das Verstehen des Wortes eine so große Bedeutung bekommen, daß das Erleben aus dem Blickfeld zu verschwinden drohte. Es geht hier um Akzente. Ebensowenig wie man den Theologen des 19. Jahrhunderts vorwerfen kann, sie hätten nur noch den individuellen Christen gesehen, kann man Barth und Brunner totalen Intellektualismus ankreiden. Die Akzentverschiebung ist immerhin kräftig genug gewesen, um das Geschehen während des Gottesdienstes und der Predigt mißzuverstehen. Barth hat verschiedene Male versucht zu definieren, was die Predigt ist. Ich führe die in der «Homiletik» (1932/33) dargebotene Definition an, weil ich den Eindruck habe, daß man von dieser Definition nicht, wie von vielem anderem in diesem Buch, sagen kann, daß sie in späteren Publikationen Barths

---

er rechnet damit, daß in den Spätkulturen Wortfunktionen verlorengegangen sind. Was als Magie verdächtigt wird, kann verlorener Reichtum sein. (Theologie des Alten Testamentes, II, 89 ff.).

von grundsätzlich anderem überholt worden ist. Die Definition umfaßt zwei Teile:

1. Die Predigt ist Gottes Wort, gesprochen von ihm selbst unter Inanspruchnahme des Dienstes der in freier Rede stattfindenden, Menschen der Gegenwart angehenden Erklärung eines biblischen Textes durch einen in der ihrem Auftrag gehorsamen Kirche dazu Berufenen.

2. Die Predigt ist der der Kirche befohlene Versuch, dem Worte Gottes selbst durch einen dazu Berufenen so zu dienen, daß ein biblischer Text Menschen der Gegenwart als gerade sie angehend in freier Rede erklärt wird als Ankündigung dessen, was sie von Gott selbst zu hören haben [86].

Es ist klar, wie stark der Akzent auf Gottes selbständiges Wirken fällt. Das war nötig als Korrektur der Predigtauffassung von Carl Immanuel Nitzsch, Johannes Baur und anderen, bei denen die christliche Persönlichkeit und die Individualität des Predigers Garantiewert hatten [87]. Aber ungewollt wird auch das andere Element klar: Von der Wirksamkeit des Predigers ist nur noch das «in freier Rede erklären» übriggeblieben. Daß seine ganze Person wirkt, ist in Barths Definition übergangen: Nur das «erklären» zählt. Nun kann man «erklären» noch ganzheitlich realisieren. So hat es wohl Karl Barth selber getan, wie Zuhörer seiner Predigten bezeugen. Aber «erklären» kann man auch intellektualistisch, das heißt unter Ausschluß des Erlebens. Die Reduktion der Wirksamkeit des Predigers auf das Erklären öffnet die Türe weit zu einem intellektualistischen Verfahren [88]. Wenn der Text richtig erklärt wird, hat der Prediger getan, was er soll? Das stimmt eben nicht. Er soll das Evangelium *bezeugen*. Dafür braucht er etwas mehr als seine Erklärungskunst [89].

Wenn wir die Ergebnisse der Analysen von Gottesdienst und Predigt ernst nehmen, wird das zu einer partiellen Rehabilitierung der Theologen des

---

86 Homiletik, 30. Statt «in freier Rede» enthält die Definition der Predigt in Kirchliche Dogmatik, I/1, 56 die Formulierung «in seinen eigenen Worten (auszusprechen)».

87 Karl Barth, Homiletik, 18, 23.

88 Die intellektualistische Gefahr ist auch bei Barth selber nicht imaginär. «Nur eine Predigt, bei der jedes Wort voll und ganz verantwortet werden kann, ist ein sakramentaler Akt.» Er plädiert für «peinlich genaue Ausarbeitung jedes Wortes». Diese Forderung ist absolute Regel für alle. Die Predigt muß «druckreif» sein, bevor man sie hält (ebd. 99 f.). Die zwanghafte Sprache fällt beim Lesen dieser Homiletik überhaupt auf. Immer wieder wird von «Gefahr» geredet. Wahrscheinlich gehört diese Überbetonung zu der Periode in Barths Schaffen, in der diese Vorlesungen entstanden sind. Sie ist mir aus der Kirchlichen Dogmatik nicht bekannt.

89 «Bezeugen» bringt die Verbindlichkeit der Beziehung zwischen Prediger und Zuhörern zum Ausdruck.

19. Jahrhunderts führen. Besonders Friedrich Schleiermacher mit seiner Betonung des Gefühls als dem Ort des Glaubens wird neu zu hören sein. Dieses Gefühl kann nie *Grundlage* der systematischen Theologie, auch nicht des Glaubens sein[90]. An dieser Stelle haben Barth und Brunner ihn zu Recht zurückgesteckt. Gott selber hat die Initiative. Aber die menschlichen Gefühle, die Glaubenserfahrung, das religiöse Erleben sind auch innerhalb der Theologie zu würdigen. Da lassen die dialektischen Theologen uns im Stich. Der neue Mensch sei «nur zu glauben..., nie empirisch-innerlich wahrzunehmen»[91]. Das kann wahr sein, aber es gibt noch eine andere Hälfte. Dafür hat Brunner kein Interesse. Mit der Verurteilung des Erlebens als Grundlage der Dogmatik verschwindet die Differenziertheit, mit der zum Beispiel Schleiermacher über die Glaubenserfahrung geredet hat[92]. Auch das Interesse für das Individuelle geht in der dialektischen und von ihr beeinflußten Theologie weitgehend unter. In der Homiletik macht sich das dadurch bemerkbar, daß die Persönlichkeit des Predigers nur am Rande oder überhaupt keine Beachtung findet.

Das Leitbild des Predigers ist, vermute ich, meistens das des Lehrers, sogar des Universitätsprofessors[93]. Das Unglückliche daran ist, daß die Überbetonung des Inhaltlichen dann schon anfängt bei der Einstellung, den Identifikationen des Predigers. Dem Prediger soll ein angemesseneres Leitbild ermöglicht werden. Rudolf Bohren nennt die Homiletik «Sprachlehre der Liebe»[94]. Willem Berger vergleicht den Gottesdienst mit Momenten einer Ehe. Wie die Ehepartner reden, essen, spielen, so tun auch die Gottesdienstteilnehmer verschiedenes. Ebenso wie es unangemessen wäre, den Wert eines gemeinsam verbrachten Wochenendes eines Ehepaares daran zu messen, ob sie nun klare Einsichten, besseres Verstehen und neue Information empfangen haben, ist die nur am Inhalt orientierte Betrachtung des Gottesdienstes unrealistisch[95]. Das Bild des Liebenden scheint mir das passendste für einen Prediger, besonders für die Dimension der Geborgenheit. Es enthält alle Elemente, die ich aufgezählt habe, bis auf die Erwartung Gottes. Darin unter-

---

90 Das hat Schleiermacher eben behauptet. Die Dogmatik setzt sich bei ihm zusammen aus Glaubenssätzen, die verbaler Ausdruck «frommer Gemüthserregungen» sind (Der christliche Glaube, 105, § 15).

91 Emil Brunner, Die Mystik und das Wort, 385.

92 Bei ihm gibt es viele Wörter für das Erleben des Glaubens: Gefühl, Empfinden, Affiziertsein, Schauen, Gemüt, Instinkt, Ergriffensein (s. meinen Artikel Theologie en gevoel, 45).

93 «I think I was better prepared to be a professor of theology than a preacher to businessmen» (Reuel L. Howe, Partners in Preaching, 40).

94 Predigtlehre, 55. Seine Homiletik ist dann doch keine Ausnahme von der Regel, daß das Inhaltliche als das Wichtigste angesehen wird.

95 Wat is er in godsnaam tijdens de preek gebeurd?, 248.

scheidet sich der Prediger dann auch vom werbenden Verliebten, der eben nur sich selber anbieten will. Die emotionale Befindlichkeit des Liebenden entspricht aber dem Auftrag des Predigers besser als die sachliche, informative des Lehrers. Wer das Leitbild des Liebenden akzeptiert, sieht auch den Unterschied zu dem Manipulieren und autoritär Bestimmen, das dem Kanzelprediger immer wieder zur Last gelegt wird.

Die falsche Auffassung, daß der begrifflich-inhaltliche Sinn des Mitgeteilten das Wesentliche in der Predigt ist, kennzeichnet auch viele Kritik an der Predigt überhaupt. Der Institution Sonntagspredigt und traditioneller Gottesdienst sind schwere Strukturvorwürfe gemacht worden, auch in den letzten Jahren. Fast alle diese Angriffe sind inhaltsverhaftet. Sie meinen irrtümlicherweise, daß es im Gottesdienst um die Mitteilung von Erkenntnisinhalten geht oder gehen soll. So stellt Hans-Dieter Bastian die fast totale Wirkungslosigkeit der Predigt fest. Er betrachtet sie aber unter der Perspektive der Informationsübertragung[96]. Da liegt der Irrtum. Er bringt die Predigt damit in einen Zusammenhang, in dem sie nicht gehört und auch nicht erlebt wird. Es ist kein Zufall, daß Bastian gegen das Wort Predigt opponiert und lieber von «Kanzelrede» spricht. Er befürchtet beim Wort Predigt die Einschleppung so vieler Vorurteile, daß Wichtiges schon verstellt ist, bevor man überhaupt zur Analyse kommt[97]. Er übersieht dabei, daß er durch diese Verschiebung in Richtung «Kanzelrede» selber das Wichtigste schon verstellt hat. Das Wesentliche der Predigt liegt tiefer als Information, sie will zu Begegnung und Vertrauen führen. Auch wenn Hans-Eckehard Bahr dem traditionellen Gottesdienst Zurückgebliebenheit vorwirft, verrät er durch seine Bezeichnung des Evangeliums als «öffentliche Meinung und als Information im Prozeß anderer Weltauslegungen»[98], wo er die Institution mißversteht. «Meinung» und «Auslegung» sind typische Wörter für das Inhaltliche[99].

---

[96] Verfremdung und Verkündigung, 58.

[97] Homiletik und Informationstheorie, 49.

[98] Verkündigung als Information, 96 f. Der Kritik am Wort «Information» in Beziehung auf die Verkündigung, wie sie Wolfgang Hammer (Die Sprache der Verkündigung im Prisma moderner Literatur, 11 ff.) übt, stimme ich grundsätzlich zu. Wahrheit, Zeugnis, Bekenntnis ist mehr als Information (13). Aber Hammer interpretiert Bahr nicht richtig, wenn er meint, «Information» sei gänzlich neutral oder nicht lebensnotwendig (11). Mit «Information» ist eine Nachricht gemeint, die Menschen in Bewegung bringt und Entscheidungen ermöglicht. Der Ausdruck ist für die Verkündigung unbrauchbar, nicht weil er unverbindlich wäre, sondern weil er den Stellenwert des Inhaltlichen überschätzt.

[99] Genauso wie Bastian und Bahr sieht Elmar Maria Lorey (Mechanismen religiöser Information, 69) am Begegnungsaspekt der traditionellen Predigt

Auch sozial-psychologische Betrachtungen und Testuntersuchungen, die hier und da unternommen worden sind, machen den Fehler, die Predigt als Vortrag zu betrachten, in dem Wissensübertragung stattfindet[100]. Es wird festgestellt, daß Lernvorgänge einen dialogischen Prozeß verlangen, daß die Hörer einer Predigt nur sehr wenig behalten können und daß es mit dem kognitiven Lernvorgang in unseren Gottesdiensten schlecht bestellt ist. Besonders Ernst Lerle bemüht sich um Reproduzierbarkeit[101] des Verkündigten. Von den Zuhörern wird eine Gedächtnisleistung erwartet, von der Predigt, daß sie sich um die Übermittlung von Erkenntnissen bemüht, die bei den Hörern zu reproduzierbaren Bewußtseinsinhalten werden[102]. Herbert Breit erwähnt zwar, daß man die in den Untersuchungen festgestellten emotionalen Erfahrungen der Hörer nicht geringschätzen soll, aber das scheint nur ein kleiner Trost zu sein[103]. Sobald von Gefühlen die Rede ist, warnt Lerle vor Berieselung, sobald man nämlich das Inhaltliche nicht mehr reproduzieren kann[104].

Auch die üblichen Predigtanalysen[105] sind immer nur bezogen auf den Inhalt des Gesagten. Sogar die Gewohnheit, Predigten drucken zu lassen, wird wohl mit der Inhaltsverhaftung zusammenhängen. Daß eine Predigt auch ein sichtbares Geschehen ist, daß sie mitbestimmt wird durch die Anwesenheit einer Schar von Menschen und daß sie im Zusammenhang eines Gottesdienstes steht, das alles wird ausgeklammert. Der Wert solcher Analysen kann nicht viel größer sein, als wenn man die Worte zweier Freunde während einer intensiven Begegnung aufschreiben und analysieren würde. Es sei denn, man

---

vorbei. Die Anwendung kybernetischer Gesetze ist nur gerechtfertigt, wenn die Predigt als Information betrachtet wird, wie Lorey es tut. Auch die Forderung von Martin Kriener, daß der Inhalt des gottesdienstlichen Geschehens «aussagbar» und «diskutierbar» sein soll, hat die Überbewertung des Inhaltlichen zur Voraussetzung (Aporien der politischen Predigt, 36).

[100] Ernst Lerle, Homiletische Forschung zwischen Hermeneutik und Psychologie, ders., Grundriß der empirischen Homiletik; Hans-Dieter Schneider, Unter welchen Voraussetzungen kann Verkündigung Einstellungen ändern?; Herbert Breit, Die Predigt im Blickfeld der Rezipientenforschung; Traugott Stählin, Kommunikationsfördernde und -hindernde Elemente in der Predigt; Traugott Ulrich Schall und Reinhold Schwab, Ergebnisse empirisch-psychologischer Forschung zu kirchlichen Ansprachen.

[101] Grundriß der empirischen Homiletik, 53 f.

[102] Ernst Lerle, ebd. 74.

[103] Herbert Breit, ebd. 42.

[104] ebd. 73; «eine Aktivierung von Emotionen, die nicht an Mitteilungsinhalten haften, ist . . . illegitim», 43.

[105] s. S. 17.

untersucht ein gewisses Thema, einen Erkenntnisinhalt[106]. Eine Predigt ist aber, wie wir gesehen haben, wesentlich mehr als das.

Die Tatsache, daß das Erleben, die Erneuerung und Bestätigung des Grundgefühls des Lebens eine solche überragende Funktion im traditionellen Gottesdienst besitzt, paßt mit einem modernen Bedürfnis, das Marshall McLuhan das *Angehen der Tiefe* genannt hat, zusammen. Er behauptet, daß der moderne Mensch des elektrischen Zeitalters etwas erleben will, mehr als etwas verstehen. Besonders durch das Fernsehen ist das Erfassen des Geschehens verändert. Wir erfassen nicht mehr abschnittweise, wie beim Lesen einer Zeitung, Wort für Wort, sondern inklusiv, wie beim Fernsehen, das sofort das Ganze zeigt. Durch die Gleichzeitigkeit, die von den elektrischen Kommunikationsmitteln wie Telefon und Fernsehen ermöglicht wird, können die Menschen sich viel tiefer beteiligen als beim Lesen. Dadurch ist unsere Fähigkeit zur Partizipation und zum Engagement gesteigert. Der improvisierende Fernsehspieler läßt die Zuschauer teilhaben an seinem innerlichen Leben. Im Zusammenhang mit dieser Entwicklung verlangen Menschen heute vor allem innere Beteiligung, Intimität, Erleben von Tiefe. Der Inhalt ist nicht das wichtige, die Wirkung gilt. Inhalt ist nur Informationsübertragung, Wirkung umfaßt die ganze Situation[107]. Das von den Gottesdienstteilnehmern als tiefste Dimension empfundene Erleben des Ur-Vertrauens ist genau ein Angehen der Tiefe, wie es McLuhan beschreibt. Wenn wir Formen suchen, in denen der Gottesdienst heute Menschen ansprechen kann, hat der traditionelle Gottesdienst mit der Monologpredigt wegen ihrer Ermöglichung des Erlebens von Vertrauen und Freude mehr Verheißung als die Experimente, in denen das Inhaltliche stärker in den Vordergrund tritt, wie Gesprächs- und sogenannte Informationsgottesdienste.

Für den Pfarrer, der regelmäßig einen traditionellen Gottesdienst leiten muß, bedeutet die Entdeckung der Wichtigkeit dieser Dimension, daß er mit gutem Gewissen versuchen soll, Gefühle zu wecken. Die Wahl der Lieder, besonders der Melodien, ist eine erste Front. Zwar sind die allermeisten Kirchengesangbücher in emotionaler Ausdruckskraft sehr zurückhaltend. Auf die historische Richtigkeit eines Achtels wird mehr Wert gelegt als auf die Chance, den durchschnittlichen Gottesdienstbesucher innerlich mitzunehmen[108]. Ein herzliches Annehmen der Tatsache, daß die Gottesdienstbesu-

---

106 Zum Beispiel das wertvolle Buch von Manfred Josuttis, Gesetzlichkeit in der Predigt der Gegenwart.

107 «Größeres Interesse an der *Wirkung* als an der Bedeutung ist eine der grundlegenden Veränderungen unseres Zeitalters» (Marshall McLuhan, Die magischen Kanäle, 33 f.).

108 Man denke hier auch an die schon jahrzehntelange Bevorzugung der Barockmusik für Gottesdienste, mit ihrer Zurückhaltung von Gefühl, und an das Übergehen der romantischen Orgelwerke. Beim Orgelbau herrscht oft ein

cher auf tiefes Erleben hoffen, und mit Recht, wird die Prediger dazu führen, die Emotionalität des Zusammenseins aus dem unnötigen Maß an Verdünnung zu führen, in dem sie sich allzuoft befindet.

Historismus vor. Ein offenes Akzeptieren des Gewichtes des emotionalen Erlebens würde zu erheblichen Korrekturen in der Kirchenmusik führen.

Für ein allgemeines Zulassen von Emotionen im Gottesdienst will ich nicht plädieren. Die Grenze des Möglichen ist im traditionellen Gottesdienst rasch erreicht. Vereinnahmung vertreibt die Teilnehmer.

3. Kapitel

Die Dimension der Befreiung

In diesem Kapitel führe ich die Betrachtung der Zuhörerreaktionen auf den Gottesdienst und die Predigt damit weiter, daß ich die Aussagen, die vom Bewußtsein der konkreten, sichtbaren Realität Zeugnis ablegen, zusammenfasse und zur Debatte stelle. Die Gottesdienstteilnehmer fühlen sich nur angesprochen, wenn auch diese zweite Dimension berücksichtigt wird. Die erste Dimension der Geborgenheit umfaßt die tiefsten Gefühle, das menschliche Leben überhaupt, das primäre Dasein. «Glauben» hat in dieser Tiefe den Aspekt des Vertrauens, der Geborgenheit in Gott. Die zweite Dimension ist weniger tief, dafür aber breiter. Sie betrifft das Leben in der konkreten Welt, das Zusammenleben, die Probleme von Familie und Arbeit, von Gerechtigkeit und Schuld, die Chancen und Unmöglichkeiten des Lebens. Die zweite Dimension ist wie ein breiter konzentrischer Kreis um die erste herum. Sie umfaßt das Gebiet, das ins Blickfeld kommt, nachdem die tiefste Geborgenheit entstanden ist. Gottesdienstbesucher sind im allgemeinen nicht angesprochen, wenn der Prediger diese breitere Dimension nicht ausdrücklich miteinbezieht.

Es sind fast nur negative Aussagen, die diese Dimension sichtbar machen.

- Ich fand es gut, daß er dem Schmerz nicht ausgewichen ist
- Diese schöne, heile Welt ... das glaube ich nicht
- Das Idyllische ärgerte mich
- Ich fand das harmlos. So erlebe ich Gott nicht.
- Das war zu lieb. Wo ist die Schuld?
- Ich habe die Trauer, ich habe Frau R. vermißt (Abdankungspredigt)

Diese Aussagen machen klar, daß sich die Zuhörer wehren, wenn der Prediger das wirkliche, schmutzige, schmerzliche Leben nicht ausdrücklich ernst nimmt. Bei Abdankungspredigten kommt diese Klage relativ häufig vor. Die Zuhörer nehmen es nicht an, wenn der Pfarrer ein zu schönes Bild malt. Sie wollen das tatsächliche Leben berücksichtigt und nicht die harten Tatsachen ausgeklammert haben.

Von einer anderen Seite wird diese Dimension in den folgenden Aussagen klar:

- Es haben mir Glaubensaussagen gefehlt
- Die Auferstehungsbotschaft tönte er nur an, sie ist viel zu weit weggeblieben
- Das «Vertikale» hat mir gefehlt
- Seine Stimme, die ganze Atmosphäre war wohltuend, aber es blieb alles ohne Hoffnung (Abdankungspredigt)

Diese Reaktionen zeigen, wie die Gemeinde auf das Evangelium wartet. Ob sie es annimmt oder nicht, ist eine zweite Sache. Aber sie betrachtet es als selbstverständlich, daß ein Zuspruch kommt. Sie wehrt sich, wie wir gesehen haben, wenn das dunkle Leben nicht ernst genommen, verharmlost wird; sie wehrt sich aber auch, wenn es einfach beim dunklen Leben bleibt, wenn kein befreiendes Wort dazu kommt.

- Ich konnte gut zuhören, aber ich wartete auf etwas, das kam dann aber nicht. Das hat mich enttäuscht.
- Als es aus war, war ich überrascht. Jetzt schon?
- Ich bin unzufrieden. Bekomme ich nur das, aus einer so gewaltigen Geschichte?

Hier zeigt sich einige Male die Enttäuschung, daß die Hörer zu wenig bekommen haben. Sie warten auf etwas, auf ein befreiendes Wort. Wenn es nicht kommt, fühlen sie sich zu wenig angesprochen.

- «Ich muß», «ich muß», das macht mich krank!
- Zu fest Aufruf, zu wenig Chance
- Der Versager wurde nicht angenommen. Das ist ein Druck.
- Daß es nicht von uns abhängt, daß Jesus in uns wirkt, das habe ich mir sagen lassen, das hat mich froh gemacht

Auch wenn eine wirkliche Anrede erfolgt, sind die Zuhörer noch nicht immer angesprochen. Sie wehren sich gegen allen Druck. Das gehört zu den Feststellungen, die mich am meisten erstaunen: daß die Zuhörer ein feines Gespür haben für den Unterschied zwischen Evangelium und Gesetzlichkeit. Auf die meisten wirkt Gesetzlichkeit ausgesprochen negativ. Merkwürdigerweise auch auf diejenigen, die selber gesetzlich predigen!

- Der Trost war undeutlich. Ich fand es deprimierend.
- Das Befreiende war unklar
- Es ist keine Perspektive sichtbar geworden

Über Unklarheit habe ich schon geschrieben. Wenn sich die Unklarheit auf den evangelischen Zuspruch bezieht – was häufig der Fall ist –, sind die Hörer begreiflicherweise noch mehr enttäuscht, als wenn irgendein Bild oder ein Abschnitt nicht klar war. Beim zentralen Anliegen der Predigt verlangen sie Klarheit, weil dieses Zentrale für sie offenbar wirklich zentral ist.

Mit dem Wort «Befreiung» kennzeichne ich die in den angeführten Aussagen zum Vorschein kommende Dimension. Die Gottesdienstteilnehmer verlangen, daß ihnen im Dunkel ihres Lebens Licht geschenkt wird, daß die Aussichtslosigkeiten des Alltags, des Lebens in dieser Welt von einer Aussicht, die nicht im Alltag selber auffindbar ist, überboten werden. Sie sehnen sich nach Befreiung vom Übel, von der Unterdrückung und dem Elend, die nun einmal zum Leben gehören. In dieser Dimension ist die Begegnung mit dem Hoffnung erweckenden Aspekt der Botschaft, dem Wort von jenseits, der Kern. Auf diese Botschaft warten die Gottesdienstbesucher, auf die «Sprache der Befreiung»[1].

Dimensionen sind theoretische Unterscheidungen. In der Wirklichkeit des Gottesdienstes und der Predigt sind sie ungetrennt. Die Dimension des Vertrauens, wie sie auch von den Gottesdienstteilnehmern erfahren wird, darf nicht aus dem Auge verschwinden. Was einer sagt und wie er es sagt, sind eine Einheit. Trotzdem lassen die Dimensionen sich für die Reflexion auseinandernehmen. Wenn wir nur nicht vergessen, daß wir über das Predigen als Ganzes reflektieren und nicht verschiedene Teile der Predigt nacheinander besprechen. Unsere reflektierende Aufmerksamkeit gilt jetzt einem Aspekt, der sich hauptsächlich im Inhaltlichen, deswegen auch hauptsächlich in der Predigt zeigt. Die erste Dimension liegt tiefer, sie ist auch weniger differenzierbar. Sie wird hauptsächlich in den nichtverbalen Komponenten der Art und Weise, wie der Prediger den Gottesdienst leitet, erkennbar.

Es wäre falsch, zu meinen, daß die eine Dimension wesentlicher ist als die andere. Wie bei unserem Körper und bei allen selbständigen Organen sind mehrere Teile und Aspekte wesentlich. Aber es gibt Unterschiede im Gewicht. Die Dimension der Geborgenheit ist die gewichtigste. Wer dort Fehler macht, enttäuscht die Gottesdienstteilnehmer am meisten und am tiefsten. Aber die Gemeinde gibt sich nicht zufrieden mit der Geborgenheit allein. Eine ansprechende, vertrauenerweckende Haltung des Predigers allein reicht nicht aus. Ihre Wirkung geht verloren, wenn sie nicht mit einer befreienden Botschaft in Verbindung steht. Ohne die Dimension der Befreiung wirksam zu berücksichtigen, erzielt der Prediger keine positive Wirkung. Aber auch eine optimale Berücksichtigung dieser zweiten Dimension wird zerrüttet, wenn der Prediger in der Dimension der Geborgenheit versagt. Die sauberste Lehre, die treffendste Formulierung der frohen Botschaft bleibt wirkungslos, wenn der Prediger durch sein Auftreten kein Vertrauen erweckt. Wenn zwei Prediger das gleiche sagen, ist es noch nicht gleich. Dem einen nimmt es die Gemeinde ab, dem anderen nicht. Die Worte allein sind nicht stark genug[2].

Die Sehnsucht nach Erlösung

Die kurz angedeuteten Schlüsse aus den Höreraussagen untersuche ich jetzt genauer. In den angeführten Aussagen ist die Dimension der Befreiung sichtbar geworden. Die Gottesdienstbesucher sehnen sich nach Erlösung.

---

[1]   «... Die Sprache der Bibel ist die Sprache der Befreiung des Menschen» (Jürgen Moltmann, Die Sprache der Befreiung, 144).

[2]   s. Otto Haendler, Die Predigt, 285.

Das ist der Hintergrund aller dieser Aussagen. Diese Sehnsucht bildet eine dem im vorigen Kapitel besprochenen Bedürfnis nach Erneuerung des Ur-Vertrauens gegenläufige Bewegung. Offensichtlich suchen die Gottesdienst-teilnehmer nicht nur das Altvertraute, sie erwarten auch etwas ganz Neues. Sie suchen nicht nur das, was sich in ihrer Vergangenheit bewährt hat, son-dern auch die Zukunft. Rückwärts und vorwärts sind ihre Erwartungen ein-gestellt. Diese zwei Bewegungen, die sich im Grunde widersprechen, bilden eine polare Spannung. Altes und Neues erwarten die Hörer, Bestätigung und Veränderung. Wenn sie beim einen oder beim anderen nicht auf ihre Rech-nung kommen, sind sie enttäuscht. Offenbar erwarten sie, daß beide Kraft-felder ganz anerkannt werden.

Im Zusammenhang mit dem Verlangen nach Geborgenheit habe ich be-hauptet, daß im Gottesdienstteilnehmer eine Regression stattfindet, ein Zu-rückkehren in kindliches Empfinden und Verhalten. Diese Feststellung ist nicht wertend. Es gibt unrealistische, aber auch konstruktive Regressionen. Jetzt wird aber klar, daß die Gottesdienstteilnehmer nicht zufrieden sind, wenn sie nur eine Regression erleben, selbst dann nicht, wenn diese Regres-sion an sich positiv erlebt wird. Eine Aussage macht das explizit klar: «Seine Stimme, die ganze Atmosphäre war wohltuend, aber es blieb alles ohne Hoff-nung.» Gemeint ist eine Abdankungsrede, in der der Pfarrer durch seine warme Anteilnahme starkes Vertrauen weckte (ein Kind war gestorben). Sein Wort war aber ohne Kraft und blaß, ein Zuspruch fehlte. Hier wird klar, daß einerseits eine konstruktive Regression stattfinden konnte, weil der Pfarrer echtes Mitsein ausstrahlte und den sprachlosen, entsetzten Trau-ernden damit eine Stütze sein konnte. Aber andererseits enttäuschte er die Menschen, weil sie auf eine ausgesprochene Hoffnung, eine Aussicht war-teten. Die kam nicht. Im Gottesdienst erwartet man nicht nur ein Zurück-fallen in den bergenden Schoß des lieben Gottes. Man will auch hören, daß es demnächst Veränderungen gibt, daß es nicht beim alten bleibt. Nicht nur Schutz gegen das Böse wollen die Predigthörer, sie sehnen sich auch danach, daß das Böse selber überwunden wird. Diese Welt selbst, dieses Leben soll neu, besser, heil werden.

Es gibt wohl zwei Gründe für diese starke, immer wieder sichtbar wer-dende Erwartung der Zuhörer. Wie bei der Geborgenheit lassen sich eine allgemein menschliche und eine kirchliche, christliche Schicht unterscheiden. Der «Geist der Utopie», die Sehnsucht nach einer besseren Welt gehört viel-leicht zur ganzen Menschheit, sicher zur Lebenseinstellung in der Kultur des Westens[3]. Diese Sehnsucht kann sich optimistisch oder pessimistisch gestal-ten, sie ist aber da. Sie ist die diffuse, allgemeine Schicht in der Sehnsucht

---

[3]   Ernst Bloch sagt, daß diese Hoffnung an dem Zwiespalt des Menschen zwi-schen seiner vorhandenen Erscheinung und seinem unvorhandenen Wesen

nach Erlösung, die in den Aussagen der Gottesdienstbesucher sichtbar wird. Die christliche Verkündigung nimmt dieses Verlangen auf, ja sie gibt ihm Aufwind. Jahrtausendelang ist der christlichen Gemeinde verkündigt worden, daß der Herr kommt, daß Er alles neu macht und daß wir eines neuen Himmels und einer neuen Erde warten. Die Verkündigung der nahenden Erlösung hat das unbestimmte, allgemeinmenschliche Sehnen getauft und damit profiliert, korrigiert und in seiner Kraft bestätigt und verstärkt[4]. Von daher erwarten die Teilnehmer eines Gottesdienstes, daß diese starke, durch die Tradition der kirchlichen Verkündigung noch verstärkte Sehnsucht aufgenommen, befriedigt oder wenigstens ernst genommen wird. Die angeführten Hörerreaktionen zeigen, wie die Predigt wirkt, wenn diese Dimension unberücksichtigt bleibt.

Läßt sich nun als legitim und realisierbar behaupten, was die Gemeinde, laut den angeführten Aussagen, will und erwartet? Wie sieht ihre Sehnsucht nach Erlösung im Lichte der Theologie aus? Wie ist ihrem Bedürfnis legitim entgegenzukommen? Helfen die Höreraussagen zur Entdeckung theologischer Strukturen? Erkenntnistheoretisch könnte es sich dabei nur um ein Wiedererkennen, um eine Aha-Feststellung handeln, die ein nicht in der Hörererwartung, sondern im Predigtauftrag begründetes Gefüge beschreibt. Dabei ist anzunehmen, daß die Umrisse in den Hörererwartungen weniger scharf sind als in der theologischen Formulierung des Sinnes des Gottesdienstes und des Zweckes der Predigt. Die Gemeinde gibt nur eine Rückmeldung, sie spiegelt das, was auf sie zugekommen ist, zurück.

Sehnsucht nach Erlösung ist grundsätzlich ein zweiseitiges Lebensgefühl. Die eine Seite ist leiden, die andere ist hoffen. Ein starkes Bewußtsein einer elenden Situation geht zusammen mit der Erwartung von Erleichterung. Ein Wissen um unlösbare Probleme verbindet sich mit dem Ahnen von wunderbarer Hilfe. Es scheint mir leicht, in diesem Gefühl das Echo auf die Verkündigung von Kreuz und Auferstehung zu erkennen. Die Gottesdienstbesucher wissen, daß das unfaßbare, nicht wegzuerklärende Elend des Lebens in der Kirche ganz ernst genommen wird. Sie wissen aber auch, daß die Kirche mit einem Jenseits von Elend und Aussichtslosigkeit Fühlung hat. Genau wie die Theologie die Verkündigung immer mit zwei Begriffen zusammenfaßt: Kreuz und Auferstehung, Gericht und Gnade, Gesetz und Evangelium, erwartet die Gemeinde in ihrer Bedrohung und in ihrer Hoffnung angespro-

---

entspringt (s. bei Jürgen Moltmann, Das Prinzip Hoffnung und die christliche Zuversicht, 537).

4 In Röm. 8 sind die zwei Schichten der Sehnsucht nach Erlösung benannt. Die Kreatur wartet in ἀποκαραδοκία, «mit sehnsüchtigem Harren» (8,19), während «wir» in der ἐλπίς, «in der Hoffnung», stehen (8,24). Neben dem unbestimmten Warten steht die begründete Hoffnung (s. Gerhard Delling, ThWz NT, I, 392).

chen zu werden. Es macht mich froh, diese Erwartung festzustellen. Ich bin erstaunt, wie rein sich in den Erwartungen der Zuhörer die Strukturen des Evangeliums spiegeln. Wenn die Umrisse auch unscharf sind, die Grundhaltung der hörenden Gemeinde ist theologisch zuverlässig. Wie spät müssen wir das entdecken! Haben wir doch – oder nur ich? – gemeint, Theologen wissen es besser. Jetzt belehren uns die Leute in den Bänken, vielleicht sogar die verspotteten Kanzelschwalben.

Die Verkündigung von Gnade und Gericht behütet die Gottesdienstbesucher davor, in unrealistischen Regressionen zurückzubleiben. Gesetz und Evangelium nehmen den Alltag in Anspruch, sie erwecken Hoffnung für das Leben in seiner ganzen Breite. Dieser Anspruch haftet der christlichen Verkündigung an. Ohne diesen Anspruch ist die Institution Predigt undenkbar. Die Gemeinde rechnet damit, daß sie befreiend angesprochen wird. Das wiederum verlangt vom Prediger, daß er die beiden Seiten der Verkündigung ernst nimmt. Wenn ich sie jetzt mit Gesetz und Evangelium benenne, heißt das nicht, daß es nicht andere gute, vielleicht sogar bessere Möglichkeiten gibt, die zwei Aspekte der Verkündigung zu benennen. Es geht mir nicht um diese Worte. Sie sind mir aber vertraut, und sie scheinen mir als Stichworte brauchbar zu sein.

Was ist nötig für den Prediger, damit er die Sehnsucht nach Erlösung bei den Gottesdienstteilnehmern ernst nimmt? Wie kann er der Dimension der Befreiung aus dem Elend gerecht werden? Wie kann er denn Lösung für Unlösbares anzeigen oder ankündigen, wie sieht die Befreiung überhaupt aus? Auch in dieser zweiten Dimension wird gelten: Nur Gott selber kann erlösen und befreien, nur Er kann wirklich Hoffnung wecken. Die homiletische Frage lautet: Wie soll der Prediger sich verhalten, damit er diesem unverfügbaren Geheimnis nicht unnötige Hindernisse in den Weg legt?

Verwunderung wecken

Sehnsucht nach Erlösung setzt voraus, daß die Probleme unlösbar sind, daß es im Rahmen des üblichen und überblickbaren keinen Grund zu echter Hoffnung gibt. Wer diesen Sehnsüchtigen Befreiung meldet, wird entweder Skepsis wecken oder Erstaunen. Entweder bleibt den Hörern die Befreiung un-glaublich, oder sie werden über die unglaubliche Botschaft verwundert sein. Ausgeglichenes Interesse, zahme Aufmerksamkeit wäre dem Gewicht der Sache, dem Brennen der Sehnsucht nicht angemessen. Wer leidet unter der aussichtslosen Lage des unlösbaren Elends, wird aufhorchen, wenn von wirklicher Befreiung die Rede ist.

Eine echte Verwunderung, ein neues Überraschtsein ist unumgänglich, wenn der schlummernden oder beißenden Sehnsucht nach Erlösung eine

Verheißung gemacht wird. Die Frage, ob der Hörer die Befreiung froh begrüßen oder sie unberührt an sich vorübergehen lassen wird, bleibt offen. Darüber entscheidet nicht der Prediger, auch nicht immer der Hörer selber. Die Diskrepanz zwischen der Unlösbarkeit der Probleme und der Botschaft der Befreiung bewirkt aber jedenfalls, daß die Verkündigung Verwunderung weckt. Es ist nicht anders möglich. Das Erwecken von Verwunderung wird damit zum Kennzeichen, ob ein Prediger wirklich Befreiung predigt. Ohne Verwunderung keine Ahnung von Befreiung. Ich führe einige Höreraussagen an, die das konkret klarmachen.

- Das habe ich schon so oft gehört, es traf mich nicht
- Ich habe zu wenig Impulse bekommen
- Es war so freudlos und sicher, was er sagte
- Ich war überrascht von der Erklärung «Jesu Wunder ging durch Petrus' Hände», das gibt mir zu denken

Erst wenn die Hörer überrascht werden mit etwas Unbekanntem, mit einer frischen Texterklärung, mit einem Bild, mit einem auffallenden Satz, können sie etwas von neuer Hoffnung und Aussicht erleben. Ihr Erstaunen bedeutet, daß sie über ihre bisherigen Grenzen schauen, daß sie etwas Neues entdecken, daß das Alte in ein neues Licht gerückt wird. Auch wenn es ein kurzfristiges Staunen ist, so ist doch dieses Staunen der Anfang der Hoffnung, die zu der verheißenen Befreiung gehört. Die Hörer sind froh, wenn es dazu kommt, wie die letzte Aussage zeigt. Die anderen beziehen sich auf Predigten, in denen keine Überraschungen stattfanden.

Das Problem, das hier auftaucht, ist, wie es möglich sein soll, im wöchentlichen Gottesdienst jeweils solches Staunen zu ermöglichen. Hoffentlich ist die Botschaft der Befreiung selber dermaßen unglaublich, daß sie immer wieder staunenerregend sein wird. Nun, das ist sie. Es handelt sich ja um nichts anderes als das, was «kein Auge gesehen hat und kein Ohr gehört hat und in keines Menschen Herz gekommen ist»[5]. Die wöchentliche Predigt lebt davon, daß die Botschaft der Befreiung unglaublich ist und immer unglaublich bleibt. Diese theologische Behauptung verlangt aber eine ganz bestimmte Einstellung des Predigers. Er soll die Botschaft auf eine Weise ausrichten, daß sich die Hörer auch wirklich wundern können. Was setzt das voraus?

Grundlegend ist das Verwundertsein des Predigers selber. Nicht für jedes Ins-staunen-Versetzen muß ein Redner selber erstaunt sein. Ein Lehrer kann

---

[5] 1 Kor. 2, 9. «Denn das, was uns in den biblischen Testamenten der Hoffnung begegnet als das Andere, als das, was wir uns nicht schon aus der gegebenen Welt und unseren schon gemachten Erfahrungen mit ihr ausdenken und ausmalen können, das begegnet uns als Verheißung eines Neuen und als Hoffnung auf eine Zukunft aus Gott» (Jürgen Moltmann, Theologie der Hoffnung, 12).

seine Klasse mit Informationen über Geologie oder Geschichte verblüffen. Aber in der Predigt geht es um ein anderes Staunen. Die Gemeinde sehnt sich nach einer Unwahrscheinlichkeit, nach der Befreiung aus unlösbaren Problemen. Nicht Informationen, die jedem sowieso zugänglich sind, verlangt sie, sondern das Wunderbare. Für die Übermittlung dieses Unwahrscheinlichen muß der Prediger selber vom Wunderbaren getroffen sein. Sonst wirkt das Wunderbarste doch wieder als «schon so oft gehört». Damit gehört es zum Bekannten, und die Hörer sehnen sich eben nach etwas Unauffindbarem. Erst durch seine eigene Verwunderung trägt der Prediger dazu bei, daß seine wunder-bare Botschaft ansteckend wirkt[6]. Von seiner eigenen Überraschtheit wird eine «Schockwirkung» auf die Hörer ausgehen, die nach Wybe Zijlstra zu den theologischen Kriterien gehört, an denen eine Predigt gemessen werden soll[7].

Und wenn der Prediger nun einmal nicht wirklich verwundert ist? Auf diese Frage gibt es, glaube ich, einige wichtige Hinweise. Darüber wird zu reden sein. Aber eine umfassende Antwort gibt es nicht. Welcher Prediger kann schon dauernd in Verwunderung leben? Die Einsicht, daß er in solchen Situationen in der hier beschriebenen Dimension der Befreiung versagen wird oder, genauer gesagt: davon leben muß, daß seine Lücken von anderswoher ausgefüllt werden, ist hart. Die Frage, wie er immer Verwunderung erleben kann, scheint mir nicht sinnvoll. Eher kann man fragen, wie er fertig wird mit der unumgänglichen Frustration, die verbunden ist mit einer Aufgabe, die er nur optimal erfüllen kann, wenn er sich selber existentiell angesprochen fühlt. Hier liegen einfach Grenzen der Erlebnismöglichkeit.

Der Prediger kann sich aber bemühen, die Verwunderung wieder zu finden. Das ist ein wichtiges, wenn nicht das wichtigste Element der Predigtvorbereitung. Die Verwunderung entsteht beim *Predigteinfall*. Eine Entdeckung wird gemacht, eine Kernidee gefunden; sie führt entweder zur Textwahl oder, wenn der Text schon feststeht, zum Predigtkonzept[8]. Ein Prediger macht solche Entdeckungen allein, wenn er kreativ ist. Wie die Emp-

---

6 Franz Rosenzweig beschreibt in seinen Briefen, warum er sich von einem Prediger angesprochen fühlte: «... Es ist noch etwas dabei, etwas Allerletztes, eine Hingerissenheit des ganzen Menschen» (angeführt in Kornelis Heiko Miskotte, Om het levende Woord, 305). Die Hingerissenheit zeigt das Fasziniertsein des Predigers selber.

7 Is actuele prediking mogelijk?, 236.

8 Der Einfall ist «eine homiletische Idee, eine Grund- und Vorform der Predigt» (Dietrich Rössler, Das Problem der Homiletik, 27). Ernst Lange nennt diesen Predigteinfall nicht eine Offenbarung, sondern einen «Durchbruch im Verstehen und zur Möglichkeit des Verständlichmachens» (Zur Theorie und Praxis der Predigtarbeit, 31). Manfred Josuttis hat dieser Sache einen ganzen Artikel gewidmet (Über den Predigteinfall; s. auch Wolfgang Steck,

fangsbereitschaft und -fähigkeit zu fördern ist, läßt sich nicht für alle Menschen gleich feststellen. Eine gewisse Ruhe, also ein ungestörter Freiraum, scheint mir für den Einfall unerläßlich. Ohne Ruhe kann die unruhige, schöpferische Lange-Weile nicht entstehen, das Suchen und Sehnen, bevor eine Entdeckung gemacht wird. Aber der Predigteinfall wird sich sicher auch einmal blitzartig melden, mitten in Arbeit und Programm. Wichtig scheint mir der Hinweis, daß auch die Gemeinschaft mit anderen, also nicht nur das stille Studierzimmer, zu Predigteinfällen in diesem Sinne führen kann [9]. Das Reden mit anderen über Glauben, über existentielle Fragen, über einen Bibeltext gibt ganz andere Impulse als Meditation. Besonders das, nach eigenem Urteil, Mißverstehen anderer kann anregend sein.

Hans Adolf Oelker hat auf eine Tendenz in vielen Predigten hingewiesen, die in diesem Zusammenhang Beachtung verdient. Er stellt eine Diskrepanz zwischen den Hörern und manchem Prediger fest. Für die Hörer ist der Gang zum Gottesdienst ein Schritt aus der gewohnten in eine besondere Welt. Sie erwarten etwas Besonderes, was sie im übrigen Alltag nicht finden. Was tun aber viele Prediger? Für sie ist der Gang zum Gottesdienst Normalfall. Sie haben für das Außerordentliche kaum mehr Sinn. Sie versuchen auch noch, das Besondere durch Gegenwartsbezogenheit und moderne Sprache wegzunehmen. Die Hörer sind dann enttäuscht, weil sie bloß wieder ihre eigene Welt vorfinden. Das Besondere, das sie suchten, das Heilige, wird nicht geboten [10]. Obwohl Oelker seine Behauptung nicht mit Höreraussagen stützt, glaube ich, daß er recht hat. Das Problem der Distanz zwischen dem Besonderen, zum Beispiel der biblischen Terminologie, und dem Alltäglichen läßt sich nicht durch Anpassung an den Alltag lösen. Die Zuhörer warten auf etwas, das ihre Verwunderung weckt. Natürlich genügt eine abstruse Terminologie dazu nicht. Aber eine Predigt, in der alles Besondere ins Alltägliche versetzt worden ist, weckt ebensowenig Verwunderung.

Für die inhaltliche Gestaltung der Predigt liegt in diesem Zusammenhang ein wichtiger Hinweis vor. Es handelt sich um die *Verfremdung*. Wer sich ihrer recht bedient, wird Verwunderung wecken. Die gemeinte Sache ist schon alt, theoretisch neu formuliert hat sie Bertolt Brecht, für die Homiletik übernommen hat sie Hans-Dieter Bastian [11]. Es ist ein Versuch, Altes neu

---

Die Angst vor dem Text, mit einer instruktiven Beschreibung des Vorbereitungstages einer Predigt).

[9] Manfred Josuttis, ebd. 641; s. auch das sogenannte East-Harlem-Modell bei Clyde H. Reid, Die leere Kanzel, 44. Der Predigttext wird in der Woche vor dem Gottesdienst in verschiedenen Gruppen besprochen. Diese Gespräche liefern dem Prediger Einfälle.

[10] Der Hörer der Predigt, 465 ff.

[11] Verfremdung und Verkündigung.

zu sagen, damit es neu Verwunderung weckt. Routine und Selbstverständlichkeit untergraben die Aufmerksamkeit. Verfremdung erregt Interesse dadurch, daß sie Bekanntes in einer unbekannten Dimension zeigt und Nichtbeachtetes wichtig macht[12]. Bastian begründet die Notwendigkeit der Verfremdung in der Predigt mit der Feststellung aus der Kommunikationswissenschaft, daß Informationen nicht konservierbar sind. Sie verlieren ihre wirkende Kraft. Erst durch Verfremdung erreicht man, daß Menschen den Eindruck bekommen, etwas Neues zu hören und sich dann neu interessieren. Daß es dabei oft um Altes geht, ist klar, wie bei der Fernsehwerbung[13]. Es geht in der Predigt, auch beim Neuesten, immer um das Alte, um die Tradition des Evangeliums. Die Verfremdung rechnet eben mit der Polarität von Vertrautheit und Fremdheit, wobei es schließlich um ein neues Erleben des Altbekannten geht. Ein klares Beispiel von Verfremdung ist eine Predigt über Jesu Auftreten in der Synagoge, in der am Anfang nur über «einen jungen Arbeiter» gesprochen wird. Im Verlauf der Predigt wird erst klar, daß damit Jesus gemeint ist[14]. Verfremdung vermittelt den Hörern eine Entdeckung, ein staunendes Wiedererkennen. Das eigentliche Staunen über die verheißene Erlösung wird dadurch möglicherweise wieder geweckt.

Es gibt zwei deutliche Grenzen ihrer Wirkungsmacht. Erstens wird die Verfremdung nicht verstanden, wenn sie die Flexibilität des Hörers überfordert. Anstatt Verwunderung zu wecken, provoziert sie Ärger, der nicht grundsätzlich mit dem Ärgernis des Evangeliums identifiziert werden kann[15]. Zweitens haftet der Verfremdung die Gefahr an, Unwichtiges wichtig zu machen. Es ist eben verlockend, die Hörer zu überraschen. Wenn aber nur die Überraschung an sich, als Gefühl, erstrebt wird, entartet die Verfremdung in Spielerei. Verschiedene Hörerreaktionen, die Langeweile und Ärger ausdrücken, sind von einer entarteten Verfremdung ausgelöst. Auch Bastian warnt vor dieser Gefahr[16]. Die Beziehung zur eigenen, zur echten Verwunderung ist dann auch verschwunden. Die ganze Technik der Verfremdung setzt eben eine wirkliche Verwunderung im Prediger selbst voraus. Ohne sie ist sie ein Trick, der höchstens eine betrügerische Wirkung haben wird. Im

---

[12]   Hans-Dieter Bastian, ebd. 64.

[13]   ebd. 27.

[14]   s. bei Hans-Christoph Piper, Predigtanalysen, 120 f.

[15]   Ernst Lerle warnt vor einer Entfremdung zwischen Gemeinde und Pfarrer, besonders wenn die Verfremdung Wertaussagen enthält (Die Einleitung der Predigt, 52). Das Verfremdungsverfahren bietet eben die Möglichkeit zur raffinierten Inanspruchnahme des Evangeliums für eigennützige, zum Beispiel politische Zwecke. Die angeführte Predigt mit «Jesus als junger Arbeiter» weckt auch Vermutungen über die politische Vorliebe des Predigers. Zum Problem der politischen Predigt s. S. 129 ff.

[16]   ebd. 65.

Grunde entsteht dann Kitsch. Hinter dem aufsehenerregenden Wort oder Bild steckt eine verdeckte Leere[17].

Grundlegend bleibt des Predigers eigenes Staunen über die Befremdlichkeit des Evangeliums. Erst in diesem Rahmen werden die Bemühungen, neu zum Staunen zu kommen und die Gemeinde ins Staunen zu versetzen, gedeihen. Dann wird sogar ohne Verfremdungstechnik das Fremdartige des Evangeliums den Hörern klar werden. Technik kann nur das, was schon da ist, ein wenig besser profilieren. Wenn sie mehr will, entartet sie zur Manipulation, die Ablehnung hervorruft.

Die Kluft zwischen Vollmacht und Bescheidenheit

Genaugenommen erfordert die Dimension der Befreiung ein Wunder. Die Gottesdienstbesucher erwarten etwas Unmögliches und bekommen es trotzdem, wenn der Gottesdienst so verläuft, wie sie erwarten. Sie sehnen sich nach Erlösung, weil die Probleme des Lebens unlösbar sind, und am Ende sind sie erfreut, daß die Unlösbarkeit in Frage gestellt ist. Unglaublich. Für den Prediger bedeutet das nun nicht, daß etwa von ihm persönlich ein Wunder erwartet wird. Wohl kein Gottesdienstteilnehmer sieht ihn als einen Magier. Daß er auch ein beschränkter, ebenso ohnmächtiger Mensch ist wie alle anderen, davon braucht man die Predigthörer nicht zu überzeugen. Trotzdem erwarten sie das Unwahrscheinliche. Das bedeutet, daß der Prediger eine Zwischenposition hat. Er soll zwar nicht aus sich selber, aber dann doch von anderswoher das Wunder, das Unfaßbare hervorrufen. Hinter dem Prediger steht die Tradition des Evangeliums und die kirchliche Institution. Der Prediger und die Kirche dürften für die Gottesdienstbesucher perspektivisch ineinanderfallen. Die Kirche hat den Prediger ja beauftragt. Die Annahme, daß sich von einer Institution Beauftragte mit dieser Institution identifizieren können, ist wohl sehr naheliegend.

Es gibt einige kirchliche Bräuche, die das darstellen. Soweit ich sehe, erscheinen sie der Gemeinde selbstverständlich und berechtigt, Pfarrern aber zunehmend fragwürdig oder sogar ekelhaft. Die Identifikation mit der Kirche überhaupt fällt ausgerechnet vielen von der Kirche beauftragten Predigern schwer. Für die Gemeinde ist das allgemein unverständlich, so daß sie die Signale dieser Haltung nicht immer bemerkt. Ohne die kirchliche Beauftragung des Predigers wäre der ganze Gottesdienst ja undenkbar. Das vorläufige Vertrauen, der Vorschuß an Einverständnis, womit die meisten Kirchgänger in den Gottesdienst kommen, würde wegfallen, wenn einfach irgendeiner den Dienst leiten würde.

---

[17]   «Im Kitsch predigt der Unglaube, der sich selbst verleugnet» (Rudolf Bohren, Predigtlehre, 419; s. seine Ausführungen über den Kitsch, 418–422).

Daß der Prediger ordiniert und installiert ist, also offiziell anerkannt und beauftragt, wird, soweit ich weiß, nur von manchen Pfarrern nicht begriffen oder mit einem Gemisch von Widerwillen und gutem Humor akzeptiert. Dekane und andere Vertreter von Kirchenleitungen könnten Romane schreiben über die Kämpfe, die sich bei den Installationsvorbereitungen mit den zu Installierenden abspielen. Für die Gottesdienstbesucher ist das alles nicht einsichtig. Sie müssen auch nicht auf die Kanzel. Sie müssen nicht reden in einer Versammlung, wo bis auf einen alle schweigen. Das Problem und die Last liegen bei diesem einen.

Es gibt noch mehr, was den Prediger wichtig macht. Der Kirchturm, die Architektur des Gebäudes, das Singen, die Andacht und Feierlichkeit suggerieren, daß im Gottesdienst außerordentliche Dinge geschehen[18]. Die ganze Gestaltung rechnet offensichtlich mit dem Kommen eines Unfaßbaren. Und jetzt soll dieser eine Mann oder diese eine Frau dort auftreten!

Das Wort *Autorität* drängt sich wieder auf. Jetzt nicht, wie in der Dimension der Geborgenheit, in der Gestalt des Verantwortungtragens[19]. In dieser Dimension geht es um die Autorität des Vertreters, des Vermittlers. Der Prediger repräsentiert die Instanz, von der die Gemeinde das Wunderbare erwartet. Auch wenn er selber lieber nur er selber sein möchte, erlebt die Gemeinde ihn als Zwischenperson. Er leitet ja den Gottesdienst, in dem alle anderen schweigen. Er redet und hält die Predigt.

Der landläufigen Auffassung der Gemeinde entspricht, was im Neuen Testament Herold oder Zeuge heißt. Der Herold ist nicht selber verantwortlich für das, was er sagt. Aber er sagt es. Der Zeuge redet nicht von sich selber, sondern von dem, was er gesehen oder gehört oder entdeckt hat. Aber er bezeugt es. Herold und Zeuge sind ebenso wichtig wie unwichtig. Erst hinter ihnen wird eine endgültige, primäre Autorität sichtbar[20].

---

18 Karl Barth gibt eine anschauliche Beschreibung der hochgespannten Erwartung bei den Gottesdienstbesuchern in: Das Wort Gottes und die Theologie, 104 f.

19 s. S. 65 ff.

20 Unter den vielen Worten, mit denen im Neuen Testament die Ausrichtung des Evangeliums benannt wird, nimmt κηρύσσειν einen wichtigen Platz ein. Die Prediger verkündigen nicht, was sie selber ausgedacht haben, sondern was ihnen zu sagen aufgetragen ist. «Ein Prediger ist nicht Berichterstatter, der von seinen Erlebnissen erzählt, sondern Bevollmächtigter eines Höheren.» Ohne Beauftragung gibt es keine Prediger. Auch die Nähe zum ἀποστέλλειν bringt das zum Ausdruck, Gerhard Friedrich, ThWzNT, III, 712.
Im μαρτυρεῖν lag ursprünglich noch ein gewisses Gewicht auf der im Zeugen selber liegenden Autorität, die darin bestand, daß er das Bezeugte selber gesehen und erlebt hatte. In der Apostelgeschichte verschiebt sich die Bedeutung aber von dieser Zeugenautorität weg in Richtung auf «werbende Kund-

Das große Problem bei dieser Tatsache, daß der Prediger in seiner Rolle gegenüber den Hörern die Instanz des Evangeliums, des Herrn, in irgendeiner Weise repräsentiert, liegt darin, daß der Prediger dabei angeblich in einer positiven Beziehung zu dieser Instanz stehen soll. Er muß die Verantwortung dafür tragen, daß er den Gottesdienstbesuchern gegenüber die Wahrheit des Evangeliums vertritt. Für den Prediger wirft diese Rollenverteilung sofort die Frage auf, ob er denn selber wirklich von dieser Wahrheit überzeugt ist. Und wenn schon, ist diese Überzeugtheit dann stark genug, um die Rolle des Repräsentanten zu übernehmen? Als einfacher Teilnehmer kann man auch ohne diese persönliche Überzeugtheit in den Gottesdienst gehen. Ich kann als Fragender, Suchender, Sehnsüchtiger in die Kirche gehen. Das ist heute wohl die Haltung, die Menschen am meisten liegt. Für den Zeugen- und Heroldsdienst ist Fragen und Sehnsucht zu wenig. Bin ich mit der Gemeinde noch solidarisch, wenn ich mich von ihr abhebe und auf die Kanzel gehe? Ich hebe mich ja nicht nur räumlich und äußerlich von ihr ab, ich tue auch innerlich einen Schritt: Ich maße mir an, ihr das Evangelium zu sagen, ich maße mir an, nicht nur ein Fragender und Sehnsüchtiger zu sein. Auch wenn das, was ich bringe, nicht aus und von mir selber sein muß, bekenne ich mich doch zu einer grundsätzlich positiven Beziehung zu dieser Botschaft[21]. Ist das nicht überheblich? Ist das nicht zu viel verlangt? Diese quälenden Fragen bestürmen den Prediger, und er kann dabei die Institution der Predigt hassen, weil sie ihn zwingen will, seine Bescheidenheit in Überheblichkeit oder Unechtheit zu verwandeln.

Es sind nicht einmal die Erschütterungen, die eine respektlose Exegese herbeiführen kann, die die moderne Angst vor der Kanzel erklären. Auch ohne Kenntnis der Einleitungsfragen der christlichen Überlieferung stehen die jüngeren Jahrgänge unsicher da, die «skeptische Generation» und sogar schon ihre Kinder. Wer will es übernehmen, die Tradition hochzuhalten, wer wagt es, öffentlich von Gott zu reden? Die Anfechtung der Predigtarbeit überhaupt steht damit heute anders als in früheren Zeiten, auch in neuer Hartnäckigkeit da. Die Angst vor Überheblichkeit verhindert auch, daß sich Prediger innerlich berufen fühlen für ihre Arbeit[22]. Mit diesen Unsicherhei-

---

gebung», wobei dann die primäre Autorität des Bezeugten, der Taten Gottes, im Zentrum steht, s. Hermann Strathmann, zu $\mu\acute{\alpha}\varrho\tau\upsilon\varsigma$ und $\mu\alpha\varrho\tau\upsilon\varrho\varepsilon\~{\imath}\nu$, ThWzNT, IV, 497 f. und 502.

21 Auch die richtige Behauptung, daß die Verantwortung des Predigers nur eine bedingte und nachträgliche ist (Helmut Gollwitzer, Zuspruch und Anspruch, 225), ist keine Beschwichtigung. Denn auch die Übernahme dieser bedingten Verantwortung setzt eben eine positive Stellungnahme zum Evangelium voraus.

22 In seelsorgerlichen Kontakten mit Predigern ist mir zwar klar geworden, daß ein Überzeugtsein, Pfarrer sein zu müssen, meist tief im Herzen lebt. Erst in

ten ist es dann schwierig, den traditionellen Gottesdienst zu leiten. Kein Wunder, daß die Predigthörer sich oft beklagen. Sie erwarten das Evangelium und statt dessen kommen Betrachtungen über die Kompliziertheit des Lebens. Sehnsucht nach Erlösung wird angekündigt, aber keine Erlösung. Irritation und Ärger wachsen bei der Gemeinde; dem Prediger wird es zunehmend schwerer gemacht, und er weiß nicht, wie er das Unmögliche leisten soll. Er leidet jetzt genau an dem, was am Anfang seines Unvermögens liegt, nämlich daß es keine Amtsautorität mehr gibt. Zu Äußerlichkeiten wie Ordination, Bibelautorität und kirchlicher Tradition hat er nie viel Vertrauen gehabt. Jetzt stellt er fest, daß die Gemeinde ihn auch nicht einfach akzeptiert aus der bloßen Tatsache heraus, daß er Pfarrer ist. Auch wenn diese verallgemeinerte Schilderung selten extrem zutrifft, glaube ich, daß viele junge Pfarrer mehr oder weniger in dieser Situation arbeiten. Die Situation umfaßt mehr als nur den Gottesdienst. Ich beschränke mich aber auf diesen.

Der Schluß aus diesem allen scheint klar: Die Diskrepanz zwischen der Erwartung der Gemeinde und der Einstellung dieser Prediger muß aufgehoben werden. Auf der einen Seite steht die Vollmacht, erwartet von der Gemeinde und vorausgesetzt von der Institution Gottesdienst und Predigt. Auf der anderen Seite steht die tief verwurzelte Zurückhaltung in Sachen Gottesrede und Verkündigung bei den Predigern. Es ist nötig, einen wirksamen Ausgleich dieser entgegengesetzten Kräfte zu finden, wenn die Institution Predigt eine Zukunft haben soll.

Ich will für diesen wirksamen Ausgleich plädieren. Die Entwicklung der Beziehung zwischen Prediger und Hörern weist auch verheißungsvolle Aspekte auf, und es gibt auch neue Chancen. Diese bieten den Pfarrern eine zuverlässige Grundlage für eine realistische Identifikation mit dem Auftrag der Verkündigung. Die Botschaft der Befreiung läßt sich, soweit das überhaupt vom Menschen abhängt, ohne Überheblichkeit überbringen und ohne daß der Prediger sich in eine überholte Haltung begeben muß.

Was die Ausübung von Autorität in unserer Zeit so schwer macht, nämlich daß nicht mehr starke und allgemein anerkannte Wertsysteme bestimmend sind, ist zugleich eine Verheißung. Am Herold ist im Grunde nur die Vernehmlichkeit seiner Stimme wichtig, er hat selber nichts zu sagen. Wenn diese Reduktion bis ins Unpersönliche für die christliche Predigt wohl selten oder nie gegolten hat, dann heute wohl weniger als je! Nur die Beauftragung

---

der Reflexion entstehen die Schwierigkeiten. Das heißt, daß in der Umwelt kaum Bedingungen da sind, die es dem Pfarrer ermöglichen, zu dieser inneren Berufung zu stehen. Sofort tauchen die Bedenken auf: «Ich bin gar nicht so sicher» und «Ich bin nicht mehr als andere». Das Erleben ist typisch für außen-geleitete Menschen, s. S. 71.

des Predigers, nicht das Maß an persönlicher Beteiligung läßt sich mit der des Herolds vergleichen. Autorität ohne Überzeugungskraft ist entweder brutale Gewalt oder, und das ist die Variante für die Predigt, Ohnmacht. Die vorläufige Anerkennung, die die Kirche dem Prediger mit der Ordination und die die Gottesdienstbesucher ihm mit ihrem Kredit an Aufmerksamkeit und Bereitwilligkeit erteilen, soll in unserer Zeit mehr als jemals personal begründet werden[23]. Was heißt nun personale Begründung für die Verkündigung? Es kann nicht bedeuten, daß der Prediger selber für die Wahrheit seiner Verkündigung Garantie ist. Damit würde er sich überheben und tatsächlich aus der Solidarität mit den Hörern ausbrechen. Ernst Lange hat nun darauf hingewiesen, daß der Prediger es in seine eigene Verantwortung nimmt, wenn er die Hörer bei einem gewissen Text oder Thema festhält. Entscheidet er sich, daß die Überlieferung in einem bestimmten Sinn für ihn und seine Hörer relevant ist, dann ist er dabei behaftbar[24]. Hier wird eine Haltung des Predigers verlangt, die eine gewisse Distanz zur autoritativen Überlieferung aufweist. Er muß nicht einfach bezeugen, was in der Bibel steht, er muss sich nicht mit seiner persönlichen Stellungnahme dem Text unterordnen, um diesem Text damit neue Autorität zu gewähren. Er soll selber, sozusagen als Hörer, die biblische Überlieferung als ein Gegenüber betrachten und dann daraus nehmen, was ihm jetzt für seine Hörer und für sich selber wichtig und hilfreich erscheint. Für diese Auswahl haftet er. Er haftet nicht für die Glaubwürdigkeit der Bibel oder der kirchlichen Lehre. Das verlangen die Gottesdienstteilnehmer auch nicht von ihm.

Beim autoritären Predigtstil identifiziert sich der Prediger mit dem Text. Es fehlt die Distanz zwischen Text und Prediger. Die primäre Autorität des Textes und die abgeleitete Autorität des Predigers fallen zusammen. Dieser Prediger fühlt sich dafür verantwortlich, daß der Text recht gepredigt wird und nur das. Der moderne Prediger beschränkt sich ausdrücklich auf das, was ihm am Text relevant erscheint. Der Unterschied ist übrigens kleiner, als er scheint. Denn auch die früheren Prediger haben ihre Predigten für relevant gehalten. Auch sie haben ausgewählt und bei der Selektion bestimmte und unbestimmte Elemente ausgelassen. Nur sind sie nicht offen dazu ge-

---

23 Hans Martin Müller, Die Autorität des Predigers in pastoral-ethischer Sicht, 20.

24 Diese persönliche Haftung «kann er nicht auf den Text abschieben. Denn was er über die Relevanz der Überlieferung im Hic et Nunc sagt, das steht nicht im Text» (Ernst Lange, Zwischen Theorie und Praxis der Predigtarbeit, 26 f.). Es gehört zum Verdienst der Predigtstudien von Ernst Lange und seinen Mitarbeitern, daß sie mit der Korrespondenz von den Nöten und der Situation der Hörer einerseits und der Relevanz der biblischen Überlieferung andererseits systematisch Ernst machen.

standen. «Text, Text, Text!» haben sie gerufen[25]. Obwohl sie gleichzeitig den qualitativen Unterschied zwischen Gott und Mensch betonten, haben besonders die dialektischen Theologen die Prediger in eine beängstigende Nähe zum Bibeltext gejagt, so daß gerade keine Distanz zwischen Prediger und Überlieferung mehr übrigzubleiben schien. Gegen dieses Zusammenrücken von Prediger und göttlicher Autorität wehren sich die jungen Theologen. Bei Ernst Lange wird wieder eine Distanz sichtbar. Offen stehen Prediger dazu, daß sie das Relevante suchen und predigen wollen. Nur das Relevante. Dann können sie es auch personal begründen. Denn sie finden es relevant. Vielleicht sagen sie sogar auch noch, was sie nicht relevant finden für unsere jetzige Situation.

Die Frage taucht auf, ob dann nicht subjektive Vorliebe anstelle eines objektiven Gültigkeitsanspruchs der Überlieferung tritt. Die Gefahr scheint mir unumgänglich. Aber nur unter dieser Bedrohung läßt sich Verkündigung personal begründen. Ohne diese Gefahr kann nur Autorität ohne Überzeugungskraft existieren. Das eigene Entdecken des Predigers, wo die Relevanz des Bibelwortes liegt, ist der einzige verheißungsvolle Zugang zu diesem Wort überhaupt. Denn ohne sein eigenes Entdecken, ohne seine Subjektivität wird das Wort um seine Menschlichkeit gebracht. Einmal mehr geht es hier letztlich um die humanitas Christi. Gerade die primäre Autorität, das heißt ja nichts anderes als die Göttlichkeit des Herrn selber, läßt sich nur angemessen bezeugen durch eine vollgültige und bejahte Menschlichkeit des Predigers. Dazu gehört auch seine persönliche Meinung über die Relevanz der Überlieferung. Nicht seine Meinung ist das Wunderbare, auf das die Gottesdienstbesucher warten. Seine Meinung ist aber der einzige Zugang zum Eigentlichen, zur Kraft der Überlieferung, zur Autorität des Evangeliums selber. Zuerst in ihr erweist die Überlieferung ihre Kraft.

Das Befreiende dieser Auffassung, die sich meines Wissens besonders bei Ernst Lange gestaltet, liegt für den Prediger darin, daß er sich nicht mit dem Text identifizieren muß. Er soll nur zu seiner Einsicht, was relevant sei, stehen. Dieses Relevante kann er dann weitersagen. Begeistert kann er es tun, weil es ja seine eigene Entdeckung ist. Gerade die Forderung nach personaler Begründung der Autorität des Predigers befreit ihn vom Anspruch, den Wert der Überlieferung gewährleisten zu müssen. Durch den Raum für seine eigene Einsicht, der ihm ausdrücklich zugestanden wird, und durch die dadurch klar hervorgehobene Distanz zum Bibelwort wird er nicht um seine Beschei-

---

25 Günther Dehn, Unsere Predigt heute, 19. Es ist durchaus möglich und sogar wahrscheinlich, daß die einseitige Betonung der Textautorität in der dialektischen Theologie eine heilsame Wirkung auf viele Prediger gehabt hat und auch jetzt noch haben könnte. Aber die personale Begründung ist dabei zu kurz gekommen.

denheit gebracht. Voraussetzung ist nur, daß er tatsächlich entdeckt, was relevant ist. Sonst hat er keine Grundlage für die personale Begründung der Verkündigung. Das führt uns wieder zurück zum Problem der Verwunderung. Wie kann der Prediger wieder staunen, wenn er nicht staunt? Wie kann er das Relevante entdecken, wenn er es nicht sieht? Die Predigthilfen von Ernst Lange versuchen zu helfen, im Bewußtsein, daß die Hilfe nicht immer ausreicht. Denn die Entdeckung des Relevanten ist eben eine sehr persönliche Entdeckung. Hier gibt es keine allgemeinen Hilfsmittel. Kreativität läßt sich nicht organisieren. Auch der Zugang zum Bibeltext ist im Grunde ein charismatischer Vorgang[26].

Dazu muß hier eine Präzisierung gemacht werden. Ernst Lange plädiert für eigene Einsicht in die Relevanz der Überlieferung, also des Bibelwortes. Das ist etwas anderes als individuelle Meinung. Es geht nicht darum, daß der Prediger einfach predigt, was er selber wichtig findet oder als wichtig erlebt und erfahren hat. Dann wäre die primäre Autorität ausgeschaltet. Nur noch der Prediger selber würde dastehen ohne ein repräsentiertes Größeres hinter ihm. Es geht um die Relevanz dieses Größeren. Kein Gottesdienstbesucher erwartet vom Prediger, daß seine individuellen Erfahrungen Quelle der Botschaft seien. Wie in der dialektischen Theologie[27] droht sich Demut nochmal in ihr Gegenteil zu verkehren. Wenn der Prediger so bescheiden sein will, daß er nur noch über seine eigenen Erfahrungen redet, dann verändert sich der Gottesdienst in eine groteske Versammlung, wo eine große Schar sich für die Erlebnisse eines Individuums interessieren soll. Hörer reagieren häufig negativ, wenn das passiert. Vielleicht gibt es seltene Ausnahmen, wo ein individuelles Erlebnis ganz nah bei den Erlebnismöglichkeiten der Hörer liegt. Mir ist es noch nie begegnet. Der Prediger darf seine Zwischenposition eben nicht aufgeben. Er steht zwischen Hörern und biblischer Überlieferung. Er soll die Hörer ernst nehmen, aber auch diese Überlieferung und nicht einfach sich selber anbieten. Das wäre die Perversion eines persönlichen Stils.

Es gibt in der Kirche auch andere Begegnungsformen als die Predigt. Das Gespräch, die Gruppendiskussion, nichtverbales Zusammensein haben ihren berechtigten Raum, wenn eine Gemeinde lebendig ist. Hier beschränke ich mich auf die Situation im traditionellen Gottesdienst und besonders in der Predigt. Diese kerygmatische Kommunikation setzt nun einmal die Zwei-

---

26 Was Gerhard von Rad vom Alten Testament behauptet, gilt für die ganze Bibel: «Es gibt also überhaupt keine normative Deutung des Alten Testaments. Jede Zeit muß von ihrer Erkenntnis und von ihren Notwendigkeiten her das Wort des alten Buches zu hören suchen. Wenn ihr dieser charismatische Zugang verloren ginge, so würden ihr weder Paulus noch Matthäus noch der Hebräerbrief helfen können» (Theologie des Alten Testaments, II, 436).

27 s. S. 108.

teilung Amtsträger–Gemeinde voraus[28]. Die Grundhaltung des Predigers in der Autoritätsposition des Verkündigers soll jetzt noch Thema meines Plädoyers für den traditionellen Gottesdienst sein. Wie sieht eine zeitgemäße Führungshaltung des Verkündigers aus?

Die Unterscheidungen zwischen den verschiedenen Ich-Zuständen, die Eric Berne in der Transaktionsanalyse gemacht hat, sind hilfreich, hier die rechte Form von Verkündigungsautorität zu definieren[29]. In jedem Menschen lassen sich drei Ich-Zustände (Ego-states) voneinander unterscheiden:

1. Das Eltern-Ich (Exteropsyche). In diesem Zustand bestimmt die Grundhaltung der Identifikation mit Autoritäten und ihren Werten unser Verhalten. Kurz gesagt: Wir benehmen uns wie unsere Eltern oder ihre Stellvertreter. Ohne diesen Ich-Zustand kann kein Mensch leben. Natürlich gibt es Unterschiede in der Integration dieses Ich-Zustandes. Zwischen automatischem Nachahmen und Einverstandensein nach reiflicher Überlegung ist ein großer Abstand. Wenn ich, aus Angst aus der Reihe zu fallen, die genau gleichen religiösen Vorstellungen wie meine Eltern weitertrage, ist das nicht das gleiche, wie wenn ich in relativer Selbständigkeit jetzt bejahe, was mir früher vorgelebt wurde. Aber in beiden Fällen identifiziere ich mich mit Werten, die von außen zu mir gekommen sind. Das ist der Bereich des Eltern-Ichs.

2. Das Erwachsenen-Ich (Neopsyche) ist durch die Prüfung der Realität charakterisiert. In diesem Zustand bin ich ohne Vorentscheidungen offen für die Situation. Jeder Mensch hat die Fähigkeit, selber zu beobachten und eine Lage einzuschätzen, also die Realität zu prüfen. In diesem Ich-Zustand ist es mir nicht bestimmend wichtig, wie meine Eltern oder andere Menschen denken und urteilen in bezug auf die Situation und die Möglichkeiten, die ich wahrnehme. Ich entscheide selber. Was andere meinen, ist einfach eine Gegebenheit unter anderen. Ich selber sammle meine Beobachtungen, ich verarbeite sie und werte sie aus, und ich versuche selber, die Probleme zu lösen. Wenn die Tradition mir etwas anbietet: eine Verhaltensmöglichkeit, eine Idee, ein Werturteil, eine Drohung, werde ich das möglichst unvoreingenommen prüfen und mich dann entscheiden, ob ich der Tradition zustimme oder nicht.

3. Das Kind-Ich (Archaeopsyche) bewahrt in jedem Menschen das kindliche Verhalten von den frühesten Lebensjahren für das ganze Leben. Spontane Freude und Kreativität, Hingabe, Erstaunen über das Wunderbare, Ärger über Verletzung, Traurigkeit über große Enttäuschung sind dadurch immer wieder reaktivierbar. Im Kind-Ich leben auch die Fixierungen, also die

---

28   Manfred Josuttis, Praxis des Evangeliums zwischen Politik und Religion, 168.
29   Transactional Analysis in Psychotherapy, 33 ff. Für eine einfache Zusammenfassung, s. ders., Spiele der Erwachsenen, 25 ff.

eingeschliffenen neurotischen Verhaltensweisen. Sie bleiben reaktivierbar, bis sie vielleicht durch einen Reifungsprozeß überwunden werden.

Alle drei Ich-Zustände haben ihren berechtigten Platz im menschlichen Leben. Jeder Zustand ist ein zusammenhängendes Ganzes von Gesten, Gefühlen, Worten, Handlungen, Tempo und so weiter. Wichtig ist nur, daß wir jeweils den rechten Ich-Zustand wählen, denn verschiedene Momente, Begegnungen und Situationen verlangen verschiedene Einstellungen, also ein Handeln und Reagieren aus verschiedenen Ich-Zuständen. Für die Erziehung von Kleinkindern ist das Eltern-Ich, für die Lösung von Problemen das Erwachsenen-Ich und zum Mitmachen beim Singen und Spielen das Kind-Ich erforderlich. Die Wahl des Ich-Zustandes, die meistens spontan und unbewußt geschieht, ist entscheidend für die Wirkung, die wir auf andere ausüben. Eine unangemessene Wahl führt zu Kommunikationsstörungen. Eric Berne betrachtet das ganze Feld der Interaktionsprobleme aus dem Blickwinkel der Ich-Zustände. Bei jeder Beziehung kann man die Frage stellen, wer mit wem umgeht, also aus welchen Ich-Zuständen die verschiedenen Teilnehmer einer Beziehung reagieren. Berne behauptet, daß Einsicht in die Interaktion zu Veränderungen beziehungsweise Verbesserungen der Beziehung führen kann. Wenn ein Lehrer zum Beispiel einsieht, daß er unnötigerweise immer nur aus seinem Eltern-Ich heraus auftritt und daß seine Schüler darauf immer Kind-Ich-Reaktionen zeigen, unterwürfig oder rebellisch sind, wird er wahrscheinlich nicht ohne Erfolg Möglichkeiten suchen, daß sich sein Erwachsenen-Ich manifestiert. Seinen Schülern wird damit ebenfalls eine Reaktion aus ihrem Erwachsenen-Ich ermöglicht.

Zurück zu den Problemen der Verkündigung. Es ist ganz klar, daß das herkömmliche Bild eines Predigers einer Eltern-Ich-Position entspricht. Für das allgemeine Empfinden vertritt der Prediger die Werte der Tradition. In der Anwesenheit eines Pfarrers muß man sich anständig benehmen, denn er scheint immer zum Urteilen bereit. Dieses abgedroschene Bild ist tiefer verwurzelt, als Pfarrer selber wahrhaben möchten, weil es mit dem Archetypus des Seelenführers verbunden ist[30]. Die Rollenverteilung im Gottesdienst weist unweigerlich in die gleiche Richtung, er redet, die anderen hören zu. Das kann bedeuten, und hat es lange bedeutet, daß er es weiß und die anderen belehrt werden. Er hat eine gehobene, eben eine elterliche Position. So lange das unangefochten gilt, gibt es keine Schwierigkeiten mit dem Problem der Autorität. Die entstehen erst, wenn der Prediger feststellen muß, daß er gar kein Recht mehr hat, sich in irgendeiner Weise als über den Hörern stehend zu betrachten. Das ist jetzt, im Grunde schon lange Zeit, der Fall. Das akademische Wissen zeichnet den Prediger nicht mehr aus, die Autoritätsverhältnisse haben sich grundlegend verändert, so daß die Würde

---

[30] s. S. 67 f.

seines Amtes keine Überlegenheit mehr impliziert. Es bleibt nur sein theoretisches Wissen über Exegese und Kirchengeschichte, und das reicht nicht aus für eine Eltern-Ich-Position. Die dialektische Theologie ermöglichte eine Zeitlang noch eine neubegründete erhabene Stellung des Predigers. Dadurch, daß sie die ganze Persönlichkeit des Predigers als unwichtig zur Seite schob, wurde der Prediger ganz in die Würde und Autorität des Textes, des Wortes Gottes hineingedrückt. Seine menschlichen Fähigkeiten und Unzulänglichkeiten galten theologisch nichts, es blieb nur sein Erklären[31]. Gerade durch seine Unwichtigkeit mußte eine Identifikation mit der Wichtigkeit des Textes wachsen[32].

In den jungen Theologen wehrt sich eine ganz empfindsame und entschiedene Intuition gegen die herkömmliche Autoritätshaltung auf der Kanzel. Sie spüren, daß diese Haltung ohne Verheißung ist. Der Schluß, den viele daraus ziehen, daß nämlich die ganze Institution Predigt veraltet sei, ist verfrüht. Aber die Intuition ist jedenfalls wichtig, weil sie sehr tiefe Wurzeln hat. Ich will sie ganz ernst nehmen. Daher die These: Die Predigtinstitution läßt sich nur sinnvoll weiterführen, wenn die Prediger die Eltern-Ich-Position aufgeben und eine Erwachsenen-Ich-Position beziehen. Das ist eine ziemlich revolutionäre Veränderung. Sie hat schon bei vielen Predigern stattgefunden. Jetzt soll diese Veränderung auch theoretisch begründet und durchleuchtet werden. Ich versuche das eben unter Benutzung des Schemas der Transaktionsanalyse.

Was bedeutet der Wechsel vom Eltern-Ich ins Erwachsenen-Ich? Sicher, daß die Predigt nicht mehr grundsätzlich Erziehung, nicht mehr Wertübertragung ist. Das Urteilen wird verschwinden. Dafür wird Raum zur Realitätsprüfung gewonnen. Konkret heißt das, was auch schon bei Ernst Lange angedeutet wurde: Hauptaufgabe des Predigers ist nicht, daß er den Text weitergibt. Sein Amt ist es, das Bibelwort zu betrachten, zu befragen und das Relevante darzustellen. Die Wertübertragung muß dabei nicht verschwinden. Aber dieser Wert ist unabhängig vom Prediger schon da, symbolisiert im Bibelwort und im Gottesdienst als Ganzem. Die Gottesdienstteilnehmer schätzen diesen Wert und suchen ihn gemeinsam. Die Funktion des Predigers ist nicht, die Teilnehmer vom Wert der biblischen und kirchlichen Tradition zu überzeugen, sondern als Anwalt der Hörer die Tradition zu prüfen. Wo er sich freut und die Tradition, den Bibeltext als einen Schatz hervorhebt, dort wird er für die Hörer Anwalt des Bibeltextes. Anwalt des Textes den

---

31   s. die Formulierung Karl Barths, S. 83.
32   Bösartig, falsch, aber ulkig und nicht ganz unverständlich von Hans-Dieter Bastian so formuliert: «Ein mehr oder weniger gelungener Monolog verläßt die Sakristei, das Wort Gottes besteigt die Kanzel» (Verfremdung und Verkündigung, 63).

Hörern gegenüber wird er also aufgrund der Tatsache, daß er Anwalt der Hörer dem Text gegenüber ist. Eine neuartige Vollmacht entsteht, aber ohne schulmeisterlichen Nachdruck, als ob alle es so sehen müßten wie er. Seine Autorität ist eine wehrlose und gerade deswegen eine glaubwürdige[33].

Zwei Beispiele eines Predigtanfanges dürften klarmachen, welche Unterschiede hier gemeint sind. Zuerst ein Anfang im Eltern-Ich-Stil.

> Heutzutage leben wir in einer Welt des Leistungszwanges. Überall erwartet man das Heil vom eigenen Einsatz. Jetzt ist Sonntag. Gott sei Dank schweigen die Maschinen wenigstens teilweise einige Stunden. Der Mensch kann sich erholen. Gott gibt uns diesen Tag, damit wir wieder zu ihm zurückfinden. Und so dürfen wir das Wort finden: Sorget nicht um Euer Leben.

Ein Anfang im Erwachsenen-Ich-Stil zum gleichen Thema:

> Sorget nicht um Euer Leben. Ich denke, daß es Ihnen nicht anders geht als mir, wenn ich dieses Wort höre. Die Einladung, unsere Sorgen fallenzulassen und uns auf das Wesentliche im Leben zu konzentrieren, sie tönt schon verlockend. Aber es scheint nicht sehr realistisch.

Schon diese einfachen Beispiele dürften durchblicken lassen, daß es nicht nur um den Inhalt der Worte geht. Auch der Stimmton, der Blick, ja die ganze Haltung wird entweder vom Eltern-Ich oder vom Erwachsenen-Ich geprägt. Der Eltern-Ich-Stil kennt das Personalpronomen «ich» kaum. Er ist nicht bescheiden und vereinnahmt die Hörer im «wir» und «man». Es würde sich sicher lohnen, das ganze Eltern-Ich-Vokabular der Kanzel aufzuzeigen. Über das Wörtlein «müssen» wird hier auch noch zu reden sein.

Das Verhalten des Erwachsenen-Ichs baut das unnötige Gefälle zwischen Prediger und Hörern ab. Der Unterschied in der Rolle bleibt natürlich bestehen. Der verschwindet erst in Kommunikationsformen, in denen niemand die Leitung hat. Im traditionellen Gottesdienst ist das unmöglich. Es ist aber nicht notwendig, die Rolle mit einem autoritären Auftreten und einer sich selber zugewiesenen Vollmacht zu verbinden.

Übrigens gibt es im Schema der Transaktionsanalyse auch im Erwachsenen-Ich einen Spielraum. Auch ein nichtautoritärer Partner kann Verantwortung tragen und liebevolle Sorge für andere haben. Das ist etwas anderes als Eltern-Ich-Verhalten. In dem Fall würde er Sorge tragen, weil er meint, daß es sich so gehört. Vom Erwachsenen-Ich aus fühlt er sich selber verantwortlich für seine Gefühle und sein Verhalten. Wenn er dann Sorge trägt, wirkt er nicht von oben herab[34]. Die im vorigen Kapitel beschriebene Haltung des

---

33 Hans Martin Müller, ebd. 21.

34 Kurt Marti weist darauf hin, daß ein Prediger, der den Mut zu Subjektivität hat, also seine Aussagen zur Diskussion stellt, desto glaubwürdiger wirkt in den Sätzen, wo er prophetisch reden muß, also etwas Indiskutables formuliert (Wie entsteht eine Predigt. Wie entsteht ein Gedicht, 195).

Verantwortungtragens läßt sich durchaus vom Erwachsenen-Ich aus gestalten. Das ist sogar die einzig verheißungsvolle Weise. Denn sie verbindet Partnerschaft mit Verbindlichkeit, Bescheidenheit mit Vollmacht. Und gerade diese zwei Elemente bilden zusammen erst eine zeitgemäße Führerhaltung. Ein gewisses Eltern-Ich-Element ist dann im Erwachsenen-Ich integriert. Es ist das, was Berne ethische Verantwortung im Erwachsenen nennt[35]. Man kann die Zuhörer als mündige Menschen betrachten und trotzdem Verantwortung für sie tragen. Wer sich der Verantwortung entzieht, gibt ein schlechtes Beispiel von Mündigkeit.

Vom Kind-Ich habe ich weiter nichts gesagt. Es geht mir hauptsächlich um die Verschiebung in der Predigerhaltung vom Eltern-Ich-Zustand in den des Erwachsenen-Ichs. Aber auch das Kind-Ich ist nötig für eine Predigt. Zu erinnern ist an das, was im vorigen Kapitel über Echtsein und das Miteinbeziehen der eigenen Emotionen gesagt wurde. Ich will das System der Transaktionsanalyse nicht weiter ausmalen. Es wäre verlockend, gerade an der Integration des Kind-Ichs im Prediger zu zeigen, wie eine Predigt gewinnend wirken kann.

In der Rolle des Predigers als Verkündiger liegt eine Chance, die dem Verlangen vieler junger Menschen nach Beteiligung, nach einer sinnvollen Rolle, statt einem «Job» entgegenkommt. Wenn es nicht nötig ist, auf der Kanzel zu schulmeistern; wenn die beste Haltung eben die ist, daß der Prediger sich authentisch und bescheiden äußert ohne Anmaßung; und wenn auch feststeht, daß die Gottesdienstbesucher von einer solchen Haltung angesprochen werden, also daß sie in der Haltung des Predigers eine Vollmacht erkennen, dann ist die Institution Predigt springlebendig. Die Frage ist dann nicht mehr: «Was mache ich in der unmöglichen Rolle des autoritären Besserwissers, wenn ich es nicht besser weiß», sondern: «Wie rede ich authentisch von dem, was mir relevant erscheint in der biblischen Überlieferung?» Diese Frage ist noch schwer genug, aber grundsätzlich zu bewältigen.

Wie schwer der Wechsel zwischen Eltern-Ich und Erwachsenen-Ich-Haltung sich auch vollzogen hat und sich noch immer vollziehen muß, es leuchtet darin eine evangelische Struktur auf. Denn die Autorität des Verkündigers im Stil des Erwachsenen-Ichs ist eine gewaltlose Autorität. Kein zwingendes Gewissen und kein allgemein anerkanntes Wertsystem hilft ihm, den Hörer zu überzeugen. Vom Prediger persönlich her wirkt und wirbt nur sein bescheidenes authentisches Auftreten und seine Verbindlichkeit. Diese Art Autorität ist ein Echo auf die Autorität, wie sie Jesus Christus lebt.

---

[35] Transactional Analysis in Psychotherapy, 195.

Die Verkündigung in ihrer äußeren Darstellung: Monologische Textpredigt

Der Sehnsucht nach Erlösung entspricht der Prediger nur, wenn er verkündigt. Die Hörer erwarten und hoffen, daß er ihnen etwas zu sagen hat, was Menschen sich grundsätzlich nicht selber sagen können. Nur ein Wunder genügt, Unlösbares zu lösen und von Aussichtslosigkeit zu befreien. Dieses Wunder geschieht, wenn eine Predigt den Hörern zur Verkündigung wird. Ich habe versucht klarzumachen, daß es möglich ist, im Rahmen eines traditionellen Gottesdienstes dieses Unwahrscheinliche darzustellen, ohne die Bescheidenheit zu verlieren.

Es bleibt die Frage, wie die Verkündigung konkret aussieht, sowohl nach ihrer Gestalt als nach ihrem Gehalt. Die Inhaltsfrage nehme ich im nächsten Abschnitt auf, jetzt interessiert mich die äußere Gestaltung. Die übliche Form der Verkündigung in den meisten traditionellen Gottesdiensten, sowohl bei Katholiken als bei Protestanten, ist heute die monologische Textrede. Zu diesem Thema läßt sich verschiedenes sagen, auch in bezug auf die gesammelten Hörerreaktionen.

1. Der Monolog

Über das Phänomen Monolog im Gottesdienst ist in letzter Zeit viel geschrieben worden und ohne viel Komplimente. Die Angriffe gehen nach zwei Seiten: Einerseits beklagt man die Tatsache, daß die kirchliche Verkündigung nur oder fast nur in der monologischen Rede geschieht. Andererseits wird hervorgehoben, daß von der monologischen Form überhaupt nichts mehr zu erwarten ist. Es ist hier nicht der Ort, die Notwendigkeit zusätzlicher, anderer Formen der Kommunikation für die kirchliche Verkündigung zu fordern. Diese Sache verlangt eine selbständige Darstellung. Den zweiten Vorwurf will ich hier aber ernst nehmen, weil er eine positive Wirkung der Predigt grundsätzlich bezweifelt. Der positive Eindruck, den die Predigtanalysen liefern, steht zu diesem negativen Urteil im Gegensatz. Damit soll nicht gesagt sein, daß Verkündigung unbedingt in Monologform geschehen muß. Verkündigung ist sicher in anderen Kommunikationsformen denkbar[36]. Ich

---

[36] Sie geschieht auch seit eh und je in anderen Formen. Die predigtfeindlichen Publikationen von Theologen mit kommunikationswissenschaftlicher Ausbildung imponieren zwar durch ihre Terminologie und durch blendende Pauschalurteile, übersehen aber immer die kirchliche Verkündigung, die dort geschieht, wo eine Mutter zu ihrem Kinde von Gott spricht und mit ihm betet und wo ein Mitarbeiter in der Sonntagsschule die biblischen Geschichten erzählt. Das sind Verkündigungsformen, die weniger ins Auge fallen. Ihre prägende Kraft dürfte um ein Vielfaches größer sein als die der sonntäglichen Predigt. Deswegen wird eine recht angewandte Kommunikationswis-

untersuche hier nur, ob und inwieweit der Monolog als eine der möglichen Formen in Frage kommt. Aus den Hörerreaktionen wird keine Ablehnung der Monologform deutlich. Natürlich, in diesen Reaktionen reden Menschen, die regelmäßig in den Gottesdienst gehen, also eine positive Haltung zu der Institution Predigt haben. Insoweit haben sie Vorurteile. Es ist möglich, daß die Gottesdienste viel mehr Menschen erreichen würden, wenn es keine Monologpredigt gäbe. Ich bezweifle es, aber es ist denkbar. Nur läßt sich nicht behaupten, daß auch die Gottesdienstbesucher selber unter der Monologform leiden. In der Art und Weise, wie die Befragung stattgefunden hat, wäre es sicher klar geworden, wenn eine ernst zu nehmende grundsätzliche Unzufriedenheit bei den Hörern in dieser Hinsicht existieren würde. Wenn ausnahmsweise gesagt wird:

– Hierüber hätte ich gerne mit dem Prediger geredet
– Diese Aussage hat mich zum Widerspruch gereizt

betreffen die Aussagen ganz konkrete Anwendungen, meistens politischer Art[37]. Die Lust, selber auch etwas zu sagen, entsteht bei wenigen Zuhörern bei *umstrittenen Themen*. Wer Streitfragen in der Predigt behandelt, muß damit rechnen. Es gibt Experimente, die dem gerecht zu werden versuchen, namentlich mit einer Diskussion nach dem Gottesdienst[38].

Der große Verdacht, unter dem die Monologrede steht, ist natürlich, daß sie autoritär sei. Wer den Gottesdienst und die Predigt als einen Versuch sieht, die Hörer zu ganz bestimmten Veränderungen und Verhaltensweisen zu führen, muß wohl meinen, daß die monologische Predigt eine demagogische Angelegenheit sei[39]. Solcher Sicht liegt aber eine ganz dem Inhalt verfallene intellektualistische Auffassung von der Predigt zugrunde, die unter anderem den tieferen Vorgang des Weckens von Vertrauen übersieht. Verkündigung setzt Autorität voraus, das ist klar. Ich habe versucht darzustellen, daß es durchaus möglich ist, diese Autorität auf partnerschaftliche Art zu gestalten. Der Vorwurf der autoritären Manipulation trifft den Monolog an sich nicht.

---

senschaft mit ihnen rechnen. Oder sollten diese Formen keine kirchliche Verkündigung sein? Als Beispiel der gemeinten einseitigen Publikationen erwähne ich: Verfremdung und Verkündigung, von Hans-Dieter Bastian, besonders die Seiten 57–61.

[37] Die Problematik der politischen Predigt kommt noch zur Sprache, S. 129 ff.

[38] Auf diese Notwendigkeit weist auch Manfred Josuttis hin (Praxis des Evangeliums zwischen Politik und Religion, 182). Besonders die Frage der Anwendung, «was nun im Namen der Liebe geschehen will», eignet sich besser für das Gespräch als für die Predigt, ders., Gesetzlichkeit in der Predigt der Gegenwart, 111.

[39] Zu Recht kritisiert Willi Born die Aussage von Hans-Wolfgang Heidland, «durch eine Rede überzeugen wollen ist Demagogie» in bezug auf die Predigt (Kriterien der Predigtanalyse, 19).

Der Monolog hat ausgesprochene Vorzüge. Wohl deswegen haben die andersartigen Experimente am Gottesdienstverlauf bisher wenig oder nichts ändern können. Wenn sich nur eine Kleingruppe zu einer gottesdienstlichen Veranstaltung trifft, bewähren sich auch andere Formen wie die des Dialogs. Aber bei den Teilnehmerzahlen im traditionellen Gottesdienst sind die Vorteile des Monologs noch nicht überboten worden. Ich nenne die Vorzüge:

1. Die Rollenverteilung, daß einer redet und die anderen zuhören, stellt die Tatsache, daß Gott zu seiner Gemeinde redet, daß Menschen von etwas Unverfügbarem angesprochen werden, am klarsten dar. Einer vertritt eben das Un-erhörte, das die Hörer zu hören bekommen. Wie in den Psalmen manchmal Rollen verteilt sind, um Gottes Stimme hörbar machen zu können[40], übermittelt der Monolog die Verheißung, die von jenseits des menschlichen Bereiches zu uns kommt. Ich habe den Eindruck, daß der Monolog deswegen für die Gottesdienstteilnehmer im allgemeinen kein Problem ist. Sie sind unbewußt davon überzeugt, daß diese Rollenverteilung eine passende Darstellung ist. Es ist eine Rollenverteilung, sie impliziert keinen grundsätzlichen Unterschied zwischen Predigern und Hörern.

Es fragt sich, ob es für die Darstellung dieses Sachverhaltes eine grundsätzlich bessere Form gibt. Wird zum Beispiel in einer Gruppe «die Stimme der Frohbotschaft lebendig hörbar»[41]? Der eine Mann oder die eine Frau auf der Kanzel macht die Tatsache, daß die Botschaft nicht von Menschen, sondern von jenseits kommt, noch am klarsten erlebbar.

Die kleinen Abstriche am Monologcharakter, die dadurch erreicht werden, daß für die Schriftlesung oder ein Gebet andere mit einbezogen werden, sind in den mir zu Verfügung stehenden Reaktionen ausschließlich negativ beurteilt worden. Die Klage war immer, daß die Einheit fehlte. Es ist allerdings denkbar, daß eine gute Regie die Einheit bewahrt[42].

2. Durch den Monolog ist es möglich, daß es Zuhörer gibt. Der Vorteil davon ist, daß die Gottesdienstteilnehmer direkt angesprochen werden. Der Begegnungscharakter der Verkündigung wird auf diese Weise realisiert. Der Gottesdienstbesucher registriert nicht mit distanziertem Interesse, er wird

---

[40] zum Beispiel Ps. 32, 82 und 89.

[41] So fragt Rudolf Bohren, Predigtlehre, 543. Er meint: «Der Autorität des Herrenwortes entspricht die Ausrichtung dieses Wortes durch einen einzelnen Diener» (ebd. 519). Helmut Gollwitzer behauptet zwar, daß die Autorität des Wortes in Gesprächen von gleichgestellten Partnern, also ohne daß einer die Rolle des Verkündigers hat, nicht weniger zur Geltung kommen kann als im traditionellen Gottesdienst (Zuspruch und Anspruch, 236). Nur läßt sich die Gesprächsform viel schwerer institutionalisieren als der Gottesdienst. Gollwitzers Behauptung scheint mir unrealistisch.

[42] s. auch Otto Haendler, Die Predigt, 299 ff.

direkt angeredet. Dadurch kann er sich am ehesten betroffen und angesprochen fühlen[43].

Das Hören ist von grundlegender Bedeutung in der Kommunikation des Evangeliums. Im biblischen Glauben ist Hören die tiefste Aktivität. Juden und Christen sind sich darüber einig. Das Schema'h Israel[44] ist der erste Satz, den das jüdische Kind lernen soll, und der letzte, der über ihm ausgesprochen wird[45]. Im Alten und Neuen Testament ist das Hören der Zugang zum Glauben: nicht das Sehen oder das Denken[46]. Auch die Predigt ist, besonders nach reformatorischer Auffassung, in diesem Hören begründet. «Wer Euch hört, hört mich»[47]. Im Hören begegnen die Glaubenden Gott[48].

Keine Frage, daß ein solches Hören auch ein Wunder ist, wie die Verkündigung. Denn Hören ist eben mehr als akustisch vernehmen, es ist eine Begegnung. Im Hören kommen die Sehnsucht nach Erlösung und die Verkündigung zusammen. Das Hören ist der Ort der Begegnung. Beim Zuhören ereignet sich im Zuhörer eine vom Prediger persönlich unabhängige Geschichte. Wenn der Hörer sich vom Verkündigten ansprechen läßt, öffnet er sein Innerstes. Eine seelische Hingabe oder im negativen Falle ein Zuschließen und Verweigern findet statt. Er wird in einer Weise betroffen, von der der Prediger vielleicht nichts merkt. Das verkündigte Wort wirbt um Kontakt mit dem Hörer, es klopft an seine Türe. Sich ansprechen zu lassen ist ein intensives Geschehen, denn es konzentriert den ganzen Menschen auf das Verkündigte. Eine Gemeinschaft vom Verkündigten mit dem Zuhörer wird gestiftet. Dieses Hören wird ermöglicht durch die Monologrede. Es fragt sich, ob die gleiche Intensität der Anrede und des Hörens bei anderen Kommunikationsformen möglich ist. Denn die Intimität der Gemeinschaft zwischen Hörer und Gott verlangt auch Schutz. Wenn viele Menschen gleichzeitig hören, ist der Schutz gewährleistet durch die relative Anonymität des Zusammenseins[49]. Würde der Prediger nur zu einem einzelnen Menschen

---

43 Dieser Vorzug geht natürlich weitgehend verloren, wenn die Predigt in eine Abhandlung ohne Anredecharakter entartet.

44 5. Mose 6, 4: «Höre, Israel, der Herr ist unser Gott, der Herr allein.»

45 Samson Raphael Hirsch, Der Pentateuch, 5. Teil, 69.

46 Glaube ist aus dem Hören, Röm. 10, 17. «In der Prävalenz des Hörens drückt sich das tiefste Wesen der biblischen Religion aus. Sie ist Religion des Wortes, weil sie Religion des Tuns, des dem Worte Gehorchens ist» (Gerhard Kittel, ThWzNT, I, 219).

47 Luk. 10, 16.

48 «... Daß man Gott da höre, aber nicht habe, ihn im Hören und als Hörender und nicht anders haben könne, ist die Meinung» (Werner Jetter, Die Predigt als Gespräch mit dem Hörer, 214).

49 Walter Neidhart weist darauf hin, daß viele Besucher des Gottesdienstes ausdrücklich in der üblichen Anonymität bleiben wollen (Psychologische Über-

reden, dann wären die Grenzen der Diskretion viel schneller erreicht. Solche Begegnungen gibt es zwar auch, in der Seelsorge. Aber sie sind eher eine Ausnahme. Gerade die Monologrede ermöglicht ein intensives, aktives Hören.

Voraussetzung oder wenigstens Unterstützung für das aktive Hören ist, daß sich der Prediger dieses Vorganges beim Hörer bewußt ist. Es wird seinen Redestil prägen. Seine Gebete und die Predigt werden dann zwar äußerlich die Form eines Monologs haben, aber sie werden dialogischen Charakter zeigen, weil die Anliegen der Hörer in den Monolog aufgenommen sind. Reuel Howe, der von der «monologischen Illusion» gesprochen hat[50], weist darauf hin, daß für die Wirkung einer Kommunikation nicht die Methode, also Monolog oder Dialog, sondern der grundsätzliche Charakter ausschlaggebend ist[51]. Wenn die Hörer bemerken, daß der Prediger sich in sie einfühlt, sind sie grundsätzlich bereit, zuzuhören. Welche Möglichkeiten und Schwierigkeiten dabei zu bedenken sind, davon werde ich noch reden[52].

2. Der Bibeltext

Otto Haendler hat mitten in der Kampfzeit um Text- oder Themapredigt schon gesagt, daß die Frage, ob eine Predigt textgebunden oder textlos sein soll, kein Lebensproblem der Kirche ist[53]. Die Höreraussagen geben ihm recht. Es ist den wenigsten Hörern ein Anliegen, daß die Predigt textgebunden sein soll. Das ist in diesem Fall um so auffälliger, weil viele der befragten Hörer eben Theologen sind, die manchmal selber predigen. Oder ist der Ruf nach der Textpredigt auch deswegen verschwunden, weil heute die allermeisten Predigten eben von einem Text ausgehen?

Von den Hörerbemerkungen her läßt sich trotzdem noch einiges zu diesem Thema sagen. Die Textwahl und das Vorlesen haben manchmal eine starke Wirkung. Wenn der Prediger nicht mit dieser Wirkung rechnet, enttäuscht er seine Hörer. Der Text hat bestimmte oder unbestimmte Vorstellungen, eventuell Befremden, Ärger oder sogar Ablehnung bewirkt. Wenn die Predigt diese Gefühle nicht sofort ausdrücklich ernst nimmt, kehren die Hörer sich immer mehr ab. Die Lesung von Matth. 5, 43–48 wurde von einer Predigt über die Feindesliebe gefolgt. Mit keinem Wort berücksichtigte der Prediger die Aussage in Vers 48: «Ihr sollt vollkommen sein.» Gerade diese

---

legungen zur Gestaltung von Gottesdiensten für die Gegenwart, 235). Die Anonymität hat eine die Intimität schützende Funktion.

[50] s. bei Clyde H. Reid, Die leere Kanzel, 26.

[51] «... a communication which in terms of method is monologue (one speaker) may at the same time be governed by the principle of dialogue» (Reuel L. Howe, Partners in Preaching, 47; s. auch Joachim Konrad, Sozialethische Themen auf der Kanzel, 39 ff.).

[52] s. S. 149 ff.

[53] Die Predigt, 214.

Worte hatten bei mehreren Hörern Befremden und Neugierde geweckt. Ihre Aufmerksamkeit litt, weil ihre Erwartung unerfüllt blieb. Besonders an Festtagen muß der Prediger mit den Wirkungen der Textwahl und der Lesung rechnen. Wenn der Text nicht klar den Festerwartungen entspricht, gibt es Unsicherheit bei den Hörern. Diese kann fruchtbar gemacht werden. Wer sie aber nicht beachtet, kann dadurch seine Hörer verlieren.

– Ich habe mich lange gefragt: Was hat dieses Wort mit Silvester zu tun?
– («Wird Himmelfahrt psychologisiert?», habe ich mich nach der Textlesung gefragt. Ich war sehr froh, daß die Predigt dann ausgerechnet mit dieser Frage angefangen hat.)

Die Textwahl kann bei Abdankungen heftige Empörung auslösen. Ein Pfarrer verlas das Gleichnis vom reichen Kornbauer, mit der Warnung gegen den Reichtum, bei der Bestattung eines Kleinhändlers. Für den Pfarrer war das Plötzliche des Sterbens Anlaß für die Textwahl gewesen. Der Kleinhändler war einem Herzschlag erlegen. Er redete über Reichsein in Gott und ließ den Reichtum des Menschen ganz beiseite. Ein Teil der Zuhörer[54] war aber trotzdem empört, weil für sie die Textwahl einen Vorwurf gegen den Verstorbenen suggerierte. Auch die Familie hat sich nachträglich beim Pfarrer beschwert. Dem Pfarrer wurde bei der Besprechung mit Kollegen klar, wie wenig seine Absicht, wie sehr seine unbeabsichtigte Wirkung bestimmend gewesen war.

Zum Problem Text läßt sich also von den Hörern her nur sagen, daß es eine Toleranzgrenze bei der Textwahl gibt, daß der Hörer verunsichert wird, wenn der Text nicht klar zu der Situation paßt, und daß er abgeholt wird, wenn der Prediger bei der Wirkung anknüpft, die sein Text schon ausgelöst hat. Höhere Ansprüche stellt der Hörer, wenn ich die Aussagen gelten lasse, in dieser Hinsicht nicht[55].

Für den Pfarrer ist es wichtig, vorher die vermutliche Wirkung der Textlesung festzustellen. Predigthilfen sollen auf diesen Aspekt achten[56]. Viele Texte haben keine starke Wirkung. Auch das muß der Prediger wissen.

Bei Karl Barth und in der dialektischen Theologie wird ein ungeheures Gewicht auf die Textgebundenheit der Predigt gelegt. Die ganze Funktion des Predigers geht auf im Erklären[57]. Heftig wehrt sich Barth gegen den Gebrauch eines Themas oder eines sogenannten Skopus[58]. Die Themapredigt

---

[54] Diese Predigt wurde von einem Kollegenkreis vom Tonband abgehört.
[55] Formal sei noch bemerkt, daß die meisten Schriftlesungen als zu lange erlebt werden. Die Aufmerksamkeit ist rasch verbraucht. Das hängt wohl damit zusammen, daß die Lesung eben eine Vorlesung ist.
[56] Ein schönes Beispiel gibt Manfred Josuttis, GöPM, 1974, 154 ff.
[57] s. die Definition, S. 83.
[58] Homiletik, 84 f.

hat er definiert als die große Anmaßung, als ob der Prediger neben der Schrifterklärung auch noch etwas selbständiges zu sagen hätte[59]. Textpredigt heißt, daß «keine Privatäußerungen entgegengenommen werden»[60]. Die großen Theologen, die solche Sachen behaupten, sind original genug, um sich dadurch selber nicht unnötig einengen zu lassen. Aber ihre Schüler klammern sich an diese Aussagen, als wären es göttliche Gesetze[61]. Die Ausmerzung der persönlichen Beiträge des Predigers unterliegt einem fragwürdigen Sauberkeitsideal, das eher Sterilität als Raum für das Wunder erzeugen dürfte.

Die Forderung, daß nur der Text zu Wort kommt, ist dazu unrealistisch. Schon die Textwahl ist persönlich bedingt, und jeder Prediger prägt die Auslegung mit seiner Persönlichkeit, ob er will oder nicht[62]. Darum ist es theologisch richtiger und für Prediger hilfreicher, wenn die Forderung nach Textgemäßheit der Predigt milder formuliert wird. Gollwitzer nennt als Kriterium: «Die Geschichte und Wirklichkeit Jesu Christi»[63]. Otto Haendler sagt, daß eine Predigt «dem Evangelium gemäß» sein soll. Auch eine textlose Predigt ist denkbar, weil das Überlieferte nicht nur mittelbar, sondern auch unmittelbar erfahren wird[64]. Diese Kriterien tönen milder und realistischer, sind dafür weniger genau. Sie bieten dem Prediger genügend Flexibilität, um seine Spontaneität und kreative Phantasie voll einzusetzen. Sie beinhalten aber auch die Möglichkeit böser Entgleisungen. Ohne dieses Risiko gibt es aber keine Chance des Gelingens. Die milderen Kriterien stoßen bei den Hörern auf keinen Widerstand. Gottesdienstbesucher finden wenigstens subjektiv manchmal, daß sie in einer Predigt wirkliche Befreiung vernommen haben, auch wenn die Predigt nicht textgebunden war.

Textpredigt hat im allgemeinen bessere Voraussetzungen, den Bedingungen, die Zuhörer einer Predigt stellen, zu genügen. Sehr oft behütet der Text den Prediger vor abstrakten Verallgemeinerungen, manchmal auch vor allzu schroffem Intellektualismus. Oft bietet der Text auch einen natürlichen Zu-

---

59 s. Walther Fürst, Karl Barths Predigtlehre, 143.
60 Helmuth Schreiner, Die Verkündigung des Wortes Gottes, 127.
61 Zum Beispiel Franz Kamphaus: «Sobald er nicht auf das Wort der Schrift hört, sondern sich seiner Phantasie überläßt, verläßt er die Verkündigungsbewegung der Schrift und steht außerhalb des Evangeliums» (Von der Exegese zur Predigt, 317). Zu einem solchen Fanatismus haben die einseitigen Aussagen der dialektischen Theologen schon Anlaß gegeben.
62 Christian Möller stellt fest, daß auch Karl Barth selber eigentlich Themen in seinen Predigten behandelt. Das Ganze ist auch ein Wortgefecht (Von der Predigt zum Text, 91).
63 Er meint, daß der Bibeltext grundsätzlich fehlen kann, wenn nur diese Geschichte und Wirklichkeit nicht fehlt (Forderungen der Freiheit, 108).
64 Die Predigt, 211 ff.

gang zur Verkündigung. Die Themapredigt enthält größere Risiken und stellt dadurch dem Prediger höhere Ansprüche.

Die Verkündigung in ihrem inneren Gehalt

Die Analyse der Höreraussagen, in denen die Dimension der Befreiung als eine wesentliche Dimension des Predigens erkennbar geworden ist, weist eine eigenartige Spannung auf. Hilflosigkeit und Hoffnung stehen nebeneinander. Die Unmöglichkeit, die großen Fragen und Probleme des Lebens zu lösen, macht Menschen hilflos. Andererseits erhoffen und erwarten sie Befreiung oder ein Zeichen davon im Gottesdienst und in der Predigt. Logisch argumentiert würde das eine das andere ausschließen. Wenn Lösungen unmöglich sind, gibt es keinen Grund, noch Gutes zu erwarten. Wenn man dagegen auf Befreiung hoffen darf, kann die Lage nicht so schlimm sein. Nur reicht solche Logik nicht aus, das Geschehen in diesem Spannungsbereich auszumessen. Die Befreiung, die verheißene Erlösung, wird zwar immer wieder erfaßt, aber sie läßt sich nicht festhalten. Der Gottesdienst wird jede Woche wiederholt, das kennzeichnet die Lage. Im Grunde ist die Befreiung immer wieder unglaublich, so fest sie auch in der Vergangenheit geglaubt wurde. Die Befreiung gilt ganz, aber das Unfreisein gilt auch immer wieder ganz. Die Sehnsucht nach Erlösung, wie ich das Grundgefühl des Gottesdienstteilnehmers in dieser Dimension umschrieben habe, umfaßt eine dauernde Spannung. Die Gottesdienstbesucher wollen immer wieder erleben, wie sie vom Wunderbaren, Unwahrscheinlichen überrascht werden. Befreiung und Beklemmung stehen in einem polaren Spannungsverhältnis. Beide sind sie voll wirksam. Sie widersprechen einander, das verursacht die Spannung.

1. Die Polarität von Gesetz und Evangelium

Die Polarität bei den Hörern spiegelt die Polarität von Gericht und Gnade, von Gesetz und Evangelium, von Kreuz und Auferstehung wider. Nur wenn diese beiden Pole in der Verkündigung voll gelten und zum Ausdruck kommen, wird der Prediger den Hörererwartungen gerecht. Sobald er das Spannungsgleichgewicht zwischen den einander entgegengesetzten Kraftfeldern stört, werden seine Zuhörer mit Enttäuschung reagieren. Es scheint nicht leicht zu sein, sowohl das ganze Evangelium als auch das ganze Gesetz in die Verkündigung zu integrieren. Was ist nun mit diesen Stichworten Gesetz und Evangelium gemeint? Ich versuche so zu formulieren, daß nachher die Höreraussagen einsichtig werden.

Die Frage, was zuerst kommt, das Evangelium oder das Gesetz, lasse ich beiseite. Eine Polarität hat keinen Anfang. Wie jede Beziehung ist sie erst da, wenn beide existieren. Wenn ich jetzt zuerst über das Gesetz reflektiere, ist das nicht sachlich bedingt.

Das Gesetz, auch die «Thora» der Bibel, ist Ausdruck einer Rechtsordnung. Gesetzgebung verfügt, daß die Welt für das Gute und nicht für das Böse bestimmt ist. Gesetzgebung qualifiziert die Kräfte des Lebens und die Mächte in der Welt und bringt das Böse an den Tag. Gerechtigkeit und Schuld werden erst durch das Gesetz geschaffen. Erst durch das Gesetz gibt es Verantwortung. «Gesetz» muß nicht ein geschriebener Kodex sein. Weisung, Setzung einer Ordnung ist gemeint. Die Frage der schriftlichen Formulierung ist ein Problem für sich.

Wenn das Gesetz nicht eingehalten wird, ist das eine Bedrohung der ganzen Ordnung. War das Gesetz eine unrealistische Phantasie? Die biblische Verkündigung hängt daran, daß Gott sein Gesetz behauptet, trotz Nichteinhaltung durch die Menschen. Er läßt die grundsätzliche Bestimmung der Menschen zu einem Leben in Gerechtigkeit nicht fallen. Das ist nicht als lieblos zu verstehen. Gerade seine Liebe wird darin erkennbar, denn Unrecht will er nicht zulassen. Seine Gerechtigkeit ist eine rettende Gerechtigkeit. In dem Sinne ist ein strafender Gott liebevoller, weil zuverlässiger, als einer, der alles nicht so genau nimmt. Die Beständigkeit seiner Liebe führt Gott dazu, das lebenermöglichende Gesetz aufrechtzuerhalten.

Für den Menschen bedeutet das zwar eine Verurteilung. Das von Gott aufrechterhaltene Gesetz richtet und tötet ihn [65]. Wenn Gott sein Gesetz behauptet, umfaßt das seinen Zorn über den Sünder. Die biblische Verkündigung im Alten und Neuen Testament rechnet mit diesem Zorn Gottes. Er ist ein unaufgebbares Element der Botschaft.

Durch das Gesetz wird das Leben und die Welt mit ihren Dunkelheiten, mit Leid und Grausamkeit in einen bestimmten Rahmen gestellt. Es gibt einen Zusammenhang zwischen Elend und Mißachtung des Gesetzes. Elend ist nicht blindes Schicksal, es hängt zusammen mit Übertretung. Daneben wird Elend auch als Strafe gesehen. Der Zorn Gottes kommt zum Ausdruck im Fluch, der auf die Welt gelegt ist, in der Verlassenheit, in der sie von Gott verlassen ist, und in ihrer Übergabe an den Fürsten dieser Welt. Auch die Glaubenden bleiben vom Gericht nicht verschont. Das Gericht fängt vielmehr bei ihnen an.

Dieses Urteil Gottes wird nicht unbedingt als ein sichtbares Gericht beschrieben. Zwar kann es das auch sein. Auf der individuellen Ebene ist es oft ein Kampf im Innern. Besonders die Psalmen schildern es [66]. Das Schuldgefühl des Beters geht zusammen mit einem Wissen von Gottes Zorn. Er schreit

---

[65] Die Dogmatik nennt diese Funktion des Gesetzes den usus elenchticus.

[66] s. Ps. 38, 2–3: «Herr, strafe mich nicht in deinem Zorn und züchtige mich nicht in deinem Grimm! Denn deine Pfeile stecken in mir, und deine Hand

und klagt. Die Bibel sieht das nie als deprimierend, sondern als befreiend. Menschen drücken in ihren Klagen aus, was sie innerlich verzehrt. Auch im Neuen Testament finden wir diese Art von Umgang mit Gott. Jesus zeigt seine Empörung über das Fehlen der Früchte von Glauben und Liebe. Mit dem Zitat von Ps. 22, 2 über das Verlassensein von Gott nimmt Jesus das Leiden unter Gottes Zorn selber auf[67].

Das Gesetz hat eine aufdeckende und damit verurteilende Wirkung. Es bringt an den Tag, von welchen Abgöttern die Menschen sich bestimmen lassen. Dadurch führt es den Glaubenden zu Christus[68], der das Gesetz erfüllt und der durch seinen Gehorsam eine Erneuerung der Verhältnisse herbeiführt.

Die ursprüngliche weisende Funktion des Gesetzes bleibt auch fortbestehen. Die Weisung, die Paränese ist wesentliches Element des biblischen Glaubens. Die Gebote sind da, um sie zu tun, nicht nur als Spiegel des Versagens. Die Nachfolge Christi ist organisch mit dem Glauben an ihn verbunden. Die Zugehörigkeit zu ihm führt zu einem neuen Gehorsam. Das Gesetz weist den Weg in die Zukunft.

Diese kurze Zusammenfassung wird Differenzierungen in den verschiedenen biblischen Büchern nicht gerecht. Sie gibt eher die kirchliche Lehre vieler Jahrhunderte wieder, in der versucht worden ist, die wichtigsten Strukturen des biblischen Glaubens zu fassen. Einzelne Theologen haben manchmal anders geurteilt. Für Albrecht Ritschl zum Beispiel gab es in Gott «eitel Liebe», den Gedanken an Gottes Zorn schob er primitiveren Generationen zu. Im Antinomismus liegt der Versuch vor, das ganze Gesetz loszuwerden. Sind es in den alten Zeiten auch die Hörerreaktionen gewesen, die eine Weiterführung solcher Ansichten verhindert haben?

Durch ihre tötende Funktion spricht die Verkündigung des Gesetzes die Ausweglosigkeit, die Unlösbarkeit der Probleme des Lebens an. Die Beschuldigung qualifiziert das undifferenzierte Leiden der Menschen. Das Gesetz verhindert, das Lebensgeschehen grundsätzlich als dunkles Schicksal zu sehen.

Diese Aussage über das Leben und das Leid ist natürlich eine unbeweisbare Aussage. Sie wird in der Bibel nie als Produkt menschlichen Forschens dargestellt, immer nur als von jenseits des menschlichen Fassungsvermögens kommender Ausspruch Gottes. Die Frage der Beweisbarkeit oder Wahrscheinlichkeit kommt gar nicht ins Blickfeld. Die Aussage verlangt Glauben, keine rationale Einsicht.

Aber das Gesetz ist nur das eine Kraftfeld der Polarität. Ohne das Evangelium bleibt es unverständlich. Der innerste Kern des Gesetzes ist nicht

---

drückt mich.» Ps. 88, 17: «Dein Grimm geht über mich, deine Schrecken vernichten mich.»

[67]   Matth. 27, 46 par.
[68]   Das Gesetz ist der Zuchtmeister auf Christus, Gal. 3, 24.

tötend und verurteilend, sondern lebenschaffend. Dieses tiefste Anliegen kommt selbständig und neu zum Ausdruck im anderen Kraftfeld, dem Evangelium.

Das Evangelium ist, der Wirkung nach, dem Gesetz entgegengesetzt. Es tötet nicht, es befreit und macht lebendig. Es verkündigt, daß Gott in seiner Barmherzigkeit alles neu macht, daß Jesus Christus die Welt rettet und daß der Geist des Herrn Menschen auf neue, heilsame Wege führt. Entscheidend ist nicht die Schuld und die Verurteilung, entscheidend ist das gnädige Eingreifen des Herrn, der vergibt und erneuert. Das Leben, Sterben und Auferstehen Jesu Christi wird als der Weg in die Welt, durch die Qualen des Lebens und auch durch den Fluch, die Verlassenheit und das Ausgeliefertsein hindurch, als befreiend für andere Menschen verkündigt. Zwar ist diese Befreiung noch verborgen. In der Zukunft wird offenbar werden, was jetzt schon gilt. Das ganze Evangelium ist also nichts mehr und nichts weniger als eine Verheißung[69]. Es hat nicht den Anspruch, die Welt und ihre Rätsel zu erklären. Ebensowenig ruft es auf, ein bestimmtes Programm zu verwirklichen. Es verspricht, daß in Christus alles schon anders geworden ist und daß das Offenbarwerden dieser Erneuerung nahe ist. Es ruft grundsätzlich auf zur Hoffnung auf die Zukunft, nicht zur Einsicht oder zur Aktivität. Statt Wahrheiten schenkt es Verheißungen. «Wir sind gerettet, doch auf Hoffnung»[70]. Durch den Verweis auf die Zukunft haftet dem Evangelium ein «Hauch von Unwirklichkeit und ein Atem des ‚noch nicht'»an[71]. Dem Verheißungswort fehlt noch die «Wirklichkeitsdeckung»[72]. Zum verheißenden Evangelium gehört auch, daß ein neuer Gehorsam, in Taten der Liebe,

---

[69] Der grundsätzlich verheißende Charakter des Evangeliums ist wohl mitbestimmend dafür gewesen, daß «praedicare» ein so wichtiges, heute sogar das wichtigste Wort für die Verkündigung geworden ist. Schon bei Tertullian ist es ein bevorzugtes Wort. Es vereinigt zwei Vorgänge, den des Voraussagens, Verheißens und den des Belehrens, Mitteilens. Die erste Bedeutung ist langsam zurückgetreten. Im deutschen «predigen» hört man das Verheißende nicht mehr. Für Prediger ist es aber wichtig, die tiefsinnige Zweideutigkeit von «praedicare» nicht zu vergessen. Denn predigen ist grundsätzlich mit der Zukunft verbunden. Ohne Erfüllung des Gepredigten wäre alles Predigen Betrug. Predigen ist auch verheißen. Die Bedeutung von «praedicare» habe ich näher beschrieben in: Le Christ et l'Ancien Testament chez Tertullien, 104 ff.

[70] Röm. 8, 24. Der Heidelberger Katechismus drückt die entscheidende Bedeutung des Verheißungscharakters des Evangeliums treffend aus, wenn er auf die Frage (22), was einem Christen zu glauben Not ist, anwortet: «Alles, was uns im Evangelium verheißen wird.» Nicht «gelehrt»!

[71] Rudolf Bohren, Predigtlehre, 235.

[72] Jürgen Moltmann, Theologie der Hoffnung, 93.

bei den Glaubenden wachsen wird wie Früchte an der Rebe des Weinstocks Christus[73]. Der Glaube wird seine eigenen Erfahrungen machen. Die Imperative und Aufforderungen zum Leben nach dem Evangelium sind nur die Vorderseite eines Geschehens, das vom Geist des Herrn selber gesteuert wird. Wird zum Gehorsam aufgerufen, so wird er gleichzeitig verheißen. Evangelium und Gesetz sind letztlich identisch. Nur vor-letztlich stehen sie in einer Spannung.

Die Höreraussagen machen deutlich, daß nur eine klare Verkündigung von Gesetz und Evangelium echte Hoffnung wecken kann. Nicht nur theologische Sauberkeit, auch das berechtigte Verlangen der hörenden Gemeinde zeigt einen klaren Weg: Nur wenn das dunkelste Dunkel des Gesetzes und das hellste Licht des Evangeliums zusammen verkündigt werden, fühlen Menschen sich angesprochen. Durch den Ernst der Gesetzespredigt erfahren sie, daß sie in ihrer elenden Realität angesprochen werden. Durch die ungebrochene Freude des Evangeliums wird ihnen eine Perspektive sichtbar, die gleichzeitig unglaublich und befreiend ist. Die Frage, ob sich die Hörer davon letztlich ansprechen lassen, ist damit noch offen. Die kann vom Prediger nicht gelöst werden. Seine Aufgabe ist, die Polarität in der Verkündigung klar darzustellen.

Das wird sicher nicht in den begrifflichen Lehrworten geschehen können, wie ich sie gerade formuliert habe. Als Beispiel guter Gesetzespredigt erachte ich Folgendes:

> ... Paulus regt sich auf über die Christen, die nicht an die Auferstehung glauben. Paulus sagt nicht, daß wir über die Auferstehung sehr viel wissen können. Er erinnert uns nur daran, daß alle unsere Illusionen zerbrechen werden. Wir werden sterben. Und er macht uns darauf aufmerksam, daß wir Gott verraten, wenn wir nur an die Wirklichkeit des Todes glauben. Wir alle leben zwischen dem Glauben und dem Aberglauben. Zwischen dem Aberglauben an die Allmacht des Todes und dem Glauben an die Übermacht Gottes ...[74].

Besonders in der Aussage, daß wir Gott verraten, wenn wir nur an die Wirklichkeit des Todes glauben, manifestiert sich das aufdeckende und richtende Gesetz. Denn in der Identifikation mit den Verrätern kann sich der Hörer finden. Wer rechnet nicht, immer wieder und trotz Liebe zum Evangelium, mit einer Übermacht des Todes?

Es folgt ein Beispiel klarer Verkündigung vom Evangelium (Predigtschluß):

---

[73]   Der häufige Gebrauch des Futurums, $\dot{\alpha}\gamma\alpha\pi\dot{\eta}\sigma\epsilon\iota\varsigma$ usw., steht mit dem Verheißungscharakter wohl im Zusammenhang. Es ist ein Hebraismus, der sehr oft im Neuen Testament vorkommt.

[74]   Manfred Josuttis, Reden, Träume, Fragen, 158 f.

... Noch eine Chance? Wenn wir noch einmal wirklich probieren. Darin liegt keine Hoffnung. «Ich habe dich bei deinem Namen gerufen; du bist mein.» Da liegt es. Er ruft meinen Namen! Finden Sie es auch manchmal schwer, den Namen eines lieben Menschen laut zu rufen? Mich macht es verlegen. Der Herr ruft Ihren Namen. Er gibt sich hin, an Sie. Es hat ihn sicher auch viel gekostet, aus der Geschichte Jesu Christi ahnen wir, wie hoch der Preis gewesen ist. Aber er ruft! Ihren Namen! Das ist neu, das leuchtet über Ihrem ganzen Leben. «Ich komme und rette dich», heißt es. Kein Hindernis wird zu hoch sein. Freuen wir uns! Er ruft. Und was tun Sie? Sie werden gerufen! Und all Ihre Hoffnung liegt in ihm.

Diese Predigt konzentriert am Schluß die ganze Aufmerksamkeit auf die Initiative Gottes. In wohl absichtlicher Einseitigkeit wird alles menschliche Tun als unwesentlich zur Seite geschoben. Es geht um das Entscheidende. Das ist eben die Befreiung von jenseits, nicht mach-bar, nur wunder-bar.

Sobald das Gleichgewicht zwischen Gesetz und Evangelium beeinträchtigt wird, erfahren die Predigthörer keine Befreiung mehr. Ihre Sehnsucht nach Erlösung wird enttäuscht. Das Gleichgewicht kann nach beiden Seiten gestört werden. Gesetz ohne Evangelium wird Gesetzlichkeit. Sie nimmt die Freude und Freiheit der Verkündigung nicht auf. Evangelium ohne Gesetz wird Unverbindlichkeit. Sie ist durch ihre unrealistische Art für das Leben im Alltag unbrauchbar.

2. Verdrängtes Evangelium: Gesetzlichkeit

Es sind nicht Lücken in der theologischen Ausbildung, obwohl auch die gravierend sein können, die Prediger dazu führen, das Befreiende und Erfreuliche des Evangeliums auszuklammern. Die Gründe dafür, daß Menschen, die grundsätzlich das Evangelium glauben wollen, die wichtigsten Merkmale vergessen oder nicht beachten, liegen beim emotionalen Widerstand. Das Evangelium ist nicht ein Gedankensystem, es umfasst das Erleben. Das Evangelium glauben bedeutet für das Erleben eine Entkrampfung, eine Hingabe und Freude, ein Loslassen von Sorgen, ein Vertrauen und Hoffen. Es gibt aber vieles, das sich gegen solche inneren und äußeren Verhaltensweisen wehren kann. Zum grundsätzlichen Abgeben der Kontrolle über sich selber sind Menschen nicht ohne weiteres bereit. Verkrampfung ist ein oft vorkommendes Verhalten, das als eine Angstabwehr verstanden werden muß.

Was geschieht in der Verkündigung, wenn der Prediger, wahrscheinlich ohne daß es ihm bewußt ist, die Freude und Freiheit des Evangeliums nicht (mehr) erlebt und ihnen nicht (mehr) Ausdruck verleiht? Der andere Pol wird Übergewicht bekommen. Das Gesetz wird überdimensioniert werden. Damit verändert sich aber auch das Gesetz. Alles, was übertrieben wird, wird pervertiert. Gesetz wird dann Pflicht. Statt Weisung und Gericht zu sein zerfällt das Gesetz zur Gesetzlichkeit. Das Übermaß an Gesetz muß eben das verdrängte Evangelium kompensieren. Zugrunde liegt immer Angst; Angst vor dem befreienden, erfreuenden Evangelium. Das will man unterdrücken, weil es bedroht.

Rein formal wird das Evangelium zwar noch formuliert. Durch Höreraussagen wird aber klar, wie das wirkt:

- Die Botschaft fand ich unpersönlich. Glaubst Du sie selber?
- Die Formeln über Jesus sind für mich leergeblieben
- Mir ist aufgefallen, daß der Schluß (wo Zuspruch stattfand) in ganz allgemeinen Begriffen formuliert war
- Die christologische Stelle hat mich verwundert. Ich sah die Beziehung zum Vorhergehenden nicht.

Weitere negative Qualifikationen der eigentlichen Verkündigung sind: Blaß, zu kurz, zu wenig, unklar, indirekt, zu selbstverständlich, keine echte Lösung, «dogmatisch», theoretisch, unverständlich, kompliziert, verwirrt, verwirrend. Auch das bloße Anführen von Bibelstellen oder Liedversen wird in diesem Zusammenhang oft kritisiert.

Soweit die Prediger durch diese Aussagen der Zuhörer richtig gekennzeichnet werden, liegt der Schluß nahe, daß sie das Evangelium zwar predigen wollten, aber es im Grunde verdrängt haben. Das ist eine schmerzliche Feststellung, weil kein Prediger das beabsichtigt.

Gleichzeitig sehen wir nun, daß das Gesetz sozusagen multipliziert wird. Es muß so stark gemacht werden, daß es das Evangelium wegdrängen kann. Das Gesetz allein, in seinem Charakter als Gericht und Weisung, würde diese Verdrängungsarbeit nicht vollbringen. Zu klar steht das Gesetz ja mit dem Evangelium in Zusammenhang. Aber wenn es multipliziert und damit pervertiert wird, entsteht eine unheimliche Macht. Sie verdrängt die Verkündigung derartig, daß die evangelische Freude und Freiheit keine Chance mehr bekommt. Was den Prediger unbewußt bedroht, ist damit abgewehrt. Das Evangelium ist verdrängt.

Die anklagende Funktion des Gesetzes, der usus elenchticus, wird in solcher Verkündigung unwirksam. Nur wer die Befreiung des Evangeliums erfährt, wagt es, der Verurteilung, die im Gesetz liegt, Ausdruck zu geben. Sonst wird man unbewußt versuchen, die Härte verschiedener biblischer Aussagen in seiner Predigt abzumildern[75]. Anklagende Gesetzespredigt will zeigen, aus welchem Elend Menschen befreit sind und befreit werden. Sie schaut in den Abgrund, aus dem wir gerettet sind. Bei den von mir und mei-

---

[75] Bei den Predigtanalysen von Hans-Christoph Piper gibt es ein treffendes Beispiel. Weil ein Prediger sich mit seiner eigenen Aggressivität nicht als bei Christus angenommen erlebt, die Befreiung des Evangeliums für sein Empfinden offenbar nicht seinen aggressiven Widerstand umfaßt, wagt er es nicht, harte Worte Jesu hart wiederzugeben. Die anklagende Funktion des Wortes verschwindet damit zum größten Teil (Predigtanalysen, 112 f.).

nen Kursteilnehmern gehörten und analysierten Predigten gab es nur wenige, in denen der usus elenchticus an den Tag trat. Was ab und zu auftaucht, ist eine Kritik an unserer Zeit. Hier wird Gesetzespredigt verwechselt mit moralischer Empörung. Die Prediger berufen sich in solchen Abschnitten eher auf die Vernunft als auf das Wort der Bibel. Bei den Zuhörern erreichen sie entweder Lust zum Widerspruch, altkluge Einstimmung oder verärgerte Langeweile. Solche Predigten gegen den Geist der Zeit sind selten originell, vielmehr wiederholen sie, was auch von vielen anderen Instanzen gesagt ist (Beispiel: Umweltverschmutzung). Die Anklage des Gesetzes, die alle trifft, nicht aus Vernunftgründen, sondern aus dem Ausspruch Gottes, ist das nicht. Als Text wird selten ein ausdrücklich anklagendes Bibelwort gewählt. Hier liegt ein Gebiet, das wir Prediger neu zu betreten lernen müssen. Ohne klares Bewußtwerden der Verschuldung kann kein Mensch die Befreiung des Evangeliums ermessen und schätzen. Im Erleiden von Gottes Grimm merken wir erst recht, aus welchem Elend das Evangelium uns rettet. Ich glaube, daß wir diesen Grimm Gottes wieder neu entdecken müssen.

Die weisende Funktion des Gesetzes, der tertius usus legis, wird in der gesetzlichen Predigt zerrüttet. Hier liegt ohne Zweifel die schlimmste Entgleisung der Verkündigung in unseren Tagen. Sie ist schlimm nach zwei Seiten: Sie verzerrt die Verkündigung, und sie enttäuscht oder ärgert die Gottesdienstbesucher. Eine erstaunliche Feststellung der Predigtanalysen ist die, daß sogar Prediger, die selber gesetzlich predigen, sich ärgern, wenn sie als Predigthörer gesetzlich angesprochen werden![76] Der Ärger über die Gesetzlichkeit in den Predigten ist so übergroß, daß wir Prediger ohne Zögern an diesem Punkt arbeiten sollten. Manfred Josuttis hat diesem Problem ein großartiges Buch gewidmet: «Gesetzlichkeit in der Predigt der Gegenwart». Seine Warnungen werden von den Predigtanalysen voll unterstützt. Ich führe nur einige von den vielen Klagen an.

- «Ich muß, ich muß!» Das macht mich krank.
- Zu fest Aufruf, zu wenig Chance
- (Diese Forderungen machen mich hilflos. Ich sehe schon ein, daß es gut wäre, so zu leben.)
- Ich lasse mich nicht moralisch belehren. Dafür ist das Leben zu kompliziert.

---

[76] Hier ist zwar eine Stelle, wo die Analysen nicht immer eine verläßliche Theologie aufzeigen. Es gibt Hörer, die sich bei nichtgesetzlichen Predigten darüber beklagen, daß sie keine Anregung für das Tun empfangen haben. In der Diskussion ist mir aber immer klar geworden, daß der Fehler dann bei den Hörern lag. Sie hatten sich schon so an gesetzliche Predigt gewöhnt, daß sie gar nichts anderes mehr verlangten und auf nichtgesetzliche Predigten entsprechend negativ reagierten. Diese Interpretation ist aber persönlich und wurde nicht immer allgemein von den Teilnehmern geteilt.

Als wichtigste Gefühlsreaktionen registriere ich Ärger und Hilflosigkeit. Der Ärger hat oft einen bitteren Ton, die Hilflosigkeit einen resignierten. Ohne das Evangelium bewirkt das Gesetz Auflehnung und Verurteilung. Ohne das Evangelium ist das Gesetz gesetzlich. Vom Zuhörer wird etwas verlangt, meistens das Unmögliche, und damit wird er allein gelassen. Jetzt soll *er* es tun. Die Predigt wird ihm nicht zur Begegnung mit dem Herrn, der ihn erlöst[77]. Predigthörer sind sehr empfindlich für Gesetzlichkeit. Ein Signal dafür ist schon die große Zahl der negativen Bemerkungen, von denen ich nur eine Auswahl angeführt habe. Eine Forderung zieht offenbar starke Aufmerksamkeit auf sich[78].

Die Grundhaltung der Verdrängung des Evangeliums und der Pervertierung des Gesetzes in Gesetzlichkeit zeigt sich theologisch in einer Reduktion des Werkes Christi zu einem Vorbild. Der Glaubende wird nur als Tätiger ernst genommen[79]. Vergessen wird, daß das Evangelium eine Verheißung ist, daß im Evangelium eine Spannung zwischen dem vollbrachten Werk Christi und der eschatologischen Zukunft besteht. Statt dessen betrachten viele Prediger das Evangelium, oft ohne sich dessen bewußt zu sein, als ein gefestigtes System, mit dem wir nun arbeiten müssen: «Jesus ist fertig, jetzt sind wir dran.» Nicht zufällig ist die Eschatologie fast aus den Predigten verschwunden. Die Hoffnung gilt nicht Christi Zukunft, sondern dem Handeln der Menschen. Der Indikativ der Versöhnung ist Gottes Werk, der Imperativ des Gebotes, meint man, ist nun unser Werk, statt Gottes Führung[80]. Diese primitive Theologie wurzelt nicht in mangelhafter Ausbildung (?), sondern im unbewußten Widerstand gegen das befreiende Evangelium. Diese Abwehrhaltung führt zu feststellbaren dogmatischen und exegetischen Verfälschungen[81]. Ein auffallendes und typisches Symptom ist der Gebrauch des

---

77 Auf diese Art kennzeichnet Manfred Josuttis die Gesetzlichkeit (Gesetzlichkeit in der Predigt der Gegenwart, 30). Das Alleinelassen des Hörers hebt er immer wieder hervor. Darin kommt genau zum Ausdruck, daß das Evangelium verdrängt ist. Evangelium ist ja Gemeinschaft mit Gott, Errettung aus dem Alleingelassensein.

78 Auch Ernst Lerle behauptet aufgrund von Hörerbefragungen, daß Forderungen länger im Hörer haften als Ausdruck von Gefühlen und Erkenntnisinhalte (Grundriß der empirischen Homiletik, 56).

79 Eberhard Jüngel weist in diesem Zusammenhang auf das bekannte Appellwort, daß Christus keine Hände habe, daß unsere Hände seine Hände seien. Zu Recht behauptet er, daß hier eine unbiblische Theologie waltet (Die Freude am Erzählen wiedergewinnen, 531).

80 Josuttis betont mit Recht, daß der Imperativ genauso wie der Indikativ im Neuen Testament Gottes Werk ist. Gott führt uns zum neuen Leben. Der Ruf zum Gehorsam ist keine Forderung (ebd. 40).

81 Rudolf Bohren weist darauf hin, wie der Optativ bei Paulus in Predigten oft

Wortes «müssen». In den alttestamentlichen Geboten und in den neutestamentlichen Paränesen kommt es nie vor. Die hebräische Sprache hat nicht einmal ein Äquivalent dafür. Im Neuen Testament begegnen wir δεῖ, aber fast immer außerhalb der Paränese[82]. Für die Weisung wird der Imperativ oder das Futurum benutzt. Der Unterschied im Ton ist schlagend, weil sich eine ganz andere Haltung manifestiert:

– Höret auf ihn![83]	– Auf ihn müssen wir hören!
– Liebet eure Feinde![84]	– Wir müssen unsere Feinde lieben
– Darum seid vollkommen![85]	– Sie müssen vollkommen sein
– Liebe Gott und deinen Nächsten![86]	– Wir müssen Gott und unseren Nächsten lieben

Durch das Müssen wird die liebevolle Führung, die Einladung und das Selbstverständliche verdrängt von einer Forderung und einem Druck. Es wird damit gerechnet, daß Du anders willst. Hinter einem «muß»-Satz tönt unausgesprochen ein «sonst...!». Diese Drohung fehlt beim Imperativ. Das Müssen setzt eine Gewissensinstanz voraus, die der Vernunft des Glaubens zugänglich ist. Die Imperative machen die Verantwortung viel klarer: Christus oder der Apostel steht selber zum Imperativ. Damit gibt der Einladende und Aufrufende auch sich selber.

Wenn das Verb «müssen» verboten würde, würde es ziemlich still werden in unseren Kirchen. An diesem unbiblischen Wort wird klar, wie sehr wir das Abc des Evangeliums wieder lernen...müssen! Die Bibelübersetzungen tragen hier auch Schuld. Statt «werden» haben schon Luther und nach ihm viele andere das Verbum «sollen» für die Wiedergabe des Futurums benutzt. Statt «Du wirst Deinen Nächsten lieben» heißt es «du sollst». Das «sollen» hat sich so eingebürgert, daß die Übersetzer es nur ungern zugunsten von «werden» zurückstellen[87].

---

in eine gesetzliche Verpflichtung verändert wird. Die Erwartung, die bei Paulus auf Gott ausgerichtet ist, verschiebt sich. Jetzt müssen wir es tun (Predigtlehre, 229).

[82] Walter Grundmann zeigt, wie schon die Septuaginta-Übersetzung von der hebräischen Gottesvorstellung abweicht, wenn sie den hebräischen Imperfekt nif'al mit δει wiedergibt. Besonders bei Lukas kommt das δει dann im Neuen Testament vor. Aber es drückt meistens die Notwendigkeit des eschatologischen Geschehens, nicht eine Forderung aus (ThWzNT, II, 22 ff.). In dogmatischer Terminologie: Mit δει ist eher *voluntas abscondita* als *voluntas revelata* gemeint.

[83] Matth. 17, 5.

[84] Matth. 5, 44.

[85] Matth. 5, 48.

[86] Matth. 22, 37 und 39.

[87] Komisch wird es bei der Übersetzung von Ulrich Wilckens, der Apg. 1, 8

Es geht auch anders. Martin Buber übersetzt 3. Mos. 19, 18 mit: «halte lieb deinen Genossen, dir gleich», statt «du sollst deinen Nächsten lieben wie dich selbst». Und die Dekalogsätze übersetzt er: «morde nicht», «buhle nicht» und so weiter[88]. Das Übersetzungsproblem ist größer, als daß es hier behandelt werden könnte. Für den Prediger ist es wichtig, an dieser Stelle die alten Sprachen zu kennen und zu verstehen. Es ist katastrophal für die Verkündigung, wenn Verheißung, die geschenkt wird, vertauscht wird mit Verpflichtung, die abverlangt wird. So wird das ganze Evangelium auf den Kopf gestellt. Das ist leider der Fall im übermäßigen Gebrauch der Worte sollen und müssen. Dabei sind diese Worte nur Symptome.

Es gibt noch andere Symptome. Konjunktivsätze verraten, daß der Prediger selber nicht an die Realisierung seiner frommen Wünsche glaubt. «Das könnte uns zum erfüllten Leben führen»[89]. Manfred Josuttis stellt dar, wie sich die Gesetzlichkeit in Aufbau und Gehalt vieler Predigten manifestiert. Besonders den gesetzlichen Schlußabschnitt hält er für stereotyp[90]. Die Frageform scheint besonders beliebt, um dem gesetzlichen Ansatz Ausdruck zu verleihen[91]. Rudolf Bohren klagt, daß eine Predigt ohne Nutzanwendung verpönt zu sein scheint[92]. Es gehört Mut dazu, ohne Forderung zu verkündigen. Es geht nur, wenn der Prediger das Evangelium als Verheißung versteht und dadurch für Gottes Werk in der Zukunft offen sein will. Ohne das ist im Grunde nur eine gesetzliche Rede denkbar, wenn der Prediger die Augen für die Wirklichkeit nicht zumachen will.

Wie ist diese Verzerrung zu bekämpfen? Sicher nicht durch Empörung. Das Buch von Josuttis mit all seinen wertvollen Feststellungen, und auch dieser Abschnitt in diesem Buch, helfen keinem Prediger weiter, es sei denn, er hat schon eine Ahnung. Aber die Schwierigkeit ist, daß die Gesetzlichkeit tief persönlich verwurzelt ist, meistens unbewußt. Theologen, die die Gesetzlichkeit bekämpfen, sind erstaunt, bei der Auswertung ihrer Predigt zu hören, daß sie selber gesetzlichen Druck ausgeübt haben. Unbewußte, unverarbeitete Probleme im Prediger selber hindern ihn, die Freude und Freiheit des

---

ἔσεσθέ einmal mit «werdet», dann aber rasch wieder mit «sollt» übersetzt: «Ihr werdet den Heiligen Geist empfangen» (hier wird sonnenklar, daß «sollen» nicht paßt), aber dann: «Ihr sollt meine Zeugen sein»!

88 2. Mos. 20, 13–14. Hier fehlt zwar der Verheißungscharakter der Dekalogsätze. In anderen Sprachen läßt er sich wohl besser wiedergeben, zum Beispiel im englischen «shall» und im holländischen «zult». «Sollen» hat heute eine verpflichtende Bedeutung.

89 s. auch bei Rudolf Bohren, Die Gesetzlichkeit in der Predigt, 44.

90 Gesetzlichkeit in der Predigt der Gegenwart, 99 f.

91 ebd. 20.

92 Predigtlehre, 184.

Evangeliums gelten zu lassen. Das Heil in Christus verblaßt zu einer bloßen Möglichkeit, die wir dann, mit unseren Kräften, verwirklichen müssen. Daß damit das Tun des Menschen maßlos überschätzt wird, wird übersehen [93].

Einen besonderen Fall gesetzlicher Verkündigung bildet die sogenannte politische Predigt.

3. Die politische Predigt

Für die positive Wirkung eines Gottesdienstes ist es von entscheidender Bedeutung, daß die Teilnehmer ihr Ur-Vertrauen erneuern können. In diesem Zusammenhang ist die Entdeckung, daß das Altvertraute auch heute gilt, eine unerläßliche Voraussetzung. Stabilisierung ist damit ein wesentliches Merkmal eines Gottesdienstes. Diese These habe ich im Kapitel über die Dimension der Geborgenheit vertreten. Im Zusammenhang der zweiten Dimension, der Befreiung, kommt aber der Überraschung, dem Staunen und Verwundertsein über das Neue, das verheißen wird, grundlegende Bedeutung zu. Die hörende Gemeinde sehnt sich nach Veränderung im Sinne einer Erlösung. Jetzt wird die Frage fällig, ob der Hörer selber zu einer Änderung bereit ist. Kann eine Predigt eine Meinungs- und Verhaltensänderung bei ihm bewirken? Die Antwort ist einfach: Das kann sie nicht oder kaum. Kommunikationstechnisch ist die Predigt eine Variante der Massenkommunikation. Diese eignet sich am besten dazu, die vorhandenen Standpunkte der Hörer zu verstärken. Wer Verhaltensweisen in eine neue Richtung beeinflussen will, hat mit Massenkommunikation gewöhnlich nur einen mageren Erfolg [94]. In der Monologsituation der Predigt ist ein echtes gemeinsames Suchen nur möglich, insoweit es dem Prediger gelingt, einem in den Hörern schon vorhandenen Suchen oder Unsichersein Worte zu verleihen. Zu den Möglichkeiten der Predigt gehört es durchaus, Vertiefungen und Korrekturen bei den Hörern zu erreichen. Aber die Einsichten müssen in den Rahmen des von den Gottesdienstteilnehmern allgemein anerkannt gültigen passen. Sobald eine vorgetragene Meinung diesen Rahmen sprengt, begibt sich der Prediger ins Gebiet des Umstrittenen. Hier reichen die Möglichkeiten der Monologpredigt nicht mehr aus. Denn Kommunikation über Umstrittenes verlangt auch äußerlich einen Dialog, um wirksam sein zu können.

Mit politischer Predigt wird gewöhnlich eine Art Predigt gemeint, in der der Prediger sich ausdrücklich zu einem bestimmten Standpunkt in einer um-

---

[93] Zu Recht behauptet Josuttis, daß Kirche nicht dort ist, wo Menschen gehorsam sind, sondern wo Wort und Sakrament verwaltet werden (ebd. 94).

[94] s. unter anderem Clyde H. Reid, Die leere Kanzel, 24. Helmut Geißner überfordert die Möglichkeiten der Predigt, wenn er verlangt, daß sie «Handlung» und «verändertes Handeln» auslöst (Die Predigt und die rhetorische Kommunikation im Gottesdienst, 54).

strittenen Sache bekennt. Im allgemeinen wird das von den Hörern nicht geschätzt. Weil dieses Phänomen schon breit untersucht worden ist[95], fasse ich hier nur die wichtigsten Hörerreaktionen auf politische Predigten zusammen.

- Ich fand es ergreifend, wie er die hungrigen Kinder schilderte. Aber was soll ich nun damit? Ich kann nichts tun.
- Das Schuldgefühl, das er bei mir hervorrief, macht mich ärgerlich
- (Ich bin gar nicht einverstanden. Ich fand es frustrierend, daß ich nichts sagen konnte.)
- («Dafür» [eine Predigt über Militärdienstverweigerung] gehe ich nicht in die Kirche)

Positive Reaktionen waren nur vereinzelt bemerkbar, während die meisten politischen Predigten allgemein negativ erlebt wurden. Es ist aber wahrscheinlich, daß sich hier die Auswahl der Predigthörer (im allgemeinen Teilnehmer an Seelsorgekursen) in der Bewertung bemerkbar macht.

Die zwei Gefühle, die von politischen Predigten geweckt werden, heißen Hilflosigkeit und Ärger. Die Hilflosigkeit bezieht sich auf die Unmöglichkeit, durch menschliche Schuld verursachtes oder mitverursachtes Elend zu bewältigen oder wirksam zu bekämpfen. Der Ärger betrifft verschiedenes. Ein Teil der Gottesdienstteilnehmer ist verärgert, daß ein umstrittenes politisches Thema überhaupt in der Predigt verhandelt wird. Ein anderer Teil bekommt hier den Wunsch, mitreden zu können. Der Monolog reicht ihnen plötzlich nicht mehr aus. Letztlich betrifft der Ärger die Gesetzlichkeit, die einer politischen Predigt nun einmal anhaftet. Mir scheinen die Gottesdienstteilnehmer wieder dreimal recht zu haben.

- Der Gottesdienst ist kein geeigneter Ort der Werbung für politische Ideen.
- Für politische Meinungsbildung ist eine dialogische Kommunikationsmethode nötig, nicht eine monologische.
- Die Forderung eines bestimmten politischen Verhaltens bekommt im Rahmen einer kirchlichen Predigt gesetzlichen Charakter.

Diese drei Thesen verlangen eine Erläuterung.

1. Die These, daß Evangelium und Politik untrennbar sind, bedarf wohl heute keiner Begründung mehr. Trotzdem gilt es, die zwei Größen zu unterscheiden. Die politische Entscheidung erfolgt erst nach der Begegnung mit dem Wort des Herrn. Der Prediger soll seine Zuhörer zum Hören des Wortes Gottes führen. Welche Entscheidungen sie dann treffen, kann er ihnen nicht abnehmen. Sobald er seine eigenen Entscheidungen auf die Kanzel

---

[95] s. unter anderem Helmut Gollwitzer, Forderungen der Freiheit; ders. Zuspruch und Anspruch; Dieter Schellong, Zur politischen Predigt; Martin Kriener, Aporien der politischen Predigt; Joachim Konrad, Sozialethische Themen auf der Kanzel.

bringt, entartet seine Predigt in Propaganda[96]. «Dafür» kommen die Gottesdienstbesucher nicht.

2. Eine andere Frage ist, wo im Raum der Kirche denn sonst über politische Entscheidungen geredet werden kann. Die Gelegenheit dazu fehlt fast ganz. Vielleicht ist das auch der Grund, daß das Problem «Predigt und Politik» in der Diskussion ständig mit dem Problem «Kirche und Politik» identifiziert wird[97]. Die Kirche ist aber größer als die Institution Predigt. Die Feststellung, daß der traditionelle Gottesdienst sich nicht für politische Auseinandersetzung eignet, führt zur Einsicht, daß eine lebendige Kirchgemeinde andere Gelegenheiten neben dem Gottesdienst schaffen soll. Dort können die politisch Engagierten ihre Meinung propagieren und austauschen.

Es ist aber klar, daß solche Veranstaltungen nur einen kleinen Prozentsatz der üblichen Gottesdienstbesucher zusammenbringen werden. Von den vielen Menschen, an die ich mich selber erinnere aus der Gemeinde, aus den Spitälern, würden nur wenige an solcher kirchlichen Politik interessiert sein. Das ist vielleicht bedauernswert, aber eine Realität[98]. Als politisches Forum hätte die Kirche natürlich auch starke Konkurrenz. Die Tageszeitung und das Fernsehen bringen wohl interessantere und gewichtigere Politiker und Argumente zusammen als eine Kirchgemeinde. Das wissen die politisch Engagierten auch. Sonst hätten sie für die Behandlung politischer Themen schon längst brauchbare Wege im Raume der Kirche gefunden. Ich wage die Behauptung, daß die demokratischen Institutionen genügend Gelegenheit für offene politische Diskussion anbieten: Fernsehen, Presse, Parteiversammlungen und Parteigremien.

Der Gottesdienst mit seinen relativ hohen Besucherzahlen muß für jeden politisch engagierten Pfarrer eine Versuchung zur Propaganda sein. Machtmißbrauch scheint moralisch rasch gerechtfertigt, wenn der Zweck gut ist. Die Vorstellung, daß ein kräftiges Wort mit Hilfe der Kanzelautorität die vielen Gottesdienstteilnehmer von einer politischen Einsicht überzeugen könnte, liegt auf der Hand. Das ist aber nichts anderes als der jahrhundertealte Versuch, politische Überzeugungen religiös zu legitimieren. Dagegen sträubt sich heute die Zuhörerschaft, zum größten Teil auch diejenigen, die politisch gleicher Meinung sind.

---

96 Helmut Gollwitzer, Forderungen der Freiheit, 106 ff. «Politische Zurückhaltung ist...eine Regel für das Pfarramt», 111; s. auch Manfred Josuttis, Gesetzlichkeit in der Predigt der Gegenwart, 98.

97 Zum Beispiel bei Dieter Schellong, Zur politischen Predigt, 52.

98 Walter Neidhart sagt, daß die Mehrzahl der Menschen schon intellektuell nicht in der Lage ist, unabhängig zu denken und die herrschende politische Beurteilung kritisch zu betrachten (Psychologische Überlegungen zur Gestaltung von Gottesdiensten für die Gegenwart, 242).

Inhaltlich sind politische Predigten, soweit ich gehört habe, entweder reaktionärer Art, mit pauschalen Beschuldigungen der Kommunisten, oder aber, häufiger, revolutionärer oder fortschrittlicher, oft sozialistischer Art[99]. Formal unterscheidet Martin Kriener die politische Bußpredigt, die die Menschen zu Taten aufruft, ohne konkret zu werden, von der politischen Predigt der sogenannten politischen Theologie («Politisches Nachtgebet»), die zu gezielten Aktionen aufruft[100]. Das Anliegen aller politischen Predigt ist, die politische Stellungnahme nicht einfach dem einzelnen zu überlassen, sondern als christliche Gemeinde gemeinsam den rechten Weg zu gehen. Das schwer zu lösende Problem ist aber, wer bestimmen soll, wie der Weg der christlichen Gemeinde, der Kirche, gehen soll. In Wirklichkeit wird meistens doch wieder ein einzelner, namentlich der Pfarrer, derjenige, der entscheidet. Die autoritäre Färbung, die seine Meinungskundgebung auf der Kanzel erhält, erweckt und verstärkt dann eher den Widerstand der Zuhörer als ihre Einstimmung[101]. Die Frage taucht auf, wie der politische Prediger sich legitimieren kann. In der Gesellschaft ist seine Meinung umstritten. Was gibt ihm das Recht zu einer Stellungnahme auf der Kanzel? Es braucht Nüchternheit und Distanz, hier zu unterscheiden zwischen seiner eigenen politischen Stellungnahme und Vorliebe und dem, was für die Gemeinde wichtig ist. Auf der Kanzel bekommt eine Stellungnahme in ihrer Wirkung, vielleicht nicht in ihrer Absicht, den Anspruch auf religiöse Verbindlichkeit. Deshalb soll der Prediger mit Stellungnahmen in umstrittenen Sachen auf der Kanzel zurückhaltend sein. Erst wo Diskussion möglich ist, ist der Rahmen für Stellungnahme gegeben. Die Propheten sind auch unter das Volk gegangen. Im Gottesdienst hat der Prediger eher eine priesterliche Funktion.

3. Theologischer Natur ist der Vorwurf der Gesetzlichkeit, der der politischen Predigt gegenüber gemacht werden muß. Alles, was gegen die Verdrängung des Evangeliums und die Pervertierung des Gesetzes gesagt worden ist, muß auch gegen die politischen Forderungen in der Predigt gesagt werden. Die politische Predigt ist eine Variante der gesetzlichen Verkündigung. Sie fordert buchstäbliche Erfüllung einer Forderung und schaltet damit die Mündigkeit des Zuhörers aus[102].

---

[99] Martin Kriener erwähnt die Tendenz zum Sozialismus als ein Problem der politischen Predigt, ebd. 68.

[100] Die zweite Art will von der üblichen Presse unterdrückte oder vernachlässigte Informationen an die Zuhörer weitergeben und aufgrund dessen zu bestimmten Aktionen kommen. Kriener muß dem Kritiker Schmitthals aber Recht geben, daß diese Informationen undifferenziert, einseitig und häufig eher suggestiv als informativ sind, ebd. 26.

[101] Der Prediger, der primär politisch wirken will, bleibt effektiv unpolitisch (Rainer Volp, Predigt als religiöse Mitteilung, 66).

[102] Helmut Gollwitzer, Forderungen der Freiheit, 105.

Das Merkmal der Gesetzlichkeit, nämlich daß die Menschen allein gelassen werden, trifft auch hier zu. Auf der Kanzel werden die Forderungen gegeben, jetzt müssen die Zuhörer selber sehen, was sie damit machen. Die Aktionsgottesdienste haben versucht, diesen Fehler zu vermeiden. Sie haben den Zuhörern eine Betätigung ermöglicht. Nur haben diese Aktionen wenig oder nichts ausgetragen [103]. Herbert Breit weist darauf hin, daß das Aufgeben einer futuristischen Eschatologie mit der Blüte der politischen Predigt in Zusammenhang steht [104]. Lieber als auf die kommende Verheißung hinzuweisen, möchten die politischen Prediger die Zukunft mit gesellschaftsverändernden Reformen gestalten. Das bedeutet aber, daß das «Unrealistische» der Verheißung dem «Unrealistischen» der politischen Illusion Raum macht, daß mit Veränderungen alles besser werden könnte [105]. Nun sind nicht alle politischen Predigten inhaltlich unrealistisch. Das Plädoyer für die Mitbestimmung oder für eine bestimmte Ausländerpolitik zielt klar auf etwas, das zu verwirklichen ist. Aber im Rahmen eines Gottesdienstes wird unumgänglich der Eindruck erweckt: hier geht es jetzt um Gottes klaren Willen, hier geht es um sein Reich. Für eine solche Überhöhung sind die gemeinten politischen Schritte aber zu klein und zu fragwürdig. Die Überhöhung würde nur in Ausnahmesituationen zutreffen. Wenn die christliche Hoffnung auf menschliches Handeln statt auf Gottes Verheißung gegründet wird, werden dem politischen Handeln Möglichkeiten zugesprochen, die nur Gottes Möglichkeiten sind. Menschen werden damit maßlos überfordert. Verkündigung entartet zu einer Belehrung, der notwendigerweise Resignation folgt, sobald klar wird, daß die politischen Maßnahmen entweder unmöglich sind oder zu neuen Problemen führen.

Die Politik aus dem Gottesdienst wegzulassen, wäre aber auch eine unrealistische Lösung. Implizit wäre eine solche Entscheidung Schützenhilfe für eine konservative Politik. Es sind auch meistens politisch konservative Menschen, die für diese Lösung plädieren. Wer zufrieden ist mit den politischen Entwicklungen, wird geneigt sein, das politisch Umstrittene nicht in der Predigt oder der Fürbitte zu erwähnen. Die davon reden, wollen Veränderung. Die Frage ist, wie ein Prediger der Gemeinde gerecht wird. Wie macht er klar, daß die Verkündigung uns auch zu politischen Taten führt, ohne diese Taten einseitig mit Parteipolitik zu identifizieren?

Martin Kriener versucht, diesen Weg zu skizzieren [106]. Er meint, daß es möglich ist, die Zuhörer für die politischen Probleme, die gelöst werden müssen, zu sensibilisieren, ohne öffentlich eine bestimmte Lösung vorzuzie-

---

103 Martin Kriener, ebd. 27.
104 Anfragen der Gemeinde an die Predigt, 39.
105 Martin Kriener, ebd. 34.
106 ebd. 43 ff.

hen. Durch das offene Reden über die politischen Fragen entgeht der Prediger der Identifikation mit dem Konservativismus, die der «Theologie des Wortes», die nur im allgemeinen auf die individuelle politische Verantwortung weist, angelastet werden muß. Durch das Bemühen, den verschiedenen Lösungsversuchen für politische Probleme gerecht zu werden, entgeht er dem Propagandastil, der der sozialistischen politischen Predigt vorgeworfen werden muß. Kriener bemerkt aber, daß auf diesem Weg der politischen Pluralität die Frage auftaucht, welche Funktion die christliche Ethik eigentlich noch hat. Denn es wird ja kein klarer Weg gewiesen. Mit dieser Unsicherheit muß der Prediger leben, der versucht, der Komplexität der politischen Probleme und der Mündigkeit der Zuhörer gerecht zu werden.

4. Verdrängtes Gesetz: Unverbindlichkeit

Ohne Geltungsanspruch wäre ein Gesetz kein Gesetz. Gerade dieser Anspruch macht das Gesetz unter Umständen unsympathisch. Abgemacht ist abgemacht, auch in Momenten, wo es weh tut oder wo es Anstrengung kostet, sich daran zu halten. In einer Rechtsordnung zu leben verlangt von den Beteiligten, daß sie Verantwortung tragen. Das «rechte» Leben muß ihr Ziel sein, ihr Bestreben, das Gesetz einzuhalten. In zweiter Instanz verlangt eine Rechtsordnung, daß auf Übertretungen mit Schuld und Buße, vom Gesetzgeber mit Vorbeugung, Strafe oder anderen wirksamen Maßnahmen reagiert wird. Mag auch die Sprache des Justizdepartementes nicht ganz zu der Ordnung von Gesetz und Evangelium passen, die Rechtsstruktur an sich ist mit der Setzung dieser Ordnung, mit der Bestimmung des menschlichen Lebens und der Welt zu Liebe und Gerechtigkeit gegeben.

Durch das Gesetz wird das Evangelium realistisch. Auf natürliche Weise passen die Realität Gottes und die Realität der Menschen nicht zusammen. Die Welt, das Fleisch leisten Widerstand, und das Evangelium ist ihnen ein Ärgernis oder eine Torheit. Das Gesetz führt das Evangelium und die Realität des Menschen zusammen. Erstens weist es die Widerstände gegen das Evangelium genau auf, zweitens weist es Wege, wie das Evangelium die menschliche Realität verändert. Diese beiden Funktionen des Gesetzes, die aufdeckende (usus elenchticus) und die weisende (tertius usus legis), sind für eine gute Predigt unerläßlich. Sie tragen zu ihrer positiven Wirkung bei, weil nun den Zuhörern zugestanden wird, daß sich vieles in ihnen gegen die Verkündigung wehrt. Es wird nicht nur das befreiende Evangelium verkündigt, sondern es werden auch die ganz natürlichen Reaktionen der Menschen genannt und gezeigt: daß wir eben Mühe haben, an einen Gott zu glauben, der total verborgen ist; daß es uns Mühe macht, von Verheißungen zu leben; uns einem anderen als uns selber anzuvertrauen; daß das Maß an Schrecken und Ungerechtigkeit uns eher zu Schicksalsangst als zum Vertrauen in Christus führt. Andererseits werden in einer rechten Predigt, neben den Widerständen, auch begehbare Wege für das Leben mit dem Evangelium gezeigt, wie sie die alttestamentlichen Gebote und die neutestamentliche Paränese vielfältig zum Ausdruck bringen. Dann wird den Zuhörern auch klar, in welchen Situationen ihres Alltags ihnen Gottes Nähe und Wirksamkeit begegnet. Erfahrungen von Verständnis, von Vergebung und Ermutigung, aber auch von Herausforderung und Veränderung werden für den Glaubenden transparent als Wirken des Herrn.

Rechte Gesetzespredigt wird den Zuhörern die Verbindlichkeit des Lebens mit Gott vor Augen führen. Gefühle, die für den Glauben wesentlich sind, werden dabei geweckt. Die Hörer werden beeindruckt sein von den gewaltigen Widerständen, in ihnen und um sie, gegen das befreiende Wort des Evangeliums. Ihnen wird neu bewußt werden, wie sehr sie geistigen Kräften ausgeliefert sind. Sie werden traurig sein unter ihrem Versagen, demütig im Blick auf das, was sie in ihrem Leben geleistet haben. Sie werden klagen über verlorene Chancen, über ein Leben in Blindheit und Ungerechtigkeit. Aber auch der herzliche Wille zum neuen Gehorsam, die klare Bereitschaft zur Treue wird neu in ihnen wachsen. Und Dankbarkeit für all das, was in kleinen Ansätzen in Gang gekommen ist und kommt. Und verlangen, daß Gott sein Werk vollendet, daß der Widerstand zum Verschwinden gebracht wird.

Die unsympathischen Aspekte des Gesetzes, seine Gültigkeit, seine Unumgänglichkeit, seine Strenge, aber auch die Konsequenzen für die Menschen, die Verantwortung, die Haftbarkeit, die Schuld, die Strafe, die Buße können den Prediger abschrecken. Wie steht es bei ihm um die Verantwortung? Ist er bereit und fähig, seine Aufgaben im Leben überhaupt und in seinem Beruf klar zu sehen und wahrzunehmen? Wie reagiert er selber auf Ansprüche, die an ihn herankommen? Hat er diese fundamentalen Probleme des Lebens einigermaßen bewältigt, oder wird er für sich selber Gründe haben, die ihn zur Abwehr des Gesetzes führen? Bewußt oder unbewußt wird er sich dann sagen, daß er nicht das Gesetz predigen will. Damit zerreißt er dann das Gleichgewicht zwischen Evangelium und Gesetz. Die Hörer seiner Predigt reagieren so:

- Es war alles so schön und ungetrübt. Das ist nicht mein Leben.
- Wieso hat er mit keinem Wort von der Schuld geredet? Habe ich denn allein daran gedacht?
- (Ich bin fast neidisch auf diesen Prediger, er scheint einen unerschütterlichen Glauben zu haben)

In einem Wort lassen sich diese Klagen zusammenfassen: Die Verbindlichkeit des Evangeliums fehlt. Damit fällt alles dahin, was die rechte Gesetzespredigt zu bewirken vermag: Demut, Wille zum Gehorsam, Verlangen, daß Gott sein Werk vollendet. Ein unrealistisches Evangelium bleibt übrig. Eine christliche Gemeinde akzeptiert das nicht, wie die Aussagen zeigen.

Ohne das Gesetz breitet sich das Evangelium so weit aus, daß es auch kein Evangelium mehr ist. Letzten Endes wird ein Optimismus daraus, der die Wirklichkeit verharmlost. Für ihre Sehnsucht nach Erlösung finden die Gottesdienstbesucher keinen Frieden. Wenn alles schon in Ordnung ist, hat die Sehnsucht keinen Grund mehr und wird dann auch nicht anerkannt. Die Zuhörer fühlen sich in ihrer Sehnsucht nach Erlösung alleingelassen. Der unrealistische Optimismus spricht sie nicht an.

Es scheint kompliziert. Gesetzlichkeit stößt allgemein auf Ablehnung. Aber wenn das Gesetz fehlt, beklagen sich die Zuhörer auch. Hier wird eben die Wichtigkeit des Gleichgewichtes zwischen Evangelium und Gesetz, die Polarität von Gnade und Gericht sichtbar. Gesetz und Gesetzlichkeit sind verschiedene Größen. Die Gemeinde verlangt Gesetz, im rechten Spannungsverhältnis zum Evangelium, aber keine Gesetzlichkeit. Sie wehrt sich auch, wenn die Prediger es ihnen zu einfach machen. Nur noch Evangelium ist nicht mehr Evangelium, sondern Unverbindlichkeit. Darin liegt kein Trost und keine Zuverlässigkeit.

Es gibt also hauptsächlich zwei Entgleisungen der Verkündigung. Wenn das Evangelium nicht mehr Gegengewicht zum Gesetz ist, entartet die Verkündigung in Gesetzlichkeit. Fehlt dem Evangelium die Spannung zum Gesetz, entartet sie in Unverbindlichkeit.

Das Problem, inwieweit wir Menschen für unser Leben verantwortlich sind, ist komplizierter, als in diesem Buch behandelt werden kann. Im Rahmen dieser Arbeit ist es mir wichtig aufzuzeigen, wie stark die Predigtreaktionen eine gewisse Erwartung der Gottesdienstbesucher verraten. Sie erwarten, daß sie auf ihre Verantwortung angesprochen werden, ob das nun schmerzlich ist oder nicht. Der Prediger, der schonen will, enttäuscht.

Gerade mit der Verantwortung haben unsere Generationen jedoch gleichzeitig Probleme. Oben habe ich das schon breit hervorgehoben. Die Psychoanalyse hat die Problematik der menschlichen Verantwortung auch beeinflußt. Sie hat ja aufgezeigt, wie stark Menschen von ihren frühesten Erfahrungen geprägt werden. Das hat aber zur vagen Annahme geführt, daß diese Erfahrungen nicht allein prägend, sondern sogar bestimmend seien [107]. Kindheitserfahrungen bekommen dann den Stellenwert einer alles bestimmenden Ursache. Die Zurechnungsfähigkeit ist damit weitgehend geschmälert. Das naturwissenschaftliche Kausalitätsprinzip hat man ohne weitere Umstände für das Verstehen seelischer Vorgänge verwendet. Ich vermute, daß diese

---

[107] s. auch Seward Hiltner, Tiefendimensionen der Theologie, 62. Daß die psychoanalytische Therapie auf Ich-Stärkung und damit auf Förderung des Verantwortungsgefühls zielt, scheint mir weniger bekannt geworden zu sein als das Ent-schuldigen, das die psychoanalytische Sicht für die forensische Psychiatrie oftmals bedeutet hat.

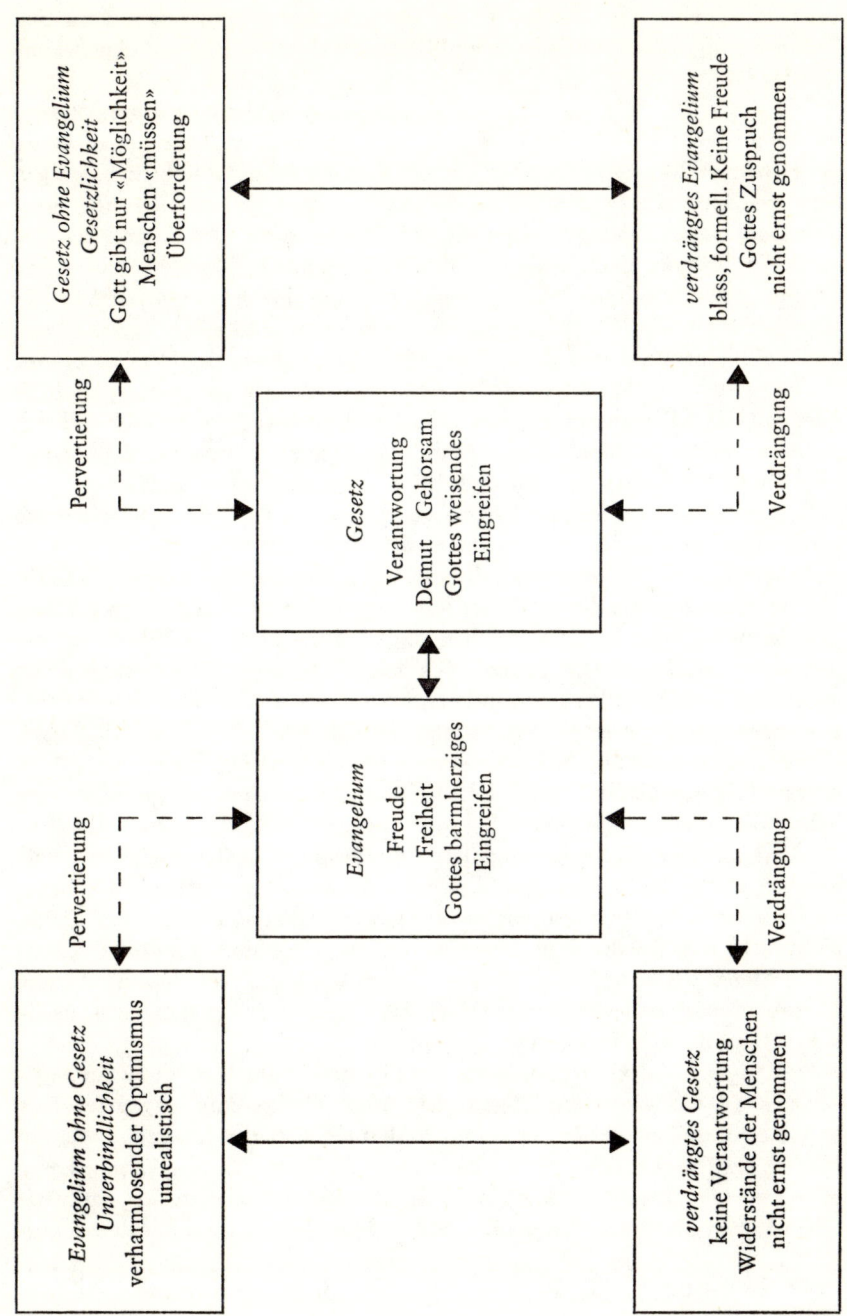

Gesetz ohne Evangelium
Gesetzlichkeit
Gott gibt nur «Möglichkeit»
Menschen «müssen»
Überforderung

verdrängtes Evangelium
blass, formell. Keine Freude
Gottes Zuspruch
nicht ernst genommen

Gesetz
Verantwortung
Demut   Gehorsam
Gottes weisendes
Eingreifen

Pervertierung

Verdrängung

Evangelium
Freude
Freiheit
Gottes barmherziges
Eingreifen

Pervertierung

Verdrängung

Evangelium ohne Gesetz
Unverbindlichkeit
verharmlosender Optimismus
unrealistisch

verdrängtes Gesetz
keine Verantwortung
Widerstände der Menschen
nicht ernst genommen

137

vage, allgemeine Zurücksetzung der menschlichen Verantwortung in der Kirche dazu geführt hat, daß die Verkündigung des Gesetzes zurückgedrängt worden ist.

Die Gestalttherapie von Fritz Perls versucht, den Menschen ihre Verantwortung wieder stark in Erinnerung zu rufen. Wenn diese Therapie auch aus der Psychoanalyse gewachsen ist, hat sie doch mit ihren Grundprinzipien gebrochen. Sucht die Psychoanalyse die meistens komplizierten Gründe eines unangemessenen oder gestörten Verhaltens, so sucht die Gestalttherapie nicht die Gründe, sondern die *Art* der Widerstände in Menschen gegen ein angemessenes Benehmen[108]. Die neue Betonung der menschlichen Verantwortlichkeit in der Psychotherapie scheint mir eine gute Hilfe für die Theologie. Sie kann Predigern die Augen öffnen für Aspekte der Verkündigung, die lange zu wenig beachtet worden sind, namentlich für das Gesetz. Es hilft keinem Gottesdienstbesucher, wenn der Prediger über seine Schuld und damit über seine Verbindlichkeit, Gott und Menschen gegenüber, hinwegblickt. Gnade ist zwar grundsätzlich billig, aber nicht unverbindlich.

Erst wenn die Verantwortlichkeit der Menschen für ihr Verhalten ernst genommen wird, finden wir Zugang zu ihren wirklichen Schmerzen. Die Gestalttherapie und ähnliche Behandlungsweisen erreichen die tieferen Gefühle viel unbefangener als die auf Verstehen ausgerichteten analytischen Methoden. Menschen werden dazu geführt, statt ihre negativen Gefühle zu verstehen, sie zu *empfinden*. Das Überraschende dabei ist, daß solche Gefühle dann manchmal verschwinden oder anderen Platz machen. Mir ist dabei wichtig geworden, wie der Ausdruck von sogenannt primitiven Gefühlen, wie Ärger, Klage, Anklage, Rache, Neid, aber auch Freude und Hoffnung, Menschen hilft und sie miteinander verbindet. Die Psalmen kommen neu in Sicht. Dort haben die Israeliten diese Gefühle auch ausgedrückt. Wie «sauber» haben die Verfasser der Kirchengesangbücher die Psalmen zurückgeschnitten und bearbeitet! Das hat seinen Grund. Sobald die Verantwortlichkeit des Menschen nicht ganz ernst genommen wird, kommen die genannten Gefühle nicht mehr zum Ausdruck und werden verdrängt. Sie sind ja unverständlich, wenn Menschen nicht haften für ihre Taten, wenn das Bewußtsein, in einer Rechtsordnung zu leben, fehlt. Ohne das Gesetz werden diese urmenschlichen Gefühle nicht mehr angesprochen.

Die Angst vor der Verkündigung des Gesetzes wurzelt meistens im Mißverständnis, daß Gesetzespredigt gleich moralistisches Anpredigen sei. Das ist Gesetzespredigt gerade nicht. Die Predigt des Gesetzes ist, genau wie die Predigt des Evangeliums, die Verkündigung der Taten Gottes. Es gibt keine zwingende Forderung, auch nicht in der Bergpredigt oder in den paränetischen Sätzen der Apostelbriefe. Die Verbindung des Gesetzes mit dem Evan-

---

[108]   Frederick Perls, Gestalt-Therapie in Aktion, 50 ff.

gelium ist dafür zu stark. Ich habe den Eindruck, daß es uns allen Mühe macht, den grundsätzlichen Unterschied zwischen moralistischer Forderung und evangelischer Ermahnung zu sehen und unsere Verkündigung auf das Gleichgewicht zwischen Gesetz und Evangelium abzustimmen.

Dem Prediger, der selber seine Verantwortung tragen will und kann und gleichzeitig die Freude und Freiheit des Evangeliums kennt, wird es gelingen, ohne zu moralisieren die Mißverhältnisse im menschlichen Leben zu sehen und sie in seiner Predigt zu nennen. Er wird etwas von den Finsternissen des menschlichen Herzens ergründen und die Tücken und Künste aufdecken, die Menschen handhaben um Gott, sich selber und einander zu betrügen. Er wird es wagen, offen hineinzublicken in die Abgründe, aus denen Gott uns erlöst. Auf diese Art macht er Ernst damit, daß das Evangelium nicht über dem Leben schwebt, sondern in die dunkle Welt gekommen ist.

4. Kapitel

Die Dimension des Erkennens

Wenn Gottesdienstbesucher sagen, daß sie sich angesprochen gefühlt haben, müssen wir das noch in einer dritten Dimension verstehen. Wenn im Gottesdienst nur den ersten zwei Dimensionen Genüge getan wird, also wenn Vertrauen geweckt und die klare Botschaft des Evangeliums verkündigt wurde, fehlt noch ein entscheidendes Element, das zum Angesprochensein gehört. Es wird in den folgenden Hörerreaktionen sichtbar.

- Er war mir zu sicher über Gott und Jenseits
- Schade, daß er so rasch von den Schwierigkeiten weggegangen ist
- Mit diesem selbstverständlichen Glauben kann ich nichts anfangen
- Mein Unglaube wurde nicht berücksichtigt
- Die Lösung am Schluß war mir zu harmlos
- Die Widerstände in mir hat er nicht ernst genommen

Und positiv:

- Daß Ostern kein Problem, sondern ein Geheimnis ist, hat mir geholfen
- (Die Alternative «Liebe» zum «makellosen Heldentum» war mir wichtig)
- Das Bild vom Bergsee hat es bei mir getan

In diesen Aussagen wird sichtbar, daß die Zuhörer grundsätzlich Widerstände haben, das im Gottesdienst Gebotene zu verstehen und anzunehmen. Sie hoffen aber, daß diese Schwierigkeiten überwunden werden, und sie sind froh und fühlen sich angesprochen, wenn das der Fall ist. Ein Alternativbegriff («Geheimnis» statt «Problem», «Liebe» statt «Perfektionismus») oder ein klares Bild kann die Widerstände überwinden. Wenn das nicht geschieht, finden die Zuhörer eine Predigt zu harmlos, weil sie sich in ihren Fragen und Widerständen nicht genügend ernst genommen fühlen. Das Harmlose bezieht sich jetzt weniger, wie in der Dimension der Befreiung, darauf, daß der Prediger die Dunkelheiten des Lebens nicht mit einbezieht, sondern darauf, daß er die Bereitschaft und Fähigkeit, die verkündigte Botschaft anzunehmen, bei den Hörern einfach voraussetzt. Die Gottesdienstteilnehmer wollen überzeugt werden, ihre Gegenstimmen sollen zum Schweigen gebracht werden.

Ein zweiter Aspekt dieser Dimension wird in den nächsten Aussagen klar.

- Es fehlte mir eine Linie
- Die Hoffnung ist mir unverständlich geblieben
- Die Begriffe machten mich müde, ich kam nicht gut mit
- Die Bilder fand ich unklar
- Es hat mich verwirrt, ich fand es zu kompliziert
- Die Erzählung kam mir zu konstruiert vor
- Es ist mir leider nicht ganz klar geworden, was er sagen wollte

Hier beklagen sich die Zuhörer über die Unklarheit der Predigt. Darüber habe ich oben schon geschrieben, im Zusammenhang mit der Forderung, daß persönlich gepredigt werden soll. Unklarheit macht unpersönlich. Hier begegnen wir der Unklarheit noch einmal, weil sie nicht überzeugt. Das ist ein Anliegen der Zuhörer: Sie wollen überzeugt werden. Dann müssen die Aussagen des Predigers aber klar sein, so daß die Zuhörer einen Aufbau und ein Ergebnis entdecken. Über die Einzelheiten wird in diesem Kapitel noch zu reden sein.

Es ist wie ein Spiel: einerseits erwartet der Gottesdienstbesucher das Evangelium, er weiß sozusagen, was ihm in der Kirche geboten wird. Andererseits wehrt er sich gegen die Verkündigung, aber nicht damit er Recht bekommt, sondern damit er in seinen Widerständen überwunden wird. Er stellt in Frage, mit der Absicht, vom Prediger überzeugt zu werden. Dieses Spiel scheint mir sehr ernst und tiefsinnig zu sein. Es entsteht aus den Schmerzen, die nur der Glaubende kennt, den Schmerzen der Anfechtung.

Ein Gottesdienst, eine Predigt, die sich nicht an angefochtene Herzen richtet, spricht die Zuhörer nicht an. In dem Maße, wie die Gemeinde sich mit ihrem Zweifeln ernst genommen fühlt und darüber hinweggeführt wird, fühlt sie sich angesprochen.

Ich betrachte das Geschehen des Gottesdienstes und der Predigt in diesem Kapitel gemäß der Dimension des Erkennens, der Einsicht. Die Gottesdienstbesucher wollen überzeugt werden, verstehen und damit eine gewisse Sicherheit gewinnen. Es handelt sich dabei nur um eine Dimension. Ohne den anderen Dimensionen gerecht zu werden, also ohne Vertrauen zu wecken und ohne die Botschaft des Evangeliums zu verkündigen, wird der Prediger nicht ansprechen. Mehr als in den anderen Dimensionen, in denen es mehr um Fühlen und Hören ging, handelt es sich in der Dimension des Erkennens um Verstehen und Einsehen. Dabei läßt sich diese Dimension nur theoretisch von den anderen abgrenzen, sie ist nicht, zum Beispiel in der Predigt, als Abschnitt feststellbar. Sie durchzieht, wie die zwei anderen Dimensionen, im Grunde den ganzen Gottesdienst, obwohl die Dimension des Erkennens in der Predigt wohl am klarsten an den Tag tritt.

Die Anfechtung des Glaubens

Wenn wir glauben, befassen wir uns mit ungesehenen Dingen[1]. Was uns existentiell wichtig ist, steht ungesichert da. Glaube bezieht sich auf die Grundlage unseres Lebens und verbindet sich mit dem Ur-Vertrauen, unserem tiefsten Gefühl, aber unsere Sinne, die uns sonst als zuverlässige Reali-

---

[1]   Hebr. 11, 1.

tätsbeobachter dienen, sind bei der Beschäftigung mit dem Ungesehenen total ausgeschaltet: Kein Sehen, kein unmittelbares Hören, nichts. Für unser Erleben bedeutet das einen dramatischen Zwiespalt. Wo alles, wo unser Heil, auf dem Spiel steht, ist zur gleichen Zeit nichts durch Wahrnehmung gesichert. Eigentlich wissen wir nicht, was wir sagen, wenn wir Christus bekennen. Das ergibt eine Spannung zwischen Glauben und Nichtglauben, die menschlich betrachtet aussichtslos ist. Die geglaubte Wirklichkeit Gottes wird vom Erleben des Alltags dauernd in Frage gestellt. Der Glaube wird «mundtot gemacht durch die Sprache der Tatsachen»[2].

An Gott selber, an seiner letzten Zuversicht, kann der glaubende Mensch immer wieder zweifeln. Nichts hindert ihn, ständig die Zuverlässigkeit Gottes oder seine wirkende Existenz überhaupt in Frage zu stellen. Aber auch seiner selbst als Glaubender ist er nie sicher. Die prüfende Frage, ob sein Glauben aufrichtig ist und existentielle Bedeutung für ihn hat, kann er nie endgültig beantworten. Denn alles Glauben steht in Zusammenhang mit Ungesehenem. Damit ist es grundsätzlich von der Wahrnehmung und damit vom Erleben her angefochten. Das unmittelbare Empfinden ist ein Angriff auf das Glauben. Diese Anfechtung ist eine Eigenschaft des christlichen Glaubens. Sie kann nicht als Zeichen verschwundenen Glaubens verstanden werden, im Gegenteil. Sie ist wie der Schatten dem Licht untrennbar verbunden.

Das Erleben eines glaubenden Menschen steht also in einer dauernden Spannung zwischen Gewißheit und Ungewißheit. Die Gewißheit wird oft als vollkommen erlebt, weil sie sich mit dem tiefsten Gefühl des Vertrauens verbindet. Die Ungewißheit kann genauso vollkommen erlebt werden als niedergeschlagenes Gefühl von Leere und zerbrochener Illusion. Für glaubende Menschen sind die beiden Pole dieser Spannung grundsätzlich erlebbar und zur Verfügung. Die Erinnerung sagt ihnen, wieviel heilsame Ermutigung und Freude für sie im Glauben, bei Gott und Jesus Christus liegen kann. Das unmittelbare Erleben des Alltags aber, des Leides und der Absurdität ermöglicht ihnen jederzeit den Zugang zu Ungewißheit und Leere.

Es ist noch um ein Grad schwerer. In der Ungewißheit können Menschen hängenbleiben, lange Zeiten oder immer. Es gibt Möglichkeiten der Verhärtung, aus der man nicht mehr loskommt. Aber in der Gewißheit kann kein Glaubender wohnen. «Wir wandeln im Glauben und nicht im Schauen»[3]. Die ungebrochene Gewißheit steht noch aus. Die Türe zur Gewißheit ist nicht immer offen, aber zur Ungewißheit, zum Zweifel ist der Zugang immer frei. Das Höchste, was für das Erleben des Glaubenden erreichbar ist, ist ein Rhythmus zwischen Gewißheit und Ungewißheit. Wenn er nach einem Aus-

---

[2] Ernst Lange, Zur Theorie und Praxis der Predigtarbeit, 25.
[3] 2. Kor. 5, 7.

142

atmen und Leerwerden wieder einmal einatmen kann und erfüllt wird, hat er alles erhalten, was es geben kann. Der von der Kirche bekannte Gott will nicht mehr geben. Eine grundsätzliche Ambivalenz bleibt im Menschen bestehen. Die Entleerung und die Anfechtung gehören zum christlichen Glauben. Sie sind die Schmerzen des Glaubens. Die Erniedrigung, die Gott sich in Christus gewählt hat, geht so weit, daß der Geist Gottes Menschen manchmal verläßt. Dann kann es sein, daß Menschen beten wollen und es nicht können. Dort leiden sie an Gott. Für die Anfechtung trägt auch Gott Verantwortung.

Wenn Menschen eine Predigt hören, verlagert sich ihr Erleben am Anfang unbewußt in Richtung Unsicherheit. Sie heben die eine Seite der Ambivalenz, in der sie grundsätzlich stehen, hervor. Jetzt hoffen sie aber, daß die Predigt sie neu überzeugt, daß sie wieder von der Verunsicherung weggeführt und der Glaubensgewißheit entgegengeführt werden. Sie haben das Bedürfnis, den Rhythmus wieder zu erleben, besonders das Einatmen, das Erfülltwerden und Überzeugtwerden. Beim Lied und im Gebet kehren die meisten Gottesdienstbesucher den Pol des Vertrauens hervor. Merkwürdigerweise stört sie dann zum Beispiel das Wort «Gott» nicht oder viel weniger, wenn es ohne weiteres vorkommt, während sie in der Predigt viel anspruchsvoller sind. Besonders beim Zuhören der Predigt breiten sie, unbewußt, alle ihre Bedenken, Zweifel, Fragen, Unsicherheiten und Enttäuschungen vor sich aus, in der Hoffnung, daß es dem Prediger gelingt, durch diese Abwehr hindurchzukommen.

Aus den Höreraussagen wird klar, daß treue, glaubende Menschen vom Prediger verlangen, daß er ihnen die Vokabel «Gott» neu füllt, daß er überzeugt, wenn er vom Evangelium redet, und es nicht nur als eine Selbstverständlichkeit andeutet. Sie sind offenbar nicht bereit, selber die Überzeugungskraft, zum Beispiel aus ihren eigenen Lebenserfahrungen, zu liefern. Das muß der Prediger tun.

Es sieht aus wie ein hämisches Spiel. Die Zuhörer breiten alle Gegenargumente aus, um den Prediger zu testen. Nur ist es kein böses Spiel. Es ist der Schmerz der Anfechtung, der Menschen dazu bringt, auf diese Weise einer Predigt zuzuhören. Sie wollen einatmen, nachdem ihnen im Alltag der Atem ausgegangen ist. Sie benutzen die Gelegenheit, daß ein Mit-Christ das Evangelium verkündigt dafür, daß sie ihre Wunden zeigen, ihre Schmerzen klagen. Sie hoffen nicht, daß sie das Spiel gewinnen. Sie wollen nichts lieber als verlieren, sie wollen überwunden werden. Sie stehen dem Prediger im Prinzip kooperativ gegenüber. Nur soll er merken, wie schwer sie angeschlagen sind, damit er ihnen hilft, in einem erneuerten Glauben die große Anfechtung zu «durchschreiten»[4]. Auf diese Weise können die Gottesdienstteilneh-

---

4   Karl Barth, Kirchliche Dogmatik, IV/1, 685.

mer, die mit einer Not zu kämpfen haben, manchmal einen Schritt weiterkommen. Besonders in Trauerprozessen können Predigten einen wichtigen Beitrag zur Verarbeitung geben[5].

Die Anfechtung betrifft den Glauben überhaupt, nicht nur bestimmte Vorstellungen. Es ist hier nicht der Ort, inhaltlich auf die Probleme der Anfechtung einzugehen. Ich fasse nur kurz zusammen, um was es sich handelt, wenn ich über die Anfechtung reflektiere. Es geht um alles, was in der Beziehung zwischen Menschen und Gott liegt. Die zwei Brennpunkte sind eben der Herr und wir selber. «Gott», das «beladenste aller Menschenworte»[6], verlangt immer neues Relevantwerden für Menschen, die ihn suchen. Gott einfach vorauszusetzen geht nicht. In früheren Zeiten ging das auch nicht, obwohl Prediger und Zuhörer das damals oft nicht gemerkt haben. Heute protestieren viele, nicht alle, Zuhörer innerlich, wenn von Gott als einer Selbstverständlichkeit geredet wird. Mit dem Wort «Gott» ist nicht nur das Heiligste für viele Menschen benannt, es ist auch «seit Jahrtausenden durch fahrlässigen Gebrauch abgenutzt, bewußt und heuchlerisch als Machtmittel eingesetzt, zur Verdeckung niederer Interessen verwendet, kurz: tausendfach geschändet und ... daher verdächtig»[7]. Im allgemeinen verlangt das vom Prediger, daß er nicht von Gott als von einer Selbstverständlichkeit redet.

Der andere Brennpunkt sind die Menschen selber. Es geht um ihr tiefstes Vertrauen, wenn sie eine Predigt hören wollen. Sie brauchen Erneuerung ihres Ur-Vertrauens. Ihr Glaube ist ebensowenig wie Gott eine Selbstverständlichkeit. Er ist angefochten. Sie wollen in der Widersprüchlichkeit von Glauben und Zweifeln, von Vertrauen und Ungewißheit, angesprochen werden[8].

Der Prediger darf nicht vergessen, daß die Anfechtung vielen seiner Zuhörer nicht bewußt ist. Es gibt nun einmal Situationen und Gefühle, die in Menschen wirken, ohne daß es ihnen selber klar ist. Die Anfechtung gehört aber zum Glauben, und wirkt auch in den Zuhörern, denen sie nicht bewußt ist[9].

Es ist die Anfechtung, die zur Institution der wiederholten Verkündigung und konkret zum wiederholten sonntäglichen Gottesdienst führt. Die homiletische Situation ist die Situation der Anfechtung: «Diejenige Situation, durch die die predigende Kirche sich jetzt und hier zur Verkündigung herausgefordert sieht»[10]. Der Prediger muß entdecken, an welchen Stellen die Gemeinde unter der Anfechtung leidet. Dort muß die Verkündigung ge-

---

5   Merrill R. Abbey, Communication in Pulpit and Parish, 129.

6   Martin Buber, s. bei Lorenz Wachinger, Erinnern und Erzählen, 134.

7   Lorenz Wachinger, ebd. 85.

8   Ernst Lange, ebd. 24.

9   Der Zuhörer ahnt seine Widersprüchlichkeit mehr, als daß er um sie weiß (Hans-Christoph Piper, Predigtanalysen, 132).

10   Ernst Lange, ebd. 45.

schen, mit klarem Eingehen auf die vorhandenen Fragen. Hier muß Glaubenserkenntnis vermittelt werden, ein neues Überzeugtsein. Daß kann der Prediger ebensowenig machen wie Geborgenheit und Befreiung. Trotzdem ist auch in dieser Dimension Arbeit für ihn da.

Die Dimension des Erkennens, die sich mit der Anfechtung auseinandersetzt, ist nicht die einzig wichtige in der Predigt. Die homiletische Situation umfaßt, wenn ich die Höreraussagen gelten lasse, mehr als nur die Anfechtung[11]. Von den anderen Dimensionen habe ich schon gesprochen. Was in diesem Kapitel zur Debatte steht, ist ein letzter Aspekt dieses größeren Geschehens.

Nur Evidenz überzeugt

Die Zuhörer erwarten von einem Prediger, daß er sie von der Wahrheit des Evangeliums überzeugt. Das haben sie schon früher erlebt, darauf warten sie auch heute wieder. Wie kann der Prediger die Predigthörer jemals überzeugen?

Die Schwierigkeit ist, daß Überzeugtwerden für einen Lebensbereich verlangt wird, in dem logische Argumente kaum einen Wert haben. Die Wahrheit, die die Gottesdienstbesucher wieder kennenlernen wollen, ist nicht eine objektive, sondern eine existentielle Wahrheit, die Betroffenheit und Beteiligung auslöst, nicht eine kühle Feststellung. Es ist eine Wahrheit, die Geborgenheit gibt. Die kognitiven Komponenten dieser Wahrheit kann nur die theoretische Betrachtung selbständig unterscheiden, im Akt des Überzeugtwerdens ist die emotionale Wirkung der Vertrauenserneuerung mit dem kognitiven Verstehen untrennbar verbunden. Überzeugtwerden ist hier also ein ganzheitliches Erleben, nicht nur ein intellektuelles Begreifen. Erleben verlangt mehr als logische Argumente und Erklärungen. Erleben verlangt Wahrnehmung. Liebe und Vertrauen werden nicht durch Beteuerungen, sondern nur durch spürbare, tastbare oder sichtbare Herzlichkeit geweckt. Durch die Sinneswahrnehmung wird die gebotene Zuneigung erlebbar, und daraufhin entstehen Liebe und Vertrauen, als Antwort. Das Ur-Vertrauen, über das im Kapitel über die Dimension der Geborgenheit die Rede war, ist nicht durch logisches Argumentieren entstanden, sondern als unsere Antwort auf die Zuwendung liebevoller Menschen, deren Haut wir fühlten, deren Geruch wir gerochen, deren Stimme wir vernommen haben.

---

[11] Bei Ernst Lange fehlt mir besonders die Aufmerksamkeit für die Dimension der Geborgenheit. Sein Bemühen gilt fast ausschließlich dem Inhalt der Predigt. Die Gefahr einer einseitig intellektuellen Aufklärung statt einer auch das Erleben umfassenden Verkündigung scheint mir dadurch unnötig groß zu werden.

Im Gottesdienst wird diese Art von Überzeugtwerden nun ausgerechnet im Zusammenhang mit dem Ungesehenen, Ungehörten verlangt. Wo die menschlichen Sinne nichts zu suchen haben, wird ein Erlebensvorgang verlangt, der nur als Reaktion auf Sinneswahrnehmung entstehen kann. Einfach gesagt heißt das, daß man das Ungesehene *sehen* will.

Nur auf eine einzige Weise kann der Prediger den Zuhörern dieses Vonneuem-überzeugt-Werden zuteil werden lassen: wenn er Evidenz weckt. Evidenz ist ein Geschehen. Evidenz überzeugt, aber ohne prüfbare Beweise. Evidenz bewirkt eine innere Gewißheit, die unerschütterlich ist. Für den Überzeugten ist die evidente Sache axiomatisch gültig. Evidenz hat die überzeugende Kraft des Tageslichtes, das uns die Dinge sichtbar und damit real macht. Sie begleitet normalerweise die empfindsame Tätigkeit unserer Sinne, sie kann aber auch im Bereich des Ungesehenen wirksam werden. Voraussetzung ist aber, daß das Ungesehene «gesehen», anschaulich wird. Nur anschauliche Rede kann diese Evidenz wecken. Logische Argumentation erreicht nur unser diskursives Denken. Die Wahrheit wird in kleinen Fragmenten erfaßt, analysiert und dadurch abgekühlt. Das ist zu wenig für die Entstehung eines Erlebens. Anschauliche Rede aber berührt mehr als die kognitive Ebene unseres Verstehens, sie erreicht die unterbewußte Schicht des inneren Schauens, wo wir die Wahrheit als Ganzes erfassen können[12]. In der Evidenz geschieht eben das scheinbar Unmögliche, daß das Ungesehene gesehen wird. Dieser Vorgang ist immer beeindruckend, er löst Betroffenheit aus. Menschen begegnen der Wahrheit ihres Lebens.

Die ganz spezifische Art von Gewissheit, wie sie das Evidenzleben vermittelt, entspricht genau dem Charakter der Wahrheit, die hier gemeint ist. Rationale, objektive Wahrheit braucht keine Evidenz in dem beschriebenen Sinn, sie braucht Sinneswahrnehmung und logische Argumentation. Im Gottesdienst und in der Predigt wird aber die existentielle Wahrheit gesucht[13]. Wenn sie sich öffnet, kann der Empfänger, der Schauende, nicht kühl bleiben. Er ist an den Wurzeln getroffen. Sein ganzes Leben ist dabei beteiligt: fühlen, denken und inneres Sehen und auch der Wille. Evidenz kommt nicht zustande ohne freiwilliges Einverständnis, ohne den Willen des Betroffenen.

Damit ist die Gewißheit, die das Evidenzerleben vermittelt, auch verletzlich. Weil der Wille im Evidenzerleben mitbeteiligt ist und es sich nicht um ein objektives, vom eigenen Willen unabhängiges Geschehen handelt, kann die Gewißheit zu jeder Zeit wieder wegfallen. Der Betroffene kann sogar meinen, sein Evidenzerleben sei *nur* durch seinen eigenen Willen hervorgerufen worden und damit ein Wunschtraum, eine Projektion.

Im Evidenzerleben selber kommt übrigens niemand auf den Gedanken,

---

12   s. auch Otto Haendler, Die Predigt, 156 ff.
13   s. S. 75.

daß er sich an ein Wunschbild klammert. Freiwillig ergibt man sich der evidenten Einsicht. Der ganze Mensch, mit Wollen, Fühlen und innerem Schauen, bejaht die Begegnung mit der Wahrheit. Nur in dieser ganzheitlichen, dadurch verletzbaren Art kann man existentielle Wahrheit überhaupt erfassen. Sie führt Menschen in ihr circulum veritatis, wo Überzeugt-sein-Wollen und Überzeugtwerden eine untrennbare Einheit bilden. Die Begegnung mit der Wahrheit unseres Lebens, mit Gott unserem Herrn, hat Züge der Verschmelzung. Die Grenzen zwischen den Begegnenden sind nicht mehr scharf. Darum kann das Evidenzerleben nicht lange dauern. Eine tiefe Begegnung ist dermaßen anspruchsvoll und braucht so viel Energie, daß sie sich nur vorübergehend ereignet.

Der kognitive Teil des Evidenzerlebens umfaßt eine gedankliche Klarheit, eine Einsicht. Die Art des Erkennens ist aber vom Evidenzerleben geprägt. Ihre Art ist nicht die einer naturwissenschaftlichen Erkenntnis. Sie bezieht sich immer auf ein Begegnen, wie das biblisch-hebräische *jd^c*. Im Erkennen dieser Art wird die Beziehung klar. Nicht, wer einer eigentlich ist, sondern was ich für ihn und er für mich bedeutet, wird erkannt. Dieses Erkennen schafft grundsätzlich persönliche Verbundenheit. Deshalb ist die Freiwilligkeit, das Selberwollen, das Be-Kennen nötig. Die Begegnung, um die es im Evidenzerleben im Gottesdienst, im besonderen beim Zuhören der Predigt geht, ist der Zusammenstoß zwischen Glaube und Anfechtung, zwischen Botschaft und Unglaube. Aus dieser Begegnung wird die evidente Erkenntnis geboren. Das Erkennen steht also in direkter Verbindung mit der Anfechtung. Es ist das Aufatmen nach dem Bangen in der Unsicherheit. Wenn nur das Wort der Befreiung an die angefochtenen Menschen kommt, atmen sie noch nicht auf, es tönt ihnen zu harmlos. Wenn die Verkündigung aber mitten in der Anfechtung eine evidente Einsicht weckt, kommt es zum «Aha, ist das so!», dem Aufatmen, der neuen Gewißheit. Ein Beispiel dürfte das klarmachen.

> Wir drohen dann auf einen falschen Weg zu geraten. Wir machen ein *Problem* aus der Osterbotschaft. Dann verstehen wir sie nicht mehr. Die Auferstehung ist aber kein Problem. Sie ist ein *Geheimnis*. Ein Geheimnis ruft zwar auch unsere Fragen hervor. Aber wir können es trotzdem verstehen und glauben.

Vorher hatte der Prediger anschaulich die skeptischen Reaktionen auf die unglaubliche Osterbotschaft verbalisiert. Im Begriff «Problem» faßt er die Anfechtung zusammen. Dann kommt die Konfrontation mit der Verkündi-

---

14 «Erkennen» ist nicht das kühle «Bekanntwerden mit», sondern das beteiligte «Umgehen mit» (s. 1. Mos. 4, 1; Jes. 11, 9). Im Anschluß an Martin Buber sagt Hans-Joachim Kraus, daß das Verb «nicht der Sphäre der Betrachtung, sondern des Kontaktes angehört» (Psalmen, I, 9).

gung im Begriff «Geheimnis». Die Einsicht in den Unterschied der beiden Begriffe liefert die Erkenntnis, die bei den Hörern zum evidenten Aha-Erlebnis führte. Ihre Anfechtung wurde nicht überspielt mit einem «so muß man es glauben, so steht es halt in der Bibel», sondern ernst genommen in der Bemerkung, daß Geheimnisse unsere Fragen hervorrufen. Der Zusammenhang zwischen Anfechtung und Verkündigung wird damit klar. Darum kann die Erkenntnis, daß die Osterbotschaft ein Geheimnis ist, die Zuhörer in ihrem wirklichen Erleben treffen. Die Predigt richtet sich an den Ungläubigen im Zuhörer. Er braucht nicht seinen Glauben vorauszusetzen.

Ohne die Auseinandersetzung mit der Anfechtung ist das Erkennen nicht evident, man nimmt höchstens mit ihm vorlieb, es trifft aber nicht im Herzen. Wenn ein Prediger einfach sagt, das Osterevangelium sei ein Geheimnis, so darf er nicht auf Evidenzerlebnisse bei den Zuhörern hoffen. Erst die Gegenüberstellung zum «Problem», die Begegnung mit der Anfechtung, weckt die Dynamik der Evidenz.

Das Erkennen, um das es in dieser Dimension geht, ist einfach, aber nicht harmlos. Es steht in der Spannung von Einfachheit und Komplexität. Die Auferstehung ist ein Geheimnis. Das ist einfach verständlich. Ein Geheimnis ruft unsere Fragen, unsere Zweifel hervor. Der Komplexität des Verstehens ist damit recht getan. Das Wunderbare im echten, evidenten Erkennen ist eben, daß es zur gleichen Zeit einfach und komplex ist. Wenn ein Prediger aus dieser Spannung herausfällt, genügt er den Bedingungen der Dimension des Erkennens nicht mehr. Entweder wird er dem komplexen Charakter des Verstehens nicht gerecht. Dann wird seine Predigt naiv und unrealistisch. Die Hörer klagen, wie ich am Anfang dieses Kapitels angeführt habe, daß der Prediger die Widerstände nicht ernst nimmt. Oder er wird dem einfachen Charakter des evidenten Erkennens nicht gerecht. Dann predigt er kompliziert. Er sieht nur noch das Schwierige und die Probleme. Dann klagen die Hörer auch, jetzt weil ihnen die Predigt nicht klargeworden ist.

Die Gottesdienstbesucher verlangen danach, mit Evidenz überzeugt zu werden. Manche sind rasch zufrieden, andere sind anspruchsvoller. Ich vermute aber, da dieses Verlangen grundsätzlich zu allen Zeiten und in allen Zuhörern lebendig ist[15]. Menschen sehnen sich danach, unmittelbar ergriffen zu werden und ihre Widerstände einer überführenden Überzeugungskraft preiszugeben. Zu dieser Hingabe und Ergebung sind sie so gerne bereit, daß sie enttäuscht sind, wenn ihnen dazu die Gelegenheit nicht geboten wird. Ich werde im folgenden versuchen darzustellen, auf welche konkrete Weise der Prediger evidentes Erkennen wecken kann. Aber eines will ich wieder-

---

15   Die meisten von mir befragten Zuhörer sind in diesem Punkt relativ anspruchsvoll. Nichttheologisch und nichtakademisch gebildete Zuhörer waren bei den Befragungen an dieser Stelle im allgemeinen mit weniger zufrieden.

holen. Alle konkrete Methodik verfehlt ihre Wirkung, wenn der Prediger selber nicht ergriffen ist. Evidenz kann nur der wecken, der selber der Wahrheit begegnet ist. Nicht der Sinngehalt seiner Sätze allein wird die Gottesdienstteilnehmer überzeugen. Er selber ist gefordert. Nicht die exegetische oder dogmatische Richtigkeit seiner Behauptungen, sondern seine eigene lebendige Beziehung zum Glaubensgeheimnis hat überzeugende Kraft. Und, damit kein Leser dieses Buches das vergißt: Auch dann sind noch zwei Personen nötig, bevor es zum Überzeugtsein des Zuhörers kommt. Der Herr selber! Wenn er nicht wirkt, hilft alles nichts. Und: der Zuhörer. Ob er das, was auf ihn zukommt, bejaht, steht nicht in der Hand des Predigers. Nur sollen diese Feststellungen über die für den Prediger nicht verfügbaren Kräfte ihn nicht dazu führen, seine eigene Arbeit zu vernachlässigen. Seine Arbeit ist, menschlich einzusetzen, was er kann. In der Dimension des Erkennens heißt das, neben der noch zu besprechenden Mitteilungskunst, seine eigene Betroffenheit. Erkenntnis des Glaubens vermitteln kann der Prediger nur, wenn die Zuhörer seine eigene Freude an der Erkenntnis bemerken. Dann erst springt die Erkenntnis auf die anderen über.

In der angeführten Osterpredigt war der Unterschied zwischen «Problem» und «Geheimnis» die Grundlage für die überzeugende Einsicht. Viele Hörer waren von diesen Worten sehr angesprochen. Man kann sich aber leicht vorstellen, wie wenig solche Worte ausrichten, wenn der Prediger selber von dieser Erkenntnis unberührt ist. Wahrscheinlich spürt der Zuhörer an der Art, wie er das Wort «Geheimnis» ausspricht, ob der Prediger selber betroffen ist. Nur wenn die Einsicht für den Prediger eine eigene Entdeckung war, darf er hoffen, daß sie weitergeleitet wird.

Der Prediger als fragender Zuhörer

Die Erwartung der Hörer, von der Predigt neu überzeugt zu werden, verlangt vom Prediger, daß er sich in die Fragen seiner Zuhörer einfühlt. Er soll selber der erste Fragende sein, während er predigt. Die Zuhörer müssen sich selber und ihre Anfechtung im Prediger wiederfinden können, damit die Erkenntnis, die die Predigt bietet, sie wirklich treffen kann. Die Funktion des Predigers ist damit, die Zuhörer zu vertreten.

Auf welche Weise soll der Prediger die Fragen der Anfechtung in seine Predigt und im Gottesdienst überhaupt integrieren? Soll er mit Fragen anfangen? Das ist eine wichtige Entscheidung. Die Hörerreaktionen geben hier einen Hinweis. Mit den Fragen und Problemen des Lebens anzufangen führt selten zu einem befriedigenden Ergebnis. Ziemlich viele Predigten sind nach dem Modell Frage–Antwort aufgebaut. Am Anfang wird eine menschliche Lebenssituation geschildert, die zu einer dringenden Frage führt. Dann folgt der Versuch, auf diese Frage aus dem Evangelium eine Antwort zu geben. Auffällig ist, daß Predigten nach diesem Modell bei vielen Zuhörern die gleiche Reaktion hervorrufen: Frustration. Erklärbar wird das durch die Tatsache, daß der Prediger meistens die Fähigkeit hat, den ersten Teil seiner Predigt nach diesem Modell eindrucksvoll zu gestalten, aber im zweiten Teil versagt. Menschliche Not wird zuerst in packenden, manchmal erschütternden Bildern geschildert, oft dadurch, daß eine kurz zuvor passierte Katastrophe – ein Eisenbahnunglück, ein Erdbeben – in Erinnerung gerufen wird. Gefühle von Erschütterung und Angst werden dadurch bei den Hörern wieder belebt und verstärkt. Das hat natürlich zur Folge, daß ein großes Interesse, ja eine brennende Neugierde geweckt wird, wie der Prediger mit diesen Dingen fertig werde. Die Sinnfrage, das sprachlose Entsetzen über das Walten des Schicksals – sie warten auf eine Antwort, eine Lösung und eine Perspektive. Der Prediger verspricht das auch, schon dadurch, daß er diese Themen aufnimmt und diese Gefühle weckt[16]. Aber der zweite Teil solcher Predigten ist fast immer merkwürdig blaß. Bei der Auswertung sagen viele Zuhörer, daß sie nicht mehr genau wissen, was der Prediger da gesagt hat. Wo die Predigt noch schriftlich oder mit Tonband nachprüfbar ist, zeigt sich, daß sie die packende Klarheit vom Anfang für vage Andeutungen, formelhafte Sätze, manchmal Ausdrücke im Lehrbuchstil am Schluß eingetauscht hat. Dadurch fühlen sich die Zuhörer frustriert. Wunden, die für alle Menschen schmerzlich sind, wurden aufgerissen. Mehrere Zuhörer sagen nachträglich, daß sie verwundert waren, daß die Predigt schon zu Ende war. Sie warteten noch auf die implizit versprochene Lösung. Der Prediger hat vielleicht schon irgendeine Lösung, im Sinne einer Öffnung, eine Hoffnung, eine Perspektive angedeutet. Aber die Zuhörer merkten es nicht oder kaum. Ein evidentes Erkennen ist nicht entstanden.

Es sind besonders junge und sehr junge Prediger, die diese Wirkung mit ihren Predigten erzielen. In der Nachbesprechung wird oft klar, daß sie selber mit den aufgeworfenen Fragen kämpfen. Aber statt das Kämpfen offen auszutragen oder von diesem Thema abzusehen, täuschen sie eine Bewältigung vor, die es für sie selber nicht gibt oder nicht klar genug gibt. Sie übertragen ihr eigenes Entsetzen und ihre Angst und führen die Gemeinde keinen Schritt weiter in Richtung evidentes Erkennen. Zuhörer, die sich von der Schilderung der Not packen ließen, sind am Schluß deprimiert. Andere, die stark auf eine evidente Einsicht gewartet haben, sind verstimmt, daß nichts kam.

Der Grund der nach solchen Predigten auftretenden Frustration bei den Zuhörern scheint mir zu sein, daß das Modell Frage–Antwort der Struktur

---

[16] Das ist ihm selber vielleicht nicht immer bewußt (s. hierzu auch Rudolf Bohren, Predigtlehre, 413).

des Evangeliums nicht gerecht wird. Es übersieht, daß die biblische Botschaft nicht eine Antwort auf menschliche Fragen ist. Das hat zur Folge, daß der, der bei den Fragen des menschlichen Selbstverständnisses anfängt, nie bei der biblischen Botschaft landen wird. Die Antworten sind notwendigerweise blaß und blutleer, weil von den Fragen des Menschen her kein Weg zum Evangelium führt [17].

Das Anliegen der Prediger, die dieses Modell benutzen, dürfte schon legitim sein: die Gemeinde bei ihrer wirklichen Situation abzuholen. Die Prediger haben offenbar etwas davon verstanden, daß es Fragen gibt, die die kirchliche Verkündigung nicht einfach überspringen darf. Ganz tapfer fangen sie mit den Schwierigkeiten des Lebens und des Verstehens an. Sie hoffen damit, die Menschen dort abzuholen, wo sie sich in Wirklichkeit befinden, nicht in einem schönen, festen Glauben, sondern in einem erschütterten, aufgeschreckten Lebensbewußtsein. Die Prediger machen aber zwei grundsätzliche Fehler. Vordergründig übersehen sie die Situation des Gottesdienstes, in die sich die Zuhörer freiwillig begeben haben. Die Gottesdienstbesucher befinden sich nicht *ohne weiteres* in der Situation des fragenden Menschen, der mit dem Schicksal nicht fertig wird. Natürlich haben sie, wie alle Menschen, diese Fragen. Aber andererseits sind sie doch in die Kirche gekommen, sie suchen bereitwillig die christliche Tradition und die biblische Verkündigung. Auch das gehört zu ihrer Disposition. Das darf der Prediger am Anfang seiner Predigt nicht einfach ausklammern, als ob er die Zuhörer aus Ecken holen müßte, in denen sie sich gar nicht befinden. Der Prediger darf ruhig bei der Verkündigung anfangen. Im Gruß, Gebet und Lied vor der Predigt war die Verkündigung auch schon explizit oder implizit da.

Er macht noch einen größeren Fehler oder besser gesagt: der schon genannte, vordergründige Fehler hat noch tiefere Wurzeln. Es gibt zwei verschiedene Arten von Lebensfragen. Es gibt die Fragen, die direkt aus der Erfahrung des Lebens, des Leides, der Schmerzen des Daseins, erwachsen. Ich nenne sie die religiös-weltanschaulichen Fragen: der Sinn des Leides; das Leiden an der Vergänglichkeit; das Unsichtbarsein einer liebevollen, guten Führung; die Frage, ob es einen Gott gibt, und so weiter. Es gibt auch die Fragen der Anfechtung. Aber das sind andere Fragen! Sie entstehen im gleichen Bereich der unmittelbaren Lebenserfahrung, aber sie sind durch die Verkündigung geweckt. Die Anfechtung gehört zum Glauben. Sie geht ihm nicht voran, sie begleitet ihn. Diese Fragen der Anfechtung kann ein Prediger sinnvoll aufnehmen und unter Umständen sogar beantworten. Für die Beantwortung der religiös-weltanschaulichen Fragen ist die christliche Verkündigung nicht geeignet. Sie ruft die Herrschaft Gottes in Christus aus. Das ist

---

[17] Das hat die dialektische Theologie am klarsten gesehen (s. unter anderem bei Walther Fürst, Das gute Werk der Predigt, 95).

etwas anderes als Fragen beantworten. Wenn man trotzdem Antworten sucht, können sie höchstens blaß und halb gelingen. Und die Zuhörer sind frustriert.

Soll die kirchliche Verkündigung sich denn gar nicht mit diesen menschlichen Ur-Fragen einlassen? Doch, aber nur indirekt. Denn wenn man mit der Verkündigung anfängt, weckt man auch Fragen, eben die Fragen der Anfechtung. Diese Fragen sind zwar mit den weltanschaulichen Fragen verwandt, aber sie stehen im Unterschied zu diesen zur Verkündigung in einer direkten Beziehung. Sie entzünden sich an der Verkündigung. Wenn auf diese Fragen der Anfechtung eingegangen wird, verblassen die anderen, weltanschaulichen Fragen. Menschen sind dann weniger daran interessiert, daß diese Fragen beantwortet werden, weil ihnen eine ganz andere Ebene aufgegangen ist, durch die Begegnung mit dem Herrn. In der Begegnung mit Jesus Christus sind die religiös-weltanschaulichen Fragen weniger dringend. Erstens weil eine Beziehung zustandekommt, zweitens weil in dieser Beziehung die gleichen Schmerzen, die sonst zu den weltanschaulichen Fragen und religiösen Antworten geführt haben, auf eine neue Weise integriert werden [18].

In einer Predigt nach dem Modell Frage–Antwort lautete der Anfang, in dem die Frage auftaucht, so:

> Wir leben in einer gefährdeten Welt. Jeden Augenblick kann etwas völlig Unerwartetes geschehen, und es scheint, daß wir dem ganz ausgeliefert sind. Diese Woche haben wir vernommen, daß ein Zug entgleise und mehr als vierzig Menschen dabei den Tod gefunden haben. Wie ist so etwas möglich? Mütter und Väter von Kindern, Geliebte sind voneinander gerissen. Warum? Das ist die große Frage, die uns kommt, warum?

Die Antwort auf diese Frage, an die sich die Predigthörer nachher nicht mehr oder nur noch ganz diffus erinnern konnten, kam am Schluß der Predigt, nachdem der Prediger die Geschichte vom Mann, der 38 Jahre lang krank war, erzählt hatte:

> Mitten in einer dunklen Welt, wo vieles passiert, was wir nicht begreifen können, ist die Liebe offenbar geworden. Jesus ist die Liebe. Das ist auch eine Aufgabe, damit wir einen Weg sehen, mit- und füreinander.

---

[18] Kornelis Heiko Miskotte stellt die Unterschiede zwischen den Fragen und Lösungen der Religion und des Nihilismus auf der einen und des biblischen Glaubens auf der anderen Seite eindrücklich dar. Er zeigt, wie die allgemein menschlichen religiösen Denkschemen von der biblischen Verkündigung durchbrochen werden: «Vorsehung» als fromme Umschreibung des Schicksals, «Gottesfurcht» als Schuldgefühl, «Liebe» als Gefühlsregung, «der Nächste» als schlichtweg jedermann, das Ziel des Lebens als die Seligkeit im «Jenseits» und so weiter. Biblische Verkündigung ist immer genau das Gegenteil (Wenn die Götter schweigen, 69 ff.).

Die Ängste und das Entsetzen, hervorgerufen durch die Erwähnung des Eisenbahnunglücks, wurden von diesen allgemeinen, eher blassen Sätzen nicht weggenommen. Sie blieben einfach stehen. Das frustrierte die Zuhörer. Sie hatten erwartet, irgendeine Antwort auf die Warum-Frage zu bekommen. Die Antwort, daß wir nicht alles «begreifen» können und daß es doch noch «Liebe» gibt, ist in dieser Blaßheit der Überrumpelung durch die anschauliche Schilderung des Schicksals am Anfang der Predigt nicht gewachsen. Der Fehler des Predigers ist, daß er seine Zuhörer auf die Bearbeitung einer religiös-weltanschaulichen Frage programmiert. Er fängt an der verkehrten Seite an. Merkwürdigerweise gehen die Zuhörer gerne in die Falle. Die religiös-weltanschaulichen Fragen sind offenbar sehr leicht in ihnen aktivierbar.

Es geht auch anders, besser. Ich führe eine allgemein positiv beurteilte Predigt an, die auch die Schmerzen des Leidens und der Absurdität aufnahm, aber im Rahmen der Anfechtung, nicht als theoretisches Problem. Text war Mt. 5, 4: «Selig sind, die Leid tragen, denn sie sollen getröstet werden.» Die Predigt fing an mit der Darstellung des Unterschiedes zwischen «glücklich» und «selig». Seligkeit wurde mit Hoffnung verbunden. Durch die Tat Gottes in Jesus Christus, hieß es, sind die Menschen zum Heil bestimmt und nicht sich selber oder einem Unheil überlassen. Das ergibt nicht ein glückliches Leben ohne Leid, sondern ein seliges, hoffnungsvolles Leben, durch die Verheißung Gottes. Erst dann kamen die Fragen der Anfechtung:

> Ach, hör doch auf! Was heißt dieses «selig», was heißt diese Hoffnung bei dem alten Mann, dem diese Woche die Beine amputiert werden müssen, und bei einem Menschen, der keinen Frieden für seine Sehnsucht findet? Ist es nicht alles frommer Blabla?

Viel aggressiver als in der eher theoretischen Einleitung der anderen Predigt kamen hier die aus schmerzlicher Lebenserfahrung gewachsene, jetzt an der Verkündigung sich entzündenden Fragen hervor. Die Fragen bekamen sogar neuen Charakter. Der vorwurfsvolle Unterton wurde viel klarer hörbar. Die Fragen entwickelten sich zu Klagen, Anklagen und ungeduldigen Sehnsuchtsäußerungen. Das scheint mir damit im Zusammenhang zu stehen, daß die Fragen jetzt ein klares Gegenüber haben: den Text, den trostverheißenden Jesus Christus. Die Predigt ließ die Klagen und Fragen auch stehen. Sie wurden einfach der Verheißung gegenübergestellt.

> Was er verheißt, ist Erneuerung und Trost. Tragen Sie Leid? Das tut weh. Mehr als ich auf der Kanzel andeuten oder verstehen kann. Lieber Freund, es ist nicht tragisch. Du bist auf einem Weg der Hoffnung. Denn Jesus kommt. Unglaublich, aber nicht unmöglich. Schau, wie der dunkle Winter verschwunden ist. Ein grüner Frühling wartet auf unser Staunen. Jesus Christus ist trostvoller und näher als der Frühling. Im Verborgenen begeistert er die Leidtragenden, mit Hoffnung.

Im Grunde geschieht hier theoretisch noch weniger als in der ersten Predigt. Keine Lösung von Fragen wird angestrebt. Aber seine Fragen und Klagen kann der Zuhörer, durch das Gegenüber, viel grundsätzlicher loswerden. Er wird nicht mit einer blassen, unbefriedigenden Theorie, etwa der Unbegreiflichkeit Gottes oder des Weltgeschehens, abgespeist. Stattdessen kommt er mit seinen Schmerzen zum Herrn, der keine Lösungen, sondern eine Verheißung schenkt. Theoretisch ist weniger, dynamisch ist mehr erreicht.

Ein solches indirektes Angehen der menschlichen Fragen ist verheißungsvoller und theologisch besser vertretbar als das Modell Frage–Antwort[19]. Es hängt wohl mit zwei Phänomenen zusammen. Erstens ist der Zuhörer tiefer angesprochen, wenn seine Fragen indirekt, also an einem Gegenüber offenbar werden. Besonders die aggressiven Gefühle werden aus ihrem anständigen Schlummer geweckt und in der Auseinandersetzung mit Gott gebracht. Direktes Aufnehmen der Fragen führt fast unweigerlich zu theoretischer weltanschaulicher Problematik. Nur virtuosen Predigern gelingt es, nachher die biblische Botschaft so zu formulieren, daß sie nicht neben dem eindrucksvoll geschilderten Elend verschwindet. Zweitens ist das Evangelium selber schon eine Auseinandersetzung mit den Menschen. Es ist gar nicht nötig, ja verwirrend und verschleiernd, wenn die Predigt zuerst Fragen formuliert, worauf das Evangelium dann die Antwort geben muß.

Wer den Gottesdienst leitet und der Dimension des Erkennens gerecht werden will, soll die Fähigkeit haben, die Fragen, die die Verkündigung des Evangeliums bei Menschen hervorrufen, auszudrücken. Damit wird der Prediger noch einmal als Autorität sichtbar. Er soll die Fähigkeit haben, die Anfechtung des Glaubens im Gottesdienst und in der Predigt zu integrieren. Nicht nur mit den herkömmlichen Bildern vom Hirt, der Verantwortung trägt, und vom Herold oder Zeugen, der eine Botschaft weitergibt, läßt sich die Autorität des Predigers ausreichend darstellen. Er ist auch der fragende, angefochtene Zuhörer selber. Er vertritt in dem Sinne die Gemeinde[20]. Seine Autorität baut er damit auf, daß er die Fragen und Zweifel der Gottesdienstbesucher anschaulich und echt darzustellen versteht. Erst dann wird es ihm gelingen, evidentes Erkennen zu entdecken und weiterzugeben.

---

19 Ohne direkt auf diese Aufbauproblematik einzugehen, hat Ernst Lange auch diesen indirekten Weg vorgeschlagen. Er stellt den exegetischen Bemühungen die «homiletische Textkritik» zur Seite. Der Prediger soll sich fragen, welche Widerstände ein Text erweckt, welchen Anstoß, welchen Zweifel (Zur Theorie und Praxis der Predigtarbeit, 30).

20 Diese Vertretung der Gemeinde ist nur ein Aspekt der Funktion und Autorität des Predigers. Im Kreis um Ernst Lange wird dieser Aspekt, wohl aus Entdeckerfreude, verabsolutiert: «Der Prediger steht in dem von uns umrissenen Konzept prinzipiell auf seiten des Hörers» (Roman Roessler, Situationsbezogenheit, Sprachbemühung, Kommunikation, 63).

Er braucht diese Autorität. Es wird den Zuhörern erleichtert, sich von der Predigt ansprechen zu lassen, wenn sie merken, daß der Prediger angefochtenes Leben und Glauben kennt[21]. Wie könnte der Prediger sich auf diesen Aspekt seiner Autorität vorbereiten? Um die Anfechtung kennenzulernen, muß er einfach leben und Erfahrungen mit dem christlichen Glauben machen. Um sie richtig verbalisieren zu können, braucht er ein gediegenes Theologiestudium. Er muß die Eigenart der biblischen Botschaft gegenüber religiösen und nichtreligiösen Ideologien haarscharf kennenlernen.

Der Aspekt der Autorität, der jetzt zur Debatte steht, bietet dem modernen Prediger am wenigsten emotionale Schwierigkeiten. Fragender sein paßt viel natürlicher als Hirt sein und Zeuge sein in das heutige Erleben. Das Erwachsenen-Ich, über das ich im vorigen Kapitel als verheißungsvollste Predigerhaltung geschrieben habe, läßt sich in dieser Dimension am einfachsten verwirklichen. Es hat sogar etwas Befreiendes und Entkrampfendes, wenn ein Prediger offen redet über die Anfechtungen, die er persönlich auch spürt. Hier bietet unsere Zeit den Predigern Aufwind. Wer offen zu seinen Schwächen steht, wirkt gewinnend. Auf diese Weise gewinnt ein Prediger auch seelsorgerliches Ansehen. Wenn die Zuhörer merken, daß der Prediger nicht harmlos an den Lebensfragen vorbeigeht, werden sie ihn in persönlicher Not auch als Seelsorger suchen. Eine ähnliche Möglichkeit, sich Menschen vorzustellen, bevor eine individuelle Beziehung aufgenommen wird, fehlt anderen helfenden Berufen.

Wenn *nur* Fragen dargestellt werden, frustriert das die Zuhörer. In einer Predigt wurde gesagt:

> Mit der leiblichen Auferstehung können heute viele Menschen nichts mehr anfangen. Ich auch nicht.

Damit war das Thema erledigt. Solche Ehrlichkeit reicht nicht aus, den Zuhörern das Gefühl zu geben, daß sie ernst genommen werden. Vom Prediger wird erwartet, daß er einen begehbaren Weg gefunden hat. Sonst soll er nicht predigen. Eine erwachsene Haltung impliziert für den Prediger, daß er die legitimen Erwartungen seiner Zuhörer zu erfüllen versucht. Sie erwarten, daß ihre Anfechtung in der Predigt integriert ist, aber auch, daß sie überwunden wird. Eine Frage muß nicht unbedingt eine Antwort finden, aber ein Weg, auf dem man mit der Frage leben kann, muß sichtbar werden. Besonders junge Prediger überfordern sich, wenn sie Fragen wachrufen. Wenn sie selber nicht recht mit ihnen umgehen können, reißen sie Wunden auf, ohne

---

21 Hans Adolf Oelker hat mit Recht darauf hingewiesen, wie unzeitgemäß viele moderne Predigten sind. Sie nehmen zwar moderne Fragen auf, aber nicht die der Gottesdienstbesucher. Die Anfechtung ist nicht immer Bonhoeffer oder Sartre gemäß, sie ist für die meisten Menschen viel einfacher (Der Hörer der Predigt, 466 f.).

zu heilen. Diese halbe Chirurgie ist bei den meisten Zuhörern ohne Verheißung. Ein gewinnender Aspekt liegt darin, daß der Prediger auf diese Weise bescheiden und ehrlich ist. Es verwundert Menschen immer noch, wenn Prediger offen zugeben, nicht alles zu verstehen. Aber das allein befriedigt viele Hörer nicht, sicher nicht die, die schon gewußt haben, daß Prediger nicht alles wissen.

Die entscheidende Frage bei der Integration der Anfechtung ist immer, was der Prediger mit ihr macht. Sie einfach zu benennen ist nicht genug. Das Evidenzerleben, in dem eine Einsicht die Anfechtung durchschreitet, scheint mir die Lösung, welche am meisten angebracht ist. Es gibt aber Situationen, in denen ein evidentes Erkennen nicht möglich ist. Bei manchen Abdankungen oder bei großen Katastrophen kann das der Fall sein. Jeder Versuch zu verstehen kann dann billig erscheinen. Eine erwachsene Haltung ist dann kaum angebracht, weil die Schmerzen zu groß sind. Der Prediger hat aber die Möglichkeit, gerade auch als Vertreter dieser Zuhörer, sein Kind-Ich zu aktivieren. Besonders im Gebet kann er die Anfechtung ausdrücken. Daß der angefochtene Glaubende schreien, seufzen, klagen, anklagen und sogar schimpfen kann, zeigen viele Propheten und Psalmdichter. Die Anfechtung wird auch dann integriert. Der Unterschied mit der kritisierten Feststellung in einer Predigt, daß der Prediger «es auch nicht verstehe», liegt in der Intensität und im Ausgerichtetsein auf Gott als Gegenüber. Es hat befreiende Wirkung, wenn aggressive und traurige Gefühle in einem öffentlichen Gebet aufgenommen werden. Und auch die positiven Gefühle verlangen Ausdruck. Die Erkenntnis von Gott und seinen Geheimnissen führt zum Lob. Der Prediger als Zuhörer braucht die Spontaneität und Freude seines Kind-Ichs, um diesem Lob Wort und Ton zu verleihen. So liegen die Seufzer der Anfechtung und die Freuderufe des Glaubens und Erkennens ganz nah beieinander. Die Klage macht den Atem für den Lobpreis frei, ohne strenge Logik.

Vom Prediger als fragender Zuhörer wird eine innere Einstellung verlangt, in der Komplexität und Einfachheit im Gleichgewicht sind. Auch der Einfachheit des evidenten Erkennens soll er sich hingeben. Einfachheit, kann man sich denn auch vor ihr ängstigen? Jawohl, im Grunde stellt sie uns höhere Ansprüche als die Komplexität. Denn Einfachheit verlangt Hingabe, das Kind in uns, das sich voller Vertrauen ergibt, so daß nicht logisch begründbare Freude und Unbesorgtheit von uns ausstrahlen.

Anschauliche Rede

Wenn oder soweit eine Predigt anschaulich gewesen ist, wird das immer bei der Auswertung positiv vermerkt. Die Hörer fühlen sich angesprochen, wenn der Prediger ein packendes Bild malt oder wenn er erzählt. Nun, es ist

156

schon seit Jahrhunderten bekannt, daß die hörende Gemeinde die Ohren spitzt, sobald der Pfarrer etwas erzählt. Das wurde oft als Sensationslust abgetan, mit der bedauernden Feststellung, daß die Leute bis auf die Erzählung die ganze Predigt vergäßen. Erstaunlicherweise reagieren aber auch die gelehrten Zuhörer, die ich befragt habe, genauso wie die einfachen Menschen. Es handelt sich nicht um Sensation. Was positiv wirkt, ist die Reizung des Vorstellungsvermögens. Im Gegensatz zum Begrifflichen bewirkt das Anschauliche, daß der Hörer selber aktiv wird. Begriffe sind fertig, der Hörer muß sie zur Kenntnis nehmen. Er muß dabei nur denken, abstrakt denken. Wenn der Prediger erzählt, formt der Hörer die Gestalten der Leute, das Aussehen der Ereignisse größtenteils selber. Jetzt kann er etwas erleben.

Es handelt sich nicht um eine Nebensache, die nur für den Akt der Darbietung einer Predigt von Gewicht wäre. Die Sache betrifft das zentrale Problem, welcher Art die Wahrheit ist, die verkündigt wird. Das Bild und die Erzählung sind der christlichen Verkündigung unmittelbar angemessen, Begriffe nicht[22]. Gerade im Zusammenhang mit dem Problem dieses Kapitels will ich das breiter darstellen.

Der Prediger verkündigt das Reich Gottes in dieser Welt, obwohl es nicht von dieser Welt ist[23]. Die Herrschaft Gottes läßt sich nicht fassen, nicht definieren und nicht sichtbar machen. Für unsere Sinne gehört sie nicht zur Welt. Gott und sein Reich sind nicht vorfindlich. Darum entsteht die Anfechtung in jedem, der an diesen Gott glaubt. Die Verkündigung durchschreitet die Anfechtung, wenn sie überzeugt. Im Evidenzerleben gelingt das. Die Evidenz kann aber nicht mit Argumenten hergestellt werden, wie bei allem Vorfindlichen. Zu beweisen gibt es hier nichts. Das Evidenzerleben teilt mit dem Beweis die überzeugende Kraft, es ist vom Beweis durch die Unmöglichkeit der Sinnenkontrolle unterschieden. An der Stelle der Kontrolle steht ein subjektives Erleben, ein inneres Schauen.

Die anschauliche Rede von Gott kann genau das leisten, was zu diesem subjektiven Evidenzerleben nötig ist. Sie zeichnet ein Bild, ein Bild aus dieser Welt: «Vater», «Freund», «Verborgener». Im subjektiven Evidenzerleben wird dieses Bild durchsichtig. Das Bild ist ganz klar in seinem buchstäblichen Sinn. Nun ist aber in der Predigt nicht nur der buchstäbliche Sinn gemeint. Er wird übertragen, in den angeführten konkreten Fällen auf Gott. Zwei

---

[22] Diese Entdeckung führte dazu, von der Notwendigkeit einer «narrativen Theologie» zu reden, wobei das Narrative das Argumentative nicht verdrängen, sondern ergänzen soll (Harald Weinrich, Narrative Theologie, und Johann Baptist Metz, Kleine Apologie des Erzählens). Metz weist darauf hin, daß das Erzählen nicht nur für die Verkündigung, sondern auch für die systematische Theologie unerläßlich ist. Die Theologie hat «narrative Tiefenstruktur» (ebd. 337).

[23] Joh. 18, 36.

Größen werden damit in Beziehung gesetzt, zum Beispiel «Gott» und «Freund». Mit dem bekannten «Freund» wird die uns weniger bekannte Größe «Gott» klargemacht. Das klare, weltliche Bild («Freund») wird damit zu einer Art Erscheinungsform des überweltlichen, unfaßbaren Geschehens («Gott», «Gottes Reich», «Erlösung»). Das unfaßbare Geschehen wird nur durch das sichtbare und faßbare Bild, in dem es sich widerspiegelt, zugänglich. Das Bild wird ein Abbild, das auf noch etwas anderes, auf das Urbild, hinweist[24]. Wichtig ist der Unterschied und die Distanz zwischen Abbild und Urbild. Damit ist ein Spielraum gegeben. Dieser Raum ist der Eigenart der Offenbarung Gottes in Christus angemessen. Er ist *in* dieser Welt und doch nicht *von* dieser Welt. Dieser Spielraum stellt sich bei Begriffen und Definitionen viel seltener und spärlicher ein als bei Veranschaulichungen. Die anschauliche Rede gilt nicht buchstäblich. Sie ermöglicht den Spielraum der eigenen Vorstellungen, sie aktiviert das innere Schauen. Die Plastik der Sprache schafft ein Feld, das sich für den betroffenen Hörer ausweitet bis weit über die Grenzen der Bilder hinaus. Das innere Schauen braucht diese Ausdehnung. Das Ungesehene wird gesehen. Mit einer Hand hält der Hörer sich noch fest am Faßbaren, am Bild, mit der anderen wagt er sich ins Unfaßbare[25]. Nur auf diesem Weg können Menschen existentielle Wahrheit erleben. Es ist ein Sehen, wo es nichts zu sehen gibt. Eine Beziehung kommt zustande zu dem Gott, den es «nicht gibt». Menschen werden dabei nicht rational überzeugt, sondern existentiell betroffen. Auch eine «unwahre» Erzählung kann diese Betroffenheit auslösen. Faktizität ist keine Bedingung[26].

Eberhard Jüngel beschreibt die existentiellen Vorgänge, die die metaphorische Rede auslöst. Besonders das Ereignis der Entdeckung ist im Zusammenhang mit der Predigt beachtenswert. Die anschauliche Rede schenkt den Hörern nicht nur das Ergebnis, sondern auch den Akt des Entdeckens. Darum wird die metaphorische Redeweise als angenehm und schön empfunden[27]. Die Verbindung der zwei Bereiche, also des Bildes und des Sachverhaltes, auf das das Bild angewendet wird, ermöglicht die Dynamik im Erleben. «Ah, ist das so!» atmet der Hörer auf. Glückenden Metaphern schreibt Jüngel eine «existenzintensivierende Wirkung und eine Horizonterweiterung» zu[28].

---

24   Otto Haendler, Die Predigt, 159.

25   s. zu dieser Problematik vor allem Eberhard Jüngel, Metaphorische Wahrheit, besonders These 22.

26   Betroffenheit ist eine generell narrative Kategorie (Harald Weinrich, ebd. 333).

27   ebd. 97 ff.

28   ebd. 105. Jüngel befaßt sich mit Friedrich Nietzsche, der die gleiche Entdeckung gemacht hat, daß die Wahrheit metaphorische Struktur hat. Für ihn war das negativ: Wahrheit ist nichts anderes als ein «bewegliches Heer von

Im geheimnisvollen Paradox, daß die Metapher vorstellbar ist und gleichzeitig Raum für das Ungesehene schafft, liegt ihre Überzeugungskraft. Wie sieht das nun konkret aus? Bis jetzt beschäftigte ich mich mit Grundsätzlichem. Wie kommt das an den Tag? Es gibt zwei Hauptformen anschaulicher Rede: die Erzählung und das Bild. Diesen konkreten Formen schenke ich jetzt Aufmerksamkeit.

1. Erzählen

Wer Gruppen von Kindern Geschichten erzählt hat, kennt das Phänomen: Sie hören betroffen zu, genau bis zum Endpunkt der Geschichte. Wenn der Erzähler noch etwas hinzufügen will, etwas Zusammenfassendes, eine Lehre oder eine Mahnung, wird es plötzlich unruhig. Stühle werden verschoben, Köpfe umgedreht. Für das Wichtigste ist kein Interesse mehr da. Kinder sind unübertroffen die besten Lehrer der Rhetorik, weil sie noch zu unmittelbarer körperlicher Rückmeldung fähig sind. Sobald eine Rede Langeweile bei ihnen erzeugt, bricht der Bann der Betroffenheit offenkundig. Erwachsene reagieren nur äußerlich anders. Sie hören scheinbar weiter zu, aber innerlich sind sie nicht mehr engagiert. Kinder machen repräsentativ für die Menschheit klar, daß Erzählen Spannung und Betroffenheit auslöst und daß Menschen nachher im allgemeinen nicht mehr an etwas anderem interessiert sind.

Was geschieht im Hörer beim Zuhören einer Erzählung? Vordergründig wird sein Vorstellungsvermögen aktiviert. Die Reaktionen rechnen dem Prediger an, was die Hörer eigentlich selber getan haben.

– Das Plastische fand ich gut. Ich sah es genau vor mir.
– Das abgedroschene Thema in seinem ersten Satz ärgerte mich («was ist Glaube?»), aber die Furcht war sofort weg durch die spannende Geschichte mit der Schulklasse
– Die Schilderung packte mich. Die Söhne (aus der Geschichte) sind lebendige Menschen für mich geworden.

Die Andeutungen der Prediger waren für diese Hörer offenbar genug, um ihre eigene Phantasie in Bewegung zu setzen. Daß es dazu kam, ist sicher das Verdienst des Predigers. Die Hörer sind froh, daß sie selber aktiviert worden sind. Was sie selber spüren, ist ihr Angesprochensein und ihre Beteiligung.

Hier liegt auch eine Gefahr. Wenn der Prediger alles selber tut, wirkt er nicht kommunikativ. Der Hörer muß die Freiheit und die Chance haben, selber mitzugestalten. Sonst fühlt er sich wie im Theater, wo relativ mehr aus-

---

Metaphern, Metonymien, Anthropomorphismen». Jüngel macht klar, daß man diesen Sachverhalt gerade positiv werten kann. Die Wahrheit wird, durch ihre metaphorische Struktur, subjektiv erlebbar, weil Menschen ihr begegnen können.

gestaltet wird als in einer Predigt. Die Reaktionen sind dann negativ, oder noch positiv, aber verdächtig.

- Ich finde, daß der Prediger sich sehr in die Geschichte eingelebt hatte. Es war eindrucksvoll.
- Es war amüsant. Ich habe mich nicht gelangweilt.
- Gute Unterhaltung, aber langsam langweilte es mich
- Die Schilderung vom Propheten fand ich übertrieben, das hat mich abgestoßen

Die gemeinten Predigten waren zu weit ausgearbeitet, der Hörer konnte nur noch entgegennehmen. Das lähmt statt zu aktivieren.

Durch eine gute Erzählung wird aber noch mehr als die Vorstellungskraft geweckt. Die Hörer erkennen ihr eigenes Leben in der Geschichte wieder, ihre Freude und ihren Schmerz, ihre Enttäuschung und ihre Hoffnung. Ohne daß es ihnen klar bewußt ist, denken und fühlen sie sich in die geschilderte Situation, in die Menschen der Erzählung hinein. Es findet eine gewisse Identifikation statt zwischen dem Hörer und der in der Predigt dargestellten Person oder Situation. Das ist die eigentliche Macht der Erzählung. Ohne daß vom Hörer direkt geredet wird, hört er die Predigt, als ob sie über und für ihn persönlich gemeint wäre. Jeder Prediger erlebt es wohl, daß Menschen ihn nach dem Gottesdienst fragen, ob er die Predigt absichtlich für sie gehalten habe. Diese klare Identifikation hat ahnungslose Prediger schon verlegen gemacht.

Des Zuhörers Kriterium für eine gute Predigt ist nicht (wie viele Theologen irrtümlicherweise erwarten), ob ich, Zuhörer, die Predigt glauben oder akzeptieren kann, sondern ob sie über mich geht, ob ich das Erzählte auch kenne und erlebe[29]. Ernst Lerle hat ausführlich beschrieben, was im Hörer geschieht, wenn er sein eigenes Erleben in der gepredigten Geschichte wiederfindet[30]. Er nennt es: projektive Identifizierung. Er ist vorsichtig mit der Übernahme der tiefenpsychologischen Begriffe Identifikation und Projektion, weil sie üblicherweise für pathologische Vorgänge benutzt werden. Wer sich identifiziert, sieht nicht mehr sich selber, sondern nur noch den anderen in sich. Wer projiziert, sieht nicht mehr den anderen, sondern nur noch sich selber im anderen. Beides ist unrealistisch, eine Ich-Desintegration. Was beim Zuhören einer Geschichte geschieht, kann man aber nicht pathologisch nennen. Es geschieht auch keine Identifikation oder Projektion im eigentlichen Sinne. Dem Hörer bleibt außer Zweifel, daß er nicht Abraham oder Zachäus

---

29 Lorenz Wachinger schreibt, daß ein Dogma oder ein Gebot den Hörer eher dazu führt zu rebellieren, während eine Geschichte ihn ermuntert, seine eigenen Erfahrungen zu prüfen oder neue zu machen (Erinnern und Erzählen, 63).

30 Die Einleitung der Predigt, 53–60.

160

ist. Die Als-ob-Realität ist ihm als solche bewußt. Erkenntnismäßig bleibt
die Distanz zur Erzählung, emotional wird aber diese Grenze überschritten.
Er projiziert eigene Erlebnisse in die Erzählung hinein. Das geschieht, wenn
er sich selber zum Beispiel in Abraham wiedererkennt.

> Abraham geht. Im Vertrauen. Klar, sonst würde er nicht gehen. Einerseits!
> Denn wer möchte nicht wissen, was kommt und wie die Zukunft aussieht?
> «Hoffentlich bleibt das, was ich manchmal befürchte, aus! Oder bricht es
> doch eines Tages über mich herein?» Abraham geht. Mit Bangen und Ver-
> trauen.

Diese Predigt deutet nur an, was Abraham «manchmal befürchte(t)». Damit
bekommen die Hörer die Gelegenheit, ihre eigenen Ängste in das Zuhören zu
integrieren. Sie sehen dann nicht mehr nur Abraham. Sie projizieren sich selber in ihn hinein. Auch eine Identifikation kann stattfinden.

> Dieses Wort schenkt ihm Mut. Das Bangen kommt zurück, die Sorgen und
> die Ängste. Aber immer wieder weckt dieser redende Herr ihn auf, zum Ver-
> trauen, zum Weitergehen.

Der Zuhörer hat Gelegenheit, das vertrauenweckende Ereignis in Abrahams
Leben auf sich selber zu beziehen. Er sieht nicht mehr nur sich selber, mit
seinen Ängsten. Er erlebt auch etwas von Abraham, der sich ermutigen ließ.
Das ist eine Identifikation. Er kann die geschilderten Ereignisse einfühlend
nacherleben.

Durch diese gewisse Projektion und Identifikation durchdringt der Zuhörer die Predigt mit «personalem Gehalt»[31]. Er erlebt selber die erzählten
Ereignisse. Das ist aktives Zuhören. Auf diese Weise wird der Gottesdienst
und besonders die Predigt zum Erlebnis. Erfahrungen machen mit der verkündigten Botschaft geschieht auch im Alltag, außerhalb des Gottesdienstes.
Aber die erste Erfahrung ist das Erleben der Botschaft selber, das tiefe Angesprochensein. Im Hören einer Erzählung entsteht dieses Erleben am un-
mittelbarsten. «Das Erzählen ist selber Geschehen, es hat die Weihe einer
heiligen Handlung»[32]. Hier wird klar, daß der Vorwurf, im traditionellen
Gottesdienst und besonders bei der monologischen Predigt seien die Zuhörer
nur Konsumenten, psychologisch unhaltbar ist[33]. Wo die Zuhörer sich selber
in der Predigt wiederfinden im Sinne der Identifikation, geht es höchst aktiv
zu. Sie langweilen sich erst, wenn sie sich nicht mehr identifizieren können.
Mit der Uhr hat das sehr wenig zu tun.

---

[31] Ernst Lerle, ebd. 55.

[32] Martin Buber, s. Johann Baptist Metz, ebd. 335.

[33] Wenn Martin Kriener sagt, daß der Gottesdienstbesucher als «bloßer Hörer»
      in verdächtiger Nähe zu einer Konsumentenrolle steht (Aporien der politi-
      schen Predigt, 36), übersieht er den aktiven Vorgang des echten Hörens.

Die Höreraussagen weisen auf einige Gesetze hin, die beim Erzählen in der Predigt nicht ungestraft übertreten werden können. Erzählen ist etwas anderes als die einfache Wiedergabe eines Textinhaltes. Ich führe zwei Reaktionen von Hörergruppen an, die jeweils nach einer erzählenden Predigt gemacht wurden.

- Das Lebensnahe hat mich angesprochen
- Mir ist nicht klar, was die Geschichte mit mir zu tun hat

Es ist klar, daß die Hörer sich in der ersten Predigt selber gefunden haben, in der zweiten nicht oder zu wenig. Nur wenn der Prediger die Geschichte so erzählt, daß das Erleben seiner Hörer sich einfügen kann, darf er auf eine gute Wirkung hoffen. Er muß die Schicht der existentiellen Gefühle, von Erwartung, Enttäuschung, Sehnsucht, Freude, Traurigkeit und Aufbegehren, berühren. Erst dann hören die Gottesdienstteilnehmer ihre eigene Geschichte. Die Berührung der existentiellen Gefühle ist wichtiger als die Gleichheit von Situationen. Auch Väter und Frauen ohne Kinder können mütterliche Angst und Erleichterung mitfühlend nacherleben. Es gibt immer wieder Hörer, die bei der Befragung sagen, daß sie selber zwar angesprochen waren, aber befürchten, daß andere ausgeschlossen wurden, weil der Prediger eine für diese anderen unbekannte Situation geschildert hat. Aber selten beklagt sich jemand direkt, daß er sich nicht in eine erzählte Situation hat einleben können, weil er sie noch nie real erlebt hätte. Die Grundgefühle, die existentiellen Situationen, die eine Erzählung wichtig machen, sind allgemein menschlich. Jeder weiß, was Sehnsucht nach Freiheit ist. Deshalb kann eine Geschichte über eine Gefangenschaft auch Menschen ansprechen, die noch nie inhaftiert gewesen sind. Die Erlebnissituation, nicht die äußere Situation, ist entscheidend für die Beteiligung der Zuhörer. Ähnlichkeit im Äußeren hat manchmal sogar eine schlechte Wirkung. Es treten kurzschlüssige Identifikationen auf, wenn die Zuhörer eine direkte Anspielung auf eine bestimmte Person wittern[34]. Es ist ungünstig, wenn die Zuhörer sich fragen, wen der Prediger wohl meint. Damit sind sie Zuschauer geworden, und ihre eigene innere Beteiligung ist ausgeschlossen. Im Äußeren muß gerade eine gewisse Unwirklichkeit herrschen. Erst dann kann der Zuhörer seine Zuschauerposition verlassen und sich selber in der Erzählung finden[35]. Der Prediger soll deshalb aufpassen mit geographischen und persönlichen Angaben. «Jemand in unserer Gemeinde» und «ich kenne jemanden» erwecken eher Neugierde als

---

[34] Schon die Textwahl kann das auslösen, wie ich oben erwähnt habe, S. 116.

[35] s. auch Gert Otto, Predigt als Rede, 56 f. Otto plädiert für eine poetische Redeweise gegen den Tatsachenkitsch. Letzterer ist nur scheinbar realistisch. Die Realität in ihrer Vielschichtigkeit läßt sich nur auf poetische, also scheinbar unrealistische Weise sagen. Erst die Kategorie der Unwirklichkeit gibt der Identifikation der Zuhörer ihre Chance.

Identifikation. Die ehrliche Offenheit, die in den erwähnten Angaben liegt, ist für die Zuhörer in jenem Moment ohne Sinn. Das gleiche Bedenken gilt, wenn der Prediger über sich selber oder seine Familie erzählt. Selbstverständlich macht auch ein historisierendes Erzählen die Hörer zu Beobachtern. Der Prediger soll so erzählen wie es «war», daß der Hörer versteht «wie es ist, wie es steht zwischen Gott und Mensch»[36].

Predigthörer erwarten nicht nur, daß die Predigt lebensnah ist und daß sie sich identifizieren können. Sie erwarten auch das Wunder, eine Verkündigung. Ich habe das am Anfang des Kapitels über die Dimension der Befreiung ausgeführt. Eine erzählende Predigt, die nur lebensnah ist, befriedigt nicht. Nach einer solchen Predigt klagen die Zuhörer, daß ihnen nicht klargeworden ist, inwieweit diese Geschichte mit Glauben zu tun hat. Es geht den Gottesdienstbesuchern nicht darum, daß sie unbedingt Worte wie «Glaube», «Gott» oder «Jesus» zu hören bekommen. Aber der Bereich, der in diesen Worten angedeutet wird, ist ihnen so wichtig, daß sie es nicht ertragen, wenn er nicht klar sichtbar wird. Hier waren die von mir befragten Zuhörer wahrscheinlich noch ziemlich tolerant. Den meisten Gottesdienstbesuchern darf man keine große Subtilität im Verstehen von Geschichten zutrauen. Es muß ihnen ganz klar werden, worum es sich handelt. Feine Andeutungen sind nur für feine Ohren. Die Gefahr der erzählenden Predigt ist gerade, daß zu viel Wesentliches unausgesprochen bleibt[37]. Hier kommt die Grenze des beim Erzählen Möglichen in Sicht. Ohne Begrifflichkeit geht es kaum oder gar nicht. Das in der Erzählung Erlebte muß auch in klaren Worten, in Begriffen, zusammengefaßt oder mindestens angedeutet werden. Sonst fühlen viele Menschen sich verwirrt. Auf die Möglichkeiten der begrifflichen Rede komme ich im nächsten Abschnitt zurück.

Erzählend predigen verlangt auch einen persönlichen Rahmen. Einige Male erlebte ich mit einer Hörergruppe, die nachher ihre Reaktionen bekanntgab, eine Predigt, in der der Prediger nur erzählte. Man hörte nie direkt, was er selber zu sagen hatte, alles war in die Erzählung gepreßt. Die geschilderten Personen in der Erzählung redeten zu der Gemeinde. Ein solches Theater akzeptiert man, wenigstens im traditionellen Gottesdienst, nicht. Die Zuhörer wollen unmittelbaren Kontakt mit dem Prediger. Den Stellenwert dieser Tatsache habe ich im Kapitel über die Dimension der Geborgenheit beschrieben. Wer sich hinter einer Geschichte versteckt, erreicht die Gottesdienstteilnehmer nicht. Hier unterscheiden sich die Bedingungen einer Predigt von denen, die einem Vortrag und einer Aufführung gemacht werden.

---

[36] Kornelis H. Miskotte, ebd. 205.

[37] Auch Ernst Lerle weist darauf hin, daß das Problem bei Veranschaulichung der Verlust der theologischen Sinngebung ist (ebd. 28).

Wenn ein Prediger erzählen will, liegt es auf der Hand, daß er eine biblische Geschichte auswählt. Die Bibel ist eine unerschöpfliche Fundgrube für den erzählenden Prediger. Was ich aber bis jetzt über das Erzählen geschrieben habe, gilt auch für nichtbiblische Geschichten. Wer eine allgemein *bekannte* Erzählung wählt, muß einiges bedenken. Hörer sind meistens bereit, eine alte Geschichte wieder zu hören. Es geht ja nicht um das Erkennen des Inhaltes, sondern um das Nacherleben. Nacherleben kann man immer wieder. Eine schöne Symphonie hört mancher auch gerne immer wieder. Erleben läßt sich wiederholen, es ist immer neu. Information wirkt nur einmal beteiligend. Bei der Ankündigung einer bekannten Geschichte kommt aber Zuhörern oft die Sorge, ob der Prediger sie überraschend zu erzählen vermag. Inhaltlich erwarten sie nicht viel Neues, die ganze Wirkung hängt vom neuen Nacherleben ab. Hinzu kommt das Problem, daß die Zuhörer schon eine bestimmte Sicht der Erzählung haben. Der Prediger darf ruhig versuchen, diese Sicht in Frage zu stellen. Aber er darf sie nicht übersehen. «Ist Martha so dumm?» kritisierten einige Zuhörer nach einer Predigt, in der Maria nur gepriesen und Martha nur getadelt wurde[38]. Die klassische Interpretation schenkt der Martha auch Verständnis, das hatte der Prediger übersehen. Wenn sie nicht begründet werden, stören solche Interpretationsveränderungen die Zuhörer. Auch wenn zu wenig aus einer bekannten Geschichte hervorgehoben wird, wirkt das negativ. Zuhörer erwarten dann mehr, als ihnen geboten wird. Am Ende sind sie enttäuscht. «Ich erwartete noch mehr, dann war's schon Schluß.»

Eine nicht geschaute, sondern konstruierte Erzählung hat viel weniger starke und oft sogar eine negative Wirkung. Gemeint sind Beispielgeschichten, die bestimmte Gedanken und Thesen veranschaulichen sollen. Die Zuhörer spüren, daß sie sich nicht frei identifizieren können, sondern daß sie nur auf eine bestimmte Sache achten dürfen. Die Erzählung wirkt dann nicht beteiligend. Im Grunde gehört die Beispielgeschichte zur begrifflichen Rede. Der Prediger will erklären, nicht Nacherleben wecken.

Eine oft gehörte allgemeine Hörerreaktion ist, daß das Interesse rasch nachließ, nachdem die Geschichte zu Ende erzählt war. Das Material, das ich überblicke, ist zu wenig umfangreich, um klare Schlüsse zu ziehen[39]. Ich drücke nur einige Vermutungen aus:

Wegen der starken Hörerbeteiligung während einer Erzählung ist es ungünstig, nach der Erzählung noch viel zu sagen. Besser ist es, das, was aus dem Rahmen der geschehenden Erzählung fällt, zu bringen, bevor die Ge-

---

38 Lk. 10, 38–42.

39 Wenig Prediger erzählen, die meisten argumentieren. Man vergleiche die sechzehn von Hans-Christoph Piper besprochenen Predigten. Nur in zweien wird nennenswert erzählt (ebd. 60 f.).

schichte zu Ende erzählt ist [40]. Die Spannung der Erzählung ist dann noch nicht abgeflossen. Am verheißungsvollsten scheint es mir, vom Anfang bis zum Schluß in der Erzählung zu bleiben und das Ansprechen der existentiellen Gefühle der Zuhörer ganz in die Schilderung der Erzählung zu integrieren [41].

Mit Erzählen befindet sich ein Prediger übrigens auf bewährtem und sogar geheiligtem Boden. Innerhalb des Alten Testamentes sehen wir, wie neue Generationen die alte Überlieferung nacherzählt haben, mit beachtlichen Veränderungen, neuen Akzenten und Einschüben. Gerhard von Rad erachtet deswegen das neutestamentliche Verfahren, die Geschichte von Jesus in der Identifikation mit der alten Überlieferung zu erzählen, als einen legitimen Weg [42]. Viele Exegeten stoßen sich an der Art, wie das Neue Testament mit dem Schema von Verheißung und Erfüllung und den unzählbaren alttestamentlichen Zitaten das Alte für sich in Anspruch nimmt. Aber gerade die, vom historisch-kritischen Blickpunkt her, unerlaubte Adaption hält die Überlieferung lebendig. Jeden Genauigkeit verlangenden Beobachter machen das Occasionelle, vom Augenblick Eingegebene dieser Adaptionen, und die Ad-hoc-Assoziationen [43] nervös oder ablehnend. Die «gesamte Vergegenwärtigung alter Überlieferungen» schon im Alten Testament selber, und dann auch im Neuen, «kann nur als ein von Grund auf charismatischer Vorgang verstanden werden, genauer gesagt: als ein charismatisch-eklektischer Vorgang» [44]. Die Bindung an die Schrift, an den Text, ist nicht genau faßbar. Es ist eine Bindung in Freiheit. Das muß nicht Willkür sein. Nur für eine zwanghafte Auffassung sind Bindung in Freiheit und Willkür dasselbe. «Wo der Geist des Herrn ist, da ist Freiheit.» Diese Freiheit ist etwas anderes als Willkür oder Perfektionismus. Für erzählende Prediger heißt das, daß sie frei sind, den Text so zu erzählen, wie es ihnen in ihren eigenen Ad-hoc-Assoziationen und Eingebungen geschenkt wird. Ihre Selbstprüfung schütze sie vor Verirrungen, aber nicht vor Spontaneität und Wagnissen. Ein sicheres Kontrollsystem gibt es nicht.

---

[40] Dieser Vorschlag wird, konkret in bezug auf 4. Mos. 13–14, auch von Klaus-Peter Hertzsch, GöPM, 1971, 2. Sonntag nach Weihnachten, befürwortet. Er nennt diese Möglichkeit die beste und sachgemäßeste. Als zweitbeste schlägt er vor, zuerst die Geschichte zu erzählen und anschließend zu erklären und anzuwenden. Die am wenigsten verheißungsvolle Methode wäre, die Geschichte nicht zu erzählen, sondern nur zu erklären (ebd. 64 f.).

[41] Verdienstliche Versuche, alles innerhalb der Erzählung zu sagen, bietet Hannelore Frank, Damals ist heute. Ich halte diese Predigten sprachlich und inhaltlich für zu schwierig in normalen Gottesdiensten. Aber wer lernen will zu erzählen, sucht hier nicht vergebens.

[42] Theologie des Alten Testaments, II, 348.

[43] Gerhard von Rad, ebd. 351.

[44] ebd. 345.

2. Bilder

Es gibt verschiedene vom Bilderreichtum geprägte Redestrukturen. Da sind die Prediger mit einer allgemein anschaulichen Sprache. In fast jedem Satz werden Bilder benutzt, ganz kurz, ganz farbig. Dann gibt es die Redeart, die von Zeit zu Zeit bewußt ein Bild wählt und ein wenig dabei verweilt, bevor der Strom weiterfließt. Es gibt auch Predigten, die von einem einzigen Bild getragen sind. Immer wieder kommt es zurück. Die verschiedenen Arten spiegeln, vermute ich, verschiedene Persönlichkeiten. Aus den Predigtanalysen habe ich nicht den Eindruck bekommen, daß eine Art grundsätzlich besser wäre als die anderen. Die Hörerreaktionen, die sich auf die Bilder in einer Predigt beziehen, zeigen hauptsächlich drei Tendenzen. Wie beim Erzählen wird das Interesse von einem Bild fast immer stark gefördert. Das Anschauliche beteiligt den Zuhörer, sie aktivieren eigene Kräfte, besonders sein Vorstellungsvermögen. Bei der Konzentration auf ein Bild geschieht dann etwas anderes als bei der Erzählung. Nicht Einzelzüge nacheinander werden erfaßt, sondern ein Ganzes gleichzeitig. Projizierende und identifizierende Aktivität kann stattfinden, viel freier noch als beim Zuhören einer Geschichte. Der Zuhörer kann im Bild viel aus seinem eigenen Erleben wiedererkennen, er kann die Beschaffenheit des Bildes auch auf sich selber verwenden.

> Der Bergsee hat gefährliche Tiefen. Aber er wird von starken Felsen getragen.

Der Zuhörer kann in die «gefährlichen Tiefen» seine eigenen Rätsel und das Schwere, das er tragen muß, hineinprojizieren. Auch das «Getragen»-sein kann er auf sich selber anwenden. Er kann sich in der darin angedeuteten Geborgenheit wiederfinden.

Negative Zuhöreraussagen beziehen sich einerseits auf das Abschweifen, wozu ein Bild verführt, andererseits auf die Verwirrung und Ermüdung, die eine Vielzahl von Bildern erzeugen. Abschweifen muß an sich nicht immer negativ beurteilt werden. Gerade ein packendes Bild kann Anlaß für Zuhörer sein, ihr Erleben zu ordnen, zu orientieren und damit zu reinigen. Nur verlangt das zwei Dinge, die eine Predigt im traditionellen Gottesdienst selten bietet: Freiheit und Zeit. Wenn ein Bild den Zuhörer sehr anspricht, nimmt er diese beiden, läßt seine eigenen Assoziationen kommen, verweilt bei seiner eigenen Füllung des Bildes. Der einzige störende Faktor dabei ist, daß die Predigt inzwischen weitergeht. Für sie hat der auf diese Weise engagierte Hörer jetzt keine Energie, also auch kein Interesse mehr. Also muß sich ein Prediger darüber klar sein, was er mit stark wirkenden Bildern erreichen will. Entweder akzeptiert er, daß mehrere Zuhörer ihm mit seinem Bild davonlaufen, oder er soll Raum für die freien Assoziationen einbauen. Es gibt gute Echos auf Bildmeditationen, aber damit sind wir schon außerhalb des Rahmens eines traditionellen Gottesdienstes. Die Integration einer Bildmeditation und einer monologischen Rede scheint sehr schwer, wenn nicht unmöglich zu sein.

Die zweite negative Reaktion betrifft die *Vielzahl* von Bildern, die manchmal in Predigten vorherrscht. Die Energie, die Zuhörer brauchen, um sich in ein Bild hineinzuversetzen, wird gerne geliefert, aber sie ist so groß, daß der Prediger nicht ein zweites und drittes, und sicher kein viertes Mal von vorne mit etwas Neuem anfangen darf. Dann hören die Gottesdienstteilnehmer nur noch zu, ohne sich innerlich zu engagieren. Es ist wie beim Liebesspiel, das erträgt auch keine große Zahl von Neuanfängen. Die Folge ist, daß man frustriert wird und aufgibt [45].

Ein Bild wirkt, wie eine Erzählung, nur, wenn es vom Prediger selber geschaut wurde. Ein Bild kann man nicht machen, man muß es entdecken. Schwierig ist das übrigens nicht. Zwischen unserem bewußten und unserem unbewußten Seelenbereich liegt eine Schicht, in der das innere Schauen stattfindet. Dort gibt es nur Bilder [46]. Der Prediger muß nur Zugang zu dieser Schicht finden. Wer mit intellektuellen Mitteln ein Bild machen will, bringt sicher etwas zusammen. Aber dieses Bild wirkt nicht, weil es konstruiert ist. Es wird von einer gedanklichen Hauptabsicht dominiert. Es kann nicht frei leben. Es engt eher ein, als daß es Freiheit zur inneren Beteiligung schenkt.

Im Bild und in der Erzählung liegen große Möglichkeiten für die monologische Predigt. Ich betrachte die Hörerreaktionen, die trotz den erwähnten kritischen Aussagen fast immer sehr positiv sind, als eine erfreuliche Ermutigung für diejenigen, die predigen müssen. Hier werden klare Wege gewiesen, auf denen Zuhörer einem Prediger gerne folgen werden.

Anschauliche Rede, besonders in bezug auf biblische Bilder und Erzählungen, verlangt vom Prediger zwei innere Einstellungen. In diesen Einstellungen wird, mehr als im technischen Können, darüber entschieden, ob er anschaulich predigen wird.

Im sozialen Bereich wird vom Prediger verlangt, daß er sich dessen bewußt ist, in einer bestimmten Gemeinschaft zu reden: innerhalb der Kirche. In ihr sind die Erzählungen und Bilder überliefert worden, in ihr genießen sie Ansehen. Wer sie aufnimmt und erzählt, darf auf Beteiligung der Glaubenden rechnen. Die Zuhörer hoffen, daß die altbewährte Tradition sie neu überzeugen wird. Aber die Teilnahmslosen und Distanzierten, die Außenseiter,

---

[45] Otto Haendler sagt: «Wer häuft, soll sich selber in dem Verdacht haben, daß er mit unechter Bildhaftigkeit arbeitet. Das echte Bild treibt zu sparsamer, aber wesenhafter Verwendung» (Die Predigt, 278).

[46] s. Otto Haendler, ebd. 156.

werden von dieser anschaulichen Rede nicht überzeugt werden[47]. Innerhalb der Gemeinschaft wird auf andere Weise von Gott und seinem Heil geredet als außerhalb. Die Frage, wie man dann außerhalb der christlichen Gemeinschaft reden soll, muß ich nicht jetzt und hier beantworten. Hier geht es um den traditionellen Gottesdienst. Dieses traditionelle Zusammensein verliert seine Würde und damit auch seine Glaubwürdigkeit für besuchende Außenseiter, wenn ihretwegen die Spielregeln verändert werden. In einem Fußballkampf verändert man auch die Regeln nicht, wenn es uninformierte Zuschauer gibt. Gerade diese Zuschauer wollen eben das Unbekannte kennenlernen. Zuschauern bedeutet man am meisten, wenn man nicht ausdrücklich mit ihnen rechnet.

Viele Predigten leiden darunter, daß der Prediger meint, vor der Weltvernunft zu reden. Er sucht überzeugende Beweise oder nimmt nur Aspekte des Evangeliums auf, die man breit empfehlen kann. Dieser Prediger wird es kaum wagen, unbefangen eine biblische Geschichte zu erzählen. Anschauliche Rede hat axiomatische Kraft, sie kann und braucht sich nicht zu beweisen[48]. Aber sie setzt eine Gemeinschaft voraus. Die axiomatische Kraft hängt an dieser Gemeinschaft. Im Gottesdienst heißt das: Überzeugt werden nur Menschen, die es schon waren. Sie möchten wiederfinden, was ihnen wertvoll war. Die Evidenz durchschreitet nur die Anfechtung, nicht die Gleichgültigkeit.

Im persönlichen Bereich wird vom anschaulich redenden Prediger verlangt, daß er im positiven Sinne naiv ist. Anschaulich Reden setzt an-schauen voraus, sonst ist es gekünstelt, und die Hörer werden es bemerken. Anschauen ist mehr ein Erleben als eine Tätigkeit, man läßt es über sich kommen. Das fordert Hingabe und Bereitschaft, sich treiben zu lassen. Keine Kleinigkeit für Menschen, die vielleicht gerade deshalb Pfarrer geworden sind, weil sie dann viel «tun» können. Anschauliche Rede setzt gerade nicht «tun», sondern «geschehen lassen» voraus. Dann erst entstehen Bilder und Geschichten mit eigenem Leben. Höre, wie einfache Menschen ihre Erlebnisse schildern. Sie erzählen nicht nur die Hauptsache, sie schildern die lustigen Locken der Leute, die sie nett finden, und den holprigen Schritt oder die große Nase der Leute, die ihnen unsympathisch sind. Primitiv, aber anschaulich. Intellektuelle haben weitgehend diese Begabung verloren, wohl durch übergroße Beanspruchung ihrer Energie für verstandesmäßige Tätigkeit. Das

---

[47]   «Die Geschichten sollen keine Ungläubigen bekehren, sind keine Beweismittel; sie sind Spiel der Eingeweihten, Geschenk, Dreingabe für die Hörenden, Dichtung, die nach ihren Gesetzen genommen werden will; sie haben ihre Wahrheit und ihren Ernst – nur: wer zuviel von ihnen verlangt, wer sich auf ihre Kosten entlastet, verdirbt sie und setzt sie dem Spott aus» (Lorenz Wachinger, ebd. 49).

[48]   s. Eberhard Jüngel, Metaphorische Wahrheit, 110.

innere Schauen vergeht dadurch. Vielleicht ist das spontane Erzählen den Intellektuellen auch eine Bedrohung. Begreiflich, denn wer richtig erzählt, kann nicht alles unter Kontrolle behalten. Die Autonomie des Anschaulichen begrenzt die Macht des Redners. In dem Sinne kann man sagen, daß anschauliche Rede die Autorität des Redners kleiner macht.

Erzählen führt zu noch anderen Phänomenen, die unter Gebildeten verdächtig sind. Vielfach ist die Wiederholung, in synonymen Wörtern oder sogar in den genau gleichen, höchst wirksam. Achte wieder auf die ungebildeten Menschen, wie sie den springenden Punkt einer Geschichte vier- oder fünfmal wiederholen und wie sich die Zuhörer immer wieder, ja mit gesteigertem Genuß oder Entsetzen beteiligen[49]. Große und einschneidende Begebenheiten kann man nicht sofort verarbeiten. Sie müssen einige Male erzählt sein[50]. Das gilt auch in der anschaulichen Rede. Wer vergißt, daß es um das Erleben und nicht nur um das Erfassen des Inhaltlichen geht, wird die Tendenz haben, viel zu rasch über die Pointen der Erzählung hinwegzuspringen.

Eine intellektuelle Prüfung des geschauten Bildes ist jedoch auch nötig. Es geht letztlich um eine Sache, nicht um Worte. Darum müssen die anschaulichen Worte in einer Disziplin stehen. Die Kontrolle des Verstandes soll aber der Struktur der anschaulichen Rede treu bleiben und ihr nur zur nötigen Klarheit und nüchternen Beschränkung helfen.

Begriffliche Rede

Es wäre allzu vereinfachend, bei der anschaulichen Rede zu bleiben. Die Verheißungen, die für erzählende und bildhafte Predigten offensichtlich sind, erfüllen sich merkwürdigerweise erst, wenn ein gewisses Gegenspiel begrifflicher Rede geboten wird. Das gilt nicht für alle anschaulichen Reden, aber ich befasse mich hier mit anschaulicher Rede in einem Gottesdienst. Für das Theater mag Anschaulichkeit genügen, für die Kirche ist sie allein ungenügend. Die Gottesdienstbesucher kommen nicht, um eine Erzählung zu hören. Sie hoffen darauf, in und mit der Erzählung eine klare Botschaft für ihr eigenes Leben zu vernehmen. Gerade dieser Bezug auf das eigene Leben muß deutlich werden. Die Zuhörer wollen das An-geschaute einpacken und mitnehmen, sie möchten darüber gewissermaßen verfügen können[51].

---

49 s. auch bei Lorenz Wachinger, ebd. 50.
50 Im Trauerprozeß ist es ein bekanntes Phänomen. Der Trauernde kann es zuerst nicht glauben, daß sein Geliebter nicht mehr da ist. Erst wenn er die Einzelheiten der letzten Begegnungen und des Sterbens mehrere Male hat erzählen können, kann er es wirklich glauben.
51 Ich finde, daß Lorenz Wachinger diesen Aspekt übersieht. Sein schönes Buch

Diese Forderung erfüllt die anschauliche Rede nicht. Die Zuhörer klagen, daß «das Bild ein Bild geblieben sei» oder daß sie nicht wissen, was sie mit der Erzählung «anfangen» sollen, wenn die anschauliche Rede nicht klar etikettiert und identifiziert ist. Vielleicht gibt es Ausnahmen: dort, wo der Bezug zum Leben der Zuhörer so klar ist, daß es evident ist, was die Zuhörer mit der Predigt anfangen können.

Passende Begriffe sind imstande, die Relevanz eines geschauten Bildes oder einer nacherlebten Erzählung zusammenzufassen und dem Ganzen einen Namen zu geben. Damit bekommen die Zuhörer die Verfügung über ihre Erlebnisse. Schon während der Erzählung stellen Begriffe die Verbindung mit dem Erleben der Hörer her. Während des Zuhörens durchdringen die Zuhörer die Erzählung mit ihren eigenen Erlebnissen und Erfahrungen. Die Erzählung wird dadurch transparent für sie. Begriffe geben diesem Verfahren jeweils einen Namen. Sie heben gerade hervor, was in der Erzählung oder im Bild mit den Erfahrungen der Zuhörer übereinstimmt. Damit zeigen sie klar, wo der Zuhörer persönlich in die Erzählung einsteigen kann. Nach einer Einleitung über den traurigen Lebenslauf König Sauls sagt Hannelore Frank in einer Predigt:

> Und wie stets in solchen Fällen fragte man nach Gründen und Motiven, suchte sie und meinte sie zu finden nach dem altbewährten Schema: Strafe folgt auf Schuld...[52]

Hier unterbricht begriffliche Rede die erzählte Geschichte. Sie zeigt, wo die Relevanz der Geschichte für die Zuhörer liegen kann: das allgemeine Problem des Scheiterns. «Wie stets in solchen Fällen» hebt das Konkrete für einen Moment auf, bietet dafür eine Verallgemeinerung, damit jeder sich aus seiner eigenen, nicht anschaulich dargestellten Lebenssituation, in die Geschichte Sauls hineinversetzen kann. «Strafe und Schuld», darum geht es in der Erzählung. Diese Begriffe etikettieren das Allgemein-menschliche in der konkreten Geschichte.

Begriffe helfen dazu, den Zuhörer zu orientieren. Die anschauliche Rede zeichnet das Leben, aber nicht das ganze Leben auf einmal. Die Begriffe zeigen den Ort des Lebens, wo die Erzählung stattfindet. Wir reden heute nicht von Liebe, Langeweile, Sehnsucht oder Freiheit, heute geht es eben um «Strafe und Schuld».

Erst wenn es ein ausgewogenes Verhältnis von anschaulicher und begrifflicher Rede gibt, darf der Prediger die optimale Wirkung erwarten[53]. Das Anschauliche ermöglicht den Vollzug des Erlebens, das Begriffliche ermög-

---

«Erinnern und Erzählen» tönt manchmal reaktionär gegen Begrifflichkeit, zum Beispiel S. 13 ff. Damit überspitzt er den Wert der Anschaulichkeit.

[52]   Damals ist heute, 81.

[53]   s. auch Rudolf Bohren, Predigtlehre, 180.

licht den Einstieg ins Erleben. Prägnante Formulierungen, auffallende Ausdrücke haben eine starke Wirkung[54]. Manchmal entdeckt und behält der Zuhörer in einem solchen begrifflichen Satz die Relevanz der Verkündigung für sich. Auf diese Weise verfügt er über das beim Zuhören Erlebte. Wenn es, wie in vielen Predigten, eine Hauptsache gibt, eine Pointe in der Verkündigung, dann gehört gerade dort hin auch einige Begrifflichkeit, damit die Zuhörer gerade dieses Wichtigste im zusammenfassenden Begriff erfassen können. Ich führe noch einmal eine Predigt von Hannelore Frank an. Der Schluß lautet:

> Wir sind, wie Gideon, verlockt, Beweise zu erbitten. Und wir sind, wie er, auf uns gestellt und auf nichts anderes angewiesen als auf unseren Glauben und auf unsere eigene Entscheidung – für Gott oder gegen ihn, für die Veränderung der Welt (in Gottes Namen) oder fürs Ertragen dessen, was er uns nun einmal auferlegt hat. Niemand nimmt uns die Entscheidung ab. Und das ist gut so.[55]

Das ganze Ergebnis der Predigt ist begrifflich in wenigen Worten zusammengefaßt. Nur diese Begriffe anzubieten, wäre blaß und wirkungslos. Als kleine Einheit nach einer anschaulich erzählten Geschichte fassen sie das Angeschaute klar zusammen. Gerade als diese Etiketten haben die Begriffe ihren Sinn.

Es dürfte klar sein, daß begriffliche Rede wirksamer ist, je weniger anschaulich sie ist. Gerade das Unanschauliche, Abstrakte ermöglicht die allgemeine Verwendung.

Mehr Worte will ich der Wichtigkeit begrifflicher Rede nicht widmen. Zum Meer soll man kein Wasser tragen. Denn die viel gehörte Klage von Gottesdienstbesuchern über die Begrifflichkeit der Predigten zeigt eben, daß Prediger noch etwas anderes nötig haben als eine Aufmunterung zur Begrifflichkeit. Hier liegen die Probleme genau umgekehrt wie bei der anschaulichen Rede. Dort kann man vorläufig ziemlich hemmungslos die Prediger im allgemeinen auffordern. Bei der begrifflichen Rede muß man sie vorläufig ziemlich undifferenziert zu bremsen versuchen. Daß ich es nicht ganz undifferenziert tun möchte, dürften die vorangegangenen Sätze dieses Abschnittes gezeigt haben.

Eine erste Form, in die begriffliche Rede entarten kann, wird von den folgenden Höreraussagen angedeutet.

– Das habe ich schon so oft gehört
– Ein schöner Spruch für an die Wand
– Ganz einverstanden. Aber ich bin nicht betroffen gewesen.

---

[54] Das erfolgt auch aus den von Ernst Lerle beschriebenen Resonanztests (Grundriß der empirischen Homiletik, 28 f.).

[55] ebd. 59.

Diese Aussagen bezogen sich auf begrifflich klar ausgearbeitete Predigten. Das in Begriffen Dargebotene war aber so flach und bekannt, daß es bei den Zuhörern eine ähnliche Reaktion wie auf altkluge Bemerkungen und Gemeinplätze hervorrief. Sie waren ausschließlich in ihrem «Eltern-Ich», in ihrem traditionellen Wertsystem angesprochen, ohne Reiz oder Überraschung. «Gott nimmt uns an», wurde in einer dieser Predigten immer wieder betont. Die Blaßheit dieser allzu bekannten Zusammenfassung des Evangeliums berührte die Herzen nicht. Alle Zuhörer waren einverstanden. Nur nicht betroffen.

Die am meisten als negativ empfundene Form begrifflicher Rede ist die intellektualistische. Zuhörer sagen:

- Es war mir zu kompliziert
- Ich fand es unklar

Zu denken ist hier auch an die schon angeführten Klagen über den unpersönlichen Charakter des Gottesdienstes[56]. Bemerkungen wie «leere Formeln», «blaß», «zu allgemein» meinen fast immer beides: das Fehlen des Persönlichen und das Fehlen des Anschaulichen. Hinter Begriffen kann ein Prediger sich viel einfacher verstecken als hinter Anschaulichkeit. Intellektualistisches Reden verursacht also in zwei Dimensionen Schaden. Geborgenheit können die Gottesdienstteilnehmer nicht erleben, weil Intellektualismus zu wenig persönlich ist. Zum Erkennen kommen sie nicht, weil er zu kompliziert ist und zu einseitig den Verstand anspricht. Die einseitige Ausrichtung auf den Verstand wird so stark negativ erlebt, daß das Adjektiv «intellektuell» in Reaktionen von Zuhörern auf Predigten meistens als Äquivalent für «unverständlich», «abstrus», «nichtssagend» benutzt wird[57]. Von einer Predigt erwartet die Gemeinde offensichtlich, daß sie auch andere seelische Bereiche als nur den Intellekt anspricht. Die Bezeichnung «intellektuell» ist deswegen eine negative Qualifikation. Die Zuhörer haben sich nicht in ihrer Ganzheit angesprochen gefühlt und sind darüber enttäuscht.

Die Beziehung zwischen Intellektualismus und Begrifflichkeit liegt auf der Hand. Begriffe zielen auf ein verstandesmäßiges Erfassen. Ich habe dargestellt, daß sie nötig sind, um den Zuhörern den persönlichen Einstieg in die anschauliche Rede zu ermöglichen. Intellektualistisch wird eine Rede, wenn die Begriffe nicht mehr mit dem Anschaulichen in klarem Zusammenhang stehen. Erst das Anschauliche ermöglicht ein Erlebnis, eine Erfahrung. Die Erfahrung muß die Begriffe dauernd decken, sonst werden sie intellektualistisch. Nur die rationale Schicht, nicht mehr die bildhafte, wird angesprochen. Das

---

56   s. S. 52 ff.
57   Robert Leuenberger, Intellektualität und Erfahrung, 200. Die Analysen bestätigen diese Beobachtung.

ermüdet die Zuhörer rasch[58]. Sogar die «geistreichste Verwendung von theologischen Abstraktionen schützt die Gemeinde nicht vor Langeweile»[59].

Die Qual des Intellektualismus zu behaupten ist eines, ihn auszutreiben ein anderes. Es melden sich Widerstände. Die Ausbildung an der Universität ist stark auf den kognitiven Bereich ausgerichtet[60]. Prediger werden vor allem gelehrt, ihre Predigt mit Büchern vorzubereiten. Ihre Berechtigung zum kirchlichen Amt wird hauptsächlich mit intellektuellen Fähigkeiten erreicht. Dieses System zu verändern ist gar nicht so einfach. Der fragliche Intellektualismus schützt die Theologenausbildung vor anderen Problemen[61].

Gleichzeitig werden die Schmerzen bei den Zuhörern dauernd grösser, weil die Tendenz der Zeit zeigt, daß Menschen Erfahrung immer stärker bevorzugen gegenüber Information. Besonders das Fernsehen ermöglicht ein stark mit Erleben durchsetztes Interesse an öffentlich auftretende Personen. Vor dem Fernsehen zeigen sie sich nicht kühl, intellektuell, vorbereitet und genau, sondern stark von unmittelbaren Emotionen gelenkt, locker, spontan, improvisierend[62]. Die informelle Improvisation wirkt persönlich und ermöglicht Intimität. Nicht logische Gedanken bestimmen die Wirkung, sondern ein ganzheitliches Mitfühlen mit lebendigen Menschen. Diese Art von Kommunikation wird heute stärker als in früheren Jahrzehnten öffentlich angeboten. Durch diese Konkurrenz kann sich die intellektuelle Rede schlecht behaupten. Menschen wollen im Gottesdienst etwas erleben, nicht nur Vorträge hören. Einseitiges Zielen auf den Verstand weckt grundsätzliche Widerstände, heute mehr als jemals.

In diesem Zusammenhang ist es lehrreich zu sehen, wie mehrere Psalmen den Anruf an Gott in eine konkrete Geschichte verlegen. In der Überschrift wird der Sitz im Leben anschaulich dargestellt[63]. Gleichzeitig ist die Formu-

---

[58] Robert Leuenberger sagt in dem Zusammenhang, daß intellektualistische Worte und Gedanken eine unechte Beziehung zur Wirklichkeit verraten, weil sie durch keine Erfahrungswirklichkeit gedeckt sind (Berufung und Dienst, 140).

[59] Albert Schädelin, Die rechte Predigt, 62.

[60] «Die Konstruktion der gesamten Universität beruht auf einer Anthropologie, die den kognitiven Bereich für das eigentlich Humane am Menschen hält und die mit ihrem Wissenschaftsideal der reinen Objektivität auf die Ausklammerung bzw. Überwindung aller subjektiven und affektiven Elemente angelegt ist» (Manfred Josuttis, Praxis des Evangeliums zwischen Politik und Religion, 79).

[61] Die grosse Frage würde sein, auf welche Weise die Kirche sonst ihre Amtsträger auf Tüchtigkeit prüfen sollte.

[62] Marshall McLuhan, Die magischen Kanäle, 346.

[63] «Ein Psalm Davids, als er vor seinem Sohn Absalom floh», Ps. 3, 1; s. Lorenz Wachinger, ebd. 36.

lierung des Psalms allgemein genug, damit jeder sich selber hineinversetzen kann.

Der oft gehörte Vorwurf an die Kirche, daß sie unverständliche Worte benutzt, die sie endlich modernisieren soll, scheint mir in dieser Form unberechtigt zu sein. Auf gewisse Begriffe wie «Gnade» und Barmherzigkeit», «Herr», «Vater», «Glaube» und «Friede» wird die Verkündigung wohl nicht verzichten können. Jeder Lebensbereich hat seine Fachausdrücke[64]. Kann es nicht sein, daß der Vorwurf eigentlich sagen will, daß die Prediger ihre Begriffe zu wenig in Verbindung mit Erleben und Erfahrung benutzen? Kein Zuhörer wird sich über Begriffe beklagen, wenn ihm die damit zusammengefaßten Erfahrungen in der Predigt anschaulich dargestellt sind.

Die Analysen von Gottesdienst und Predigt haben mir gezeigt, daß die Gottesdienstteilnehmer sehr bereit sind, Erkenntnis zu erwerben. Aber ihre Bedingung ist, daß es keine rationale Erkenntnis ist, sondern ein Erkennen, das ihren existentiellen Bereich trifft. Nur im Zusammenspiel anschaulicher und begrifflicher Rede ist dieses Erkennen denkbar. Wenn sie betroffen sind, zeigen die Zuhörer sich offen für Begriffe, sie brauchen sie sogar und sie lassen sich auf diese Weise gerne belehren.

---

[64] s. auch Ernst Lerle, ebd. 63.

5. Kapitel

Die Persönlichkeit des Predigers

Die Grundhaltung des Predigers

In den vorangegangenen Kapiteln bin ich den Hörerreaktionen auf Gottesdienst und Predigt gefolgt. Drei Dimensionen des Erlebens im Gottesdienst sind sichtbar geworden und immer wieder neue Aspekte im Reagieren auf das, was in den Gottesdiensten geboten wurde. Ich habe den Eindruck, daß auf diese Weise nicht sehr viele Bestandteile der Homiletik unberücksichtigt geblieben sind.

Eine klare Entdeckung in jeder Analyse von Gottesdienst und Predigt betrifft den engen Zusammenhang zwischen konkreten Verhaltensformen des Predigers und seiner Persönlichkeit. Es ist kein Zufall, wenn ein Prediger oft, zu oft oder selten «ich» sagt; wenn er frei redet; gesetzlich predigt oder anschaulich redet. Diese sichtbaren und hörbaren Tatsachen sind tief in seiner Person verwurzelt. Wer sie verändern will, muß nicht nur die äußerlich wahrnehmbaren Tatsachen, sondern auch die unsichtbaren Wurzeln berücksichtigen.

Durch die Aufzählung der Höreraussagen und die Reflexionen, die ich damit verbunden habe, ist in ziemlich klaren Umrissen ein Grundverhalten des rechten Predigers zutage getreten. Das will ich jetzt zusammenfassen. Es mag vermessen scheinen, den rechten Prediger zu definieren. Es könnte bedeuten, daß man das Wunder des Gottesdienstes vom Prediger und nicht von Gott erwartet. Diese Verzerrung ist mir aber, soviel ich weiß, keine Versuchung. Wer hier Vermessenheit vermutet, dürfte sie selber mitgebracht haben. Der rechte Prediger ist eine Orientierungsgröße, es gibt ihn nicht. Ich habe nicht den Anspruch, selber dem folgenden Bild immer und nach allen Seiten zu entsprechen. Man braucht ein wenig Humor, ein wenig Selbstspöttelei und viel Vertrauen in Gottes überbietende Wirken, wenn man über das Idealbild eines Predigers schreibt und liest. Sonst entmutigt es nur. Dabei ist das Bild als Orientierung und Hilfe gemeint. Es hilft denen, die glauben, daß auch das ganze berufliche Leben eine stete Buße ist. Abschrecken möge es nur die, die zwar Gottesdienste leiten und predigen, aber solches nicht tun sollten. Prediger sein ist nicht jedermanns Sache.

Ich zähle die Aspekte auf, in denen die Grundhaltung des rechten Predigers in den besprochenen Dimensionen zutage getreten ist[1].

---

1   In den Fußnoten werde ich einige Verbindungslinien zu Fritz Riemann (Der Prediger aus tiefenpsychologischer Sicht) ziehen. Riemann beschreibt vier

1. Er ist selber angesprochen

Wenn Gott der Herr will, daß sein Wort verkündigt werde, schließt das nicht aus, daß derjenige, der es verkündigt, es selber auch will. Theologisch betrachtet ist die Berufung das Bindeglied zwischen beiden. Für das Erleben des Predigers bedeutet das, daß er sich persönlich vom Evangelium angesprochen und zur Weitergabe aufgefordert fühlt. Ohne ein Bewußtsein von Sendung wäre ein Prediger gelähmt. Das Gefühl, vom Evangelium innerlich berührt zu sein, und die Überzeugung, daß andere das auf ihre Weise auch erleben sollen, geben ihm den inneren Antrieb, verschiedene Bedingungen zu erfüllen, die für den rechten Vollzug eines Gottesdienstes nötig sind. Er wird die Gemeinde klar anreden und damit persönlich wirken; das ist unerläßlich für das Erwecken des Vertrauens in den Zuhörern. Er wird in seiner Haltung zeigen, daß das Angesprochenwerden nicht nur von ihm selber kommen kann, sondern entscheidend von Gott. In seinem Beten und auch sonst wird diese Erwartung den Gottesdienstbesuchern klarwerden. Wenn er sich selber angesprochen fühlt, wird er seine Verwunderung darüber übertragen können und auch bei den Zuhörern ein Staunen über das Evangelium wecken. Durch das Angesprochensein wird er auch erst den Mut bekommen, zu verkündigen, also Dinge zu sagen, die er nicht rational begründen kann.

Auch inhaltlich wird die Tatsache, daß der Prediger sich selber von Gott angesprochen fühlt, ihre Folgen haben. Er wird dem Schicksal nicht allzu viel Ehrfurcht widmen, aber auch nicht den Anspruch erheben, daß die kirchliche Verkündigung die Rätsel der Welt erklären kann. Das eigene Angesprochensein ist der Zugangsweg zur Substanz von Predigt und Gebet. Es führt zum vollkommenen Ernst, mit dem der Prediger seine Arbeit tut. Durch diesen Ernst wird er die Gottesdienstbesucher fesseln.

In diesem Angesprochensein und Berufensein unterscheidet sich der Prediger nicht grundsätzlich von jedem anderen Christen. Die Berufung gilt der Nachfolge von Jesus, nicht unbedingt dem Predigeramt. Es sind persönliche, gesellschaftliche und noch andere Faktoren, die dieser Berufung für bestimmte Menschen die Gestalt verleihen, den Pfarrerberuf zu wählen. Die gleiche Berufung realisiert sich bei anderen in anderen Gestalten. Ganz allgemein gilt, daß jeder Christ zur Verkündigung berufen ist. Am Prediger wird diese allgemeine Aufgabe am klarsten sichtbar.

Es gehört zu den furchtbarsten Qualen, die ein Prediger erleben kann,

---

Haupttypen von Predigern, mit ihren jeweiligen guten und schlechten Eigenschaften. Mir ist das zu sehr systematisiert und konstruiert. In Wirklichkeit lassen die Persönlichkeiten der Prediger sich nicht in diese Haupttypen einteilen. Die meisten Menschen zeigen starke Züge aus verschiedenen Typen. Trotzdem finde ich es wertvoll, daß Riemann das Interesse auf die Persönlichkeit des Predigers lenkt.

176

wenn er innerlich unsicher ist oder wird in bezug auf die Frage, ob er predigen soll oder nicht. Ein wenn auch tief verstecktes oder sogar unbewußtes Gefühl, innerlich zu der Predigtarbeit gerufen zu sein, schenkt ihm die geistige Vitalität zu dieser Aufgabe. Wenn dieses Gefühl fehlt, spürt der empfindsame Prediger, daß er sich in eine unmögliche Situation begeben hat. Äußerlich wird es sich vielleicht in einer fehlenden Anrede oder in blutleeren Gebeten zeigen.

Soweit ich gesehen habe, gibt es grundsätzlich zwei seelische Situationen, in denen diese Qual auftritt. Erstens gibt es Männer und Frauen, die allzu unbesonnen einen Beruf gewählt haben, der ihnen Predigtarbeit aufträgt. Besonders für einen Pfarrer ist das eine traurige Situation. Seiner ganzen Berufsexistenz fehlt die Verwurzelung, wenn er nicht angesprochen ist. Seine Ausbildung bietet ihm fast keine Möglichkeit zu anderer Arbeit. Und wer wird irgendwo vorne anfangen wollen oder können, wenn eine Familie da ist und eine eingeschliffene Lebensart? Die Lösung, trotzdem weiterzupredigen, ist aber mehr als fraglich. Den Kirchenleitungen stehen kaum Möglichkeiten offen, junge Theologen daraufhin zu prüfen, ob sie persönlich durch das Evangelium angesprochen sind. Das würde, statt einer Prüfungsbehörde, eine intensivere Gemeinschaft mit den Studenten erfordern. Solange das ein unrealistischer Wunsch bleibt, wird die Qual immer wieder auftauchen: Prediger ohne inneren Antrieb.

Die zweite Situation, die viel häufiger vorkommt, ist die der Entfremdung von sich selber. Das Elend ist, daß es allzu vielen Mühe macht, mit jungen Theologen über das Ergriffenwerden von Gott zu reden. In der wissenschaftlichen Ausbildung wird «wissenschaftlich» rasch mit «Vermeidung der existentiellen Bereiche» verwechselt. Glaube kann rasch zu Theologie, also Leben zu Theorie reduziert werden. Für junge Theologen bedeutet das oft, daß sie den Kontakt mit den Wurzeln ihrer Berufswahl verlieren. Sie würden sich schämen, sich auf innere Vorgänge zu berufen, über die in den gelehrten Büchern nie geschrieben wird[2]. Aber in mehreren seelsorgerlichen Kontakten mit Studenten und jungen Pfarrern ist mir klargeworden, daß sich unter der üblichen Skepsis bezugs Berufung oft ein verschüttetes Bewußtsein von großer innerer Verbindlichkeit, einer vocatio interna, befindet. Erst in einer persönlichen Atmosphäre von Annahme und Verständnis wagt sich dieses Bewußtsein einigermaßen zu zeigen.

Sichere Gewißheit in der Frage, ob man zum Pfarramt berufen ist, gibt es, glaube ich, selten. Sie ist sogar sehr fraglich. Das Erbe des Pietismus, mit seiner Überbetonung der Berufung als eine nur innere und nur irrationale Erfahrung, wirkt manchmal in der Art nach, daß Theologen ein schlechtes Ge-

---

2   Eine beachtenswerte Ausnahme bildet Robert Leuenberger, Berufung und Dienst, 7–31.

wissen haben, wenn sie diese Erfahrung nicht kennen[3]. Legitim ist aber die Frage, ob ein Prediger selber vom Evangelium angesprochen ist. Dieses Angesprochensein ist im Grunde synonym mit der vocatio interna. Der Weg zum Predigeramt ist für viele Prediger einfach der gesellschaftliche Rahmen ihres Glaubens. Sobald sie wieder Zugang zu ihrem Glauben bekommen, erwacht auch wieder die Freude an der Predigerarbeit. Über diese tiefste Wurzel seiner Pfarrerexistenz muß der Prediger reden können. Es geht um seine Beziehung zu dem Herrn, den er verkündigen soll. Ohne Klarheit darüber ist er gelähmt, bevor er anfängt.

2. Er hat Verantwortungsgefühl

In einem harmonischen Wachstumsprozeß lernen Menschen nicht nur sich größtenteils selbständig zu machen, sondern auch Verantwortung für andere zu übernehmen. Verantwortung tragen ist mehr und schwieriger als selbständig sein, wie Vater- oder Muttersein mehr ist als Erwachsensein. Erst wer bereit und fähig ist, andere zu tragen, wird eine Autoritätsfunktion übernehmen können. Für das Erwecken von Vertrauen ist die tragende, sorgende Haltung unerläßlich. In unseren Tagen gehört diese Rolle nicht zu den beliebten[4]. In den Kapiteln über Geborgenheit und Befreiung habe ich zu zeigen versucht, wie schwer besonders die jungen Prediger es haben, sobald sie entdecken, daß sie im traditionellen Gottesdienst eben eine Autorität sind[5]. Die äußerliche Gestaltung des Gottesdienstes verlangt einen Prediger, der eine rechte Haltung als Autorität findet.

Auch die inhaltliche Gestaltung der Verkündigung verlangt Verantwortungsgefühl. Sonst verschwindet der Bereich der Demut und des Gehorsams, des Gesetzes und der Verbindlichkeit im Glauben aus dem Blickfeld, mit den im dritten Kapitel geschilderten Folgen. Verantwortungsgefühl verhütet ein naives, unrealistisches Überspringen von Problemen und öffnet die Augen für die Komplexität des Lebens. Der Prediger, der Verantwortung trägt, wird sich bemühen, die Strukturen der biblischen Botschaft klar zu entdecken und sich nicht ohne Prüfung seinen Einfällen zu überlassen. Er sucht Worte, die den Menschen klarmachen, wo die Verkündigung sie ansprechen will. Er macht es seinen Hörern auch nicht bequem. Er zeigt realistische Wege, auch wenn Schmerzen dazugehören. Auf diese Weise ist er zuverlässig und kann er Geborgenheit wecken.

---

[3] Robert Leuenberger, ebd. 17.

[4] Soweit ein Prediger schizoide Tendenzen hat, wie Fritz Riemann sie beschreibt, wird er gerade in diesem Punkt Schwierigkeiten haben. Durch seine schonungslose Art wird er eher schockieren als Geborgenheit wecken (ebd. 155). Auch hysterische Züge erschweren es, verbindlich zu sein und Verantwortung zu tragen (ebd. 164 f.).

[5] s. S. 65 ff. und 101 ff.

3. Er sucht den Kontakt mit sich selber

Das menschliche Leben bietet die unheimliche Möglichkeit, Wertvorstellungen von anderen zu übernehmen und dabei den Kontakt mit sich selber zu verlieren. Die anderen, deren Werte und Traditionen ich übernehme, sind mir dann so wichtig, daß ich im Grunde mich selber ausschalte. Ich bin nur noch Sprachrohr, nicht mehr selber Person. Ich liebe mich selber nur noch, soweit ich den Idealvorstellungen entspreche. So wie ich wesentlich bin, liebe ich mich nicht. In dieser Situation kann ich aber nicht wirklich Liebe für andere empfinden. Es gibt dann im Grunde kein «ich», das lieben kann, nur eine Sprachrohr, eine Kopie. Persönlich predigen kann ich, wenn ich mich selber annehme. Erst dann wage ich es, mich zu zeigen und offen zu sein.

Tiefes Erleben bei anderen wecke ich bis zu dem Grad, in dem ich mich selber erreiche. Wenn ich Rachegefühle überspiele, weil sie vielleicht tatsächlich erschreckend sind, wenn ich einen frommen Glauben rationalisiere, um mit einer theologischen Theorie in Übereinstimmung zu geraten, schließe ich mich selber zu, und im Gottesdienst schöpfe ich aus einer versiegenden Quelle. Die Schicht der Sehnsucht und der Geborgenheit erreicht nur der Prediger, der zu seinen eigenen Tiefen Zugang sucht. Und die eigenen Tiefen sind immer, sicher auf den ersten Blick, komisch, kindlich und nicht sehr druckreif. Besonders Predigern mit zwanghaften Tendenzen macht das so viel Angst, daß es ihnen viel Schmerzen macht, den Weg zu sich selber zu finden[6].

Bei der Predigtvorbereitung ist der Kontakt mit sich selber von entscheidender Kraft. Der Predigteinfall entsteht nur in der Unruhe der Kreativität, wenn der Prediger es wagt, seine einengenden, angelernten Gedanken abzustellen. Diese Gedanken braucht er erst wieder für die Prüfung seiner Einfälle.

Ich habe gezeigt, wie verheerend es sich auswirkt, wenn der Prediger sich selber überspielt. Gerade das, was er in sich selber verdrängt, wirkt auf die Zuhörer[7]. Das ist das Tragische beim Verdrängen. Es wirkt auf andere, ohne daß wir es wollen, und viel stärker, als wir es für möglich halten. Das Verdrängte wird autonom, entzieht sich unserer Kontrolle und bekommt dämonische Kraft. Alle Menschen haben Probleme und verwirrende Kräfte in sich. Das ist nicht das Schlimme, es gehört zu unserem Leben. Die Kommunikationsstörungen fangen nicht bei den Schwierigkeiten des Lebens an, im Gegenteil, Schwierigkeiten können Menschen sehr miteinander verbinden. Störungen treten auf, wo wir uns diese Schwierigkeiten nicht eingestehen. Der Prediger, der seine Unsicherheit nicht anerkennen will, predigt so sicher, daß die Zuhörer erstens sich selber nicht mit ihm identifizieren können und zwei-

6   Fritz Riemann, ebd. 160 ff.
7   s. S. 56 f.

tens sich an seinem Stil ärgern. Seine Unsicherheit dagegen würde gerade Verbindung schaffen, wo er sie miteinbeziehen würde. Er würde, statt der Sicherheit des Menschen, eher die Verheißung Gottes predigen, die uns Unsicheren zu Hilfe kommt[8].

Die Frage, inwieweit der Prediger sich offen zeigen soll, ist nicht mit einfachen Regeln zu beantworten. Nicht alle Offenheit ist nützlich. Aber eine Fassade fördert sicher nicht die Kommunikation. Emotionale Offenheit wirkt beteiligend. Die freie Rede ist im allgemeinen ein wichtiger Schritt ins Offene.

Auch für die Anschaulichkeit, von entscheidender Bedeutung in der Dimension des Erkennens, muß der Prediger den Zugang zu sich selber finden. Anschaulichkeit kommt nur kommunikativ zustande, wenn der Prediger innerlich sieht. Wer den Zugang zu sich selber nicht sucht, wird sich hinter Bildern von anderen oder hinter Begriffen verstecken.

Rudolf Bohren macht darauf aufmerksam, daß Prediger manchmal eine Zuhörerschaft erfinden, die gar nicht anwesend ist[9]. Auch das ist eine unmittelbare Folge von fehlendem Kontakt mit sich selber. Wenn ich das Hadern in mir selber nicht wahrhaben will, werde ich gegen das Hadern predigen. Im Grunde rede ich dann nur mich selber an statt die wirklichen Gottesdienstteilnehmer. Das Verdrängen des Predigers zeigt sich dann in gesetzlichen Forderungen, die er lieblos der Gemeinde auferlegt[10]. Dabei trifft er nur unbewußt sich selber.

Wer den Kontakt mit sich selber sucht und wer sich selber gerne hat, wird keine Mühe haben, den emotionalen Bereich des Gottesdienstes anzuerkennen und die Gottesdienstbesucher in diesem Bereich anzusprechen.

4. Er gibt sich hin

Wer Gemeinschaft mit anderen Menschen sucht, liefert sich diesen Menschen aus. Das gilt auch für den Pfarrer, der einen Gottesdienst leitet. Dieser Akt, sich auszuliefern, macht vielen große Mühe[11]. Dann droht zu große Zurückhaltung, und der Prediger wird den Bedingungen, die ein Gottesdienst stellt, nicht mehr entsprechen. Intellektualismus ist eine berüchtigte Form der Zurückhaltung. Man spricht die Menschen nur rational an. Dann gibt es wenig Risiko, denn gedanklich ist der gelehrte Pfarrer ziemlich überlegen.

---

8 Rudolf Bohren beschreibt, wie Korrektheit, auch in Predigten, den Einsatz der eigenen Person ersetzt (Predigtlehre, 403 f.). Wer keinen Kontakt mit sich selber findet, bietet eben Fremdes, das richtig sein kann, aber langweilig wirkt.

9 ebd. 466.

10 Wybe Zijlstra behauptet, daß Gesetzlichkeit meistens eine unverarbeitete Problematik beim Prediger verrät (Is actuele prediking mogelijk?, 234).

11 Am schwersten ist sie wohl für Menschen mit einer zwanghaften oder schizoiden Einstellung zum Leben (s. Fritz Riemann, ebd. 160 ff. und 155).

Er kann auf diese Weise fast keine Fehler machen. Er verhütet die Selbstauslieferung. Nur sind die Gottesdienstteilnehmer enttäuscht, weil sie nicht ganzheitlich angesprochen sind.

Über das Verhältnis von Glaube und Theologie machen sich wenig Prediger Gedanken. Für allzu viele fallen beide zusammen. Das scheint mir verheerend. Theologie ist ein rationales Unternehmen, sie hat im intellektuellen Bereich ihre Berechtigung, ihre Kraft und ihre Beschränkung. Glauben ist ein existentieller Akt, der den ganzen Menschen umfaßt. Theologie gehört in die Predigtvorbereitung, in die Prüfung der Einfälle. Sie hat auf der Kanzel nichts zu suchen[12]. Kochtöpfe gehören nicht auf die festliche Tafel. Auf der Kanzel verkündigt ein glaubender (und immer wieder ungläubiger) Christ den Herrn, von dem er ein Wunder erwartet. Das ist kein theologisches Unternehmen, sondern ein existentiell-kommunikativer Akt. Es ist die Parallele zum Auftreten von Jesus, der nicht lehrte wie die Schriftgelehrten, sondern mit Kraft (Mk. 1, 22). Verkündigung führt oft zu Einseitigkeiten und Überspitzungen, die in der Theologie nicht erlaubt sind. In der Theologie fehlt die konkrete Bezogenheit auf Ort und Stunde. Sie soll deshalb ausgeglichener und allgemeiner sein als die einzelne Predigt. Verkündigung verlangt vom Prediger vordergründig nicht, daß er denkt, sondern daß er sich hingibt. Das umfaßt auch, daß er frei redet. Ohne seine Hingabe kommt es nicht zu der Weihe und Intimität, die dem Begegnungscharakter des Gottesdienstes entspricht. Natürlich kann der Herr selber auch die Unfähigkeit des Predigers überbieten. Aber es ist unvernünftig, zuviel zu erwarten, auch von Gott.

Zum Glauben gehört Hingabe. Gottes Verheißung verlangt Ergebung, ein Vertrauen, daß er es recht macht. Ohne unbekümmerte Freude tritt Verkrampfung und Gesetzlichkeit ein[13]. Der Prediger, der sich hingibt, wird anschaulich sein und erzählen können, weil er sich nicht von Befürchtungen bremsen läßt, man könnte ihn mißverstehen[14]. Seine eigene Freude in der Hingabe wird ihm gerade jenen Druck wegnehmen, den das Verantwortungsgefühl manchmal verursacht.

---

12 «Erst wer die Theologie hinter sich gebracht hat und mit ihrem reichen Ertrag wieder ganz und gar Mensch geworden ist, kann eine Gestalt der Predigt schaffen, die wirklich unmittelbar zum Menschen spricht» (Otto Haendler, Die Predigt, 238).

13 Richard Riess behauptet, daß eine gesetzliche Predigt immer auf eine zwanghafte Persönlichkeit hinweist (Zur pastoralpsychologischen Problematik des Predigers, 313). Das wird von den in diesem Buch angeführten Analysen nicht bestätigt. Gesetzlichkeit trifft man auch bei anderen Charakterstrukturen an.

14 Per Frick Høydal schildert einen langweiligen Prediger, der sich endlos absichert, um nicht falsch verstanden zu werden (Die Auswirkungen eines CPE-Kurses auf Persönlichkeit und Predigt, 492).

5. Er steht im Glauben und Unglauben

Es wird schwer zu entscheiden sein, was schwieriger an sich heranzulassen ist: Glaube oder Unglaube. Der Schritt in den Glauben an Christus bedeutet eine existentielle Ergebung, er wird mit der Preisgabe vieler alter Sicherheiten bezahlt. Den Unglauben, der in jedem Menschen nun einmal immer wieder da ist, bewußt zuzulassen, bedeutet eine Verunsicherung hinsichtlich des letzten Vertrauens. Keines von beiden ist sehr leicht. Für den Prediger ist beides nötig. Ohne Beziehung zum eigenen Unglauben nimmt er die Widerstände gegen Gottes Gebote und Verheißungen nicht ernst. Harmlose Verkündigung ist die Folge[15]. Die Zuhörer können ihre Anfechtung nicht im Gottesdiensterleben integrieren, und die, denen das wichtig ist, werden nicht angesprochen. Der Prediger, der in der Spannung zwischen Glauben und Unglauben ausharrt, wird bei den Zuhörern den Ärger über Gott, die Klagen und Anklagen und die Gleichgültigkeit ansprechen, weil er sie bei sich selber zu finden weiß. Er identifiziert sich nicht mit dem Bibeltext. Er prüft die Realität des Erlebens auf die Frage hin, was Gottes Wort bei Menschen hervorruft. Nur dann kann die Anfechtung überwunden werden. Der Prediger vertritt dann die Gemeinde als fragender Zuhörer und ist ihr ein glaubwürdiges Gegenüber, wenn er Frieden inmitten der Fragen findet.

6. Er führt und läßt frei

Für jeden in einer führenden Stellung ist es in bezug auf den guten Kontakt von entscheidender Bedeutung, daß er den rechten Rhythmus zwischen Führen und Freilassen findet. Wer nur führt, wird ein Despot. Wer nur freiläßt, wird unverbindlich. Erst im ausgewogenen Verhältnis dieser entgegengesetzten Haltungen ist Führung verheißungsvoll[16]. Schon in der Frage der Echtheit ist das von Bedeutung. Wer nur echt ist, wird rasch ein Exhibitionist. Zur angemessenen Echtheit gehört auch Distanz und Respekt vor dem anderen. Der zu persönliche Prediger läßt seinen Zuhörern zu wenig Freiraum. Wird aber zu wenig Führung realisiert, dann fühlt der Zuhörer sich nicht ernst genommen und ebensowenig angesprochen.

Die Kunst des Erzählens setzt voraus, daß der Prediger vor-führt und gleichzeitig offen-läßt. Genau genug soll er darstellen, um anschaulich zu sein, vage genug, damit der Zuhörer innerlich noch aktiv werden kann. Wer zu gerne führt, erzählt zu ausgiebig, er wird theatralisch. Wer ungerne führt, erzählt unklar.

---

15 Prediger mit Tendenzen, die Fritz Riemann hysterisch nennt (ebd. 163 ff.) machen am ehesten diesen Fehler. Riemann nennt auch depressive Züge, die zur Verharmlosung führen (ebd. 158).

16 Dieses ausgewogene Verhältnis zu finden, fällt wohl niemandem leicht. Zwanghafte Prediger sind dazu geneigt, zu stark zu führen (s. Fritz Riemann, ebd. 161).

7. Er übt seine Funktion entschieden und ohne Anmaßung aus

Es geht im Gottesdienst um existentielle Sachverhalte. Darin gibt es keine Hierarchie unter Menschen. Gott gegenüber sind alle gleich klein. Trotzdem leitet der Prediger den Gottesdienst, und die Zuhörer werden geleitet. Das bedeutet für den Prediger, daß er in die Spannung kommt, in der alle primi inter pares stehen: der Polarität zwischen dem einfachen Gottesdienstteilnehmer und dem Amts- oder Funktionsträger.

Heute führt ein ausgewogenes Verhältnis dieser zwei Rollen zu einer Ausübung von Autorität, die vom Erwachsenen-Ich ausgeht, nicht vom Eltern-Ich[17]. Unverbindlichkeit droht dort, wo der Prediger nicht primus sein will, Überheblichkeit, wo er sich nicht mehr unter den pares erlebt. Noch mehr als für die Zuhörer ist es für das Identitätsgefühl des Predigers wichtig, daß er hier das rechte Gleichgewicht findet[18].

Die Gefahren der Überheblichkeit werden aktuell, wo der Prediger sich zu stark mit der Instanz des Bibeltextes identifiziert, als ob das Evangelium für ihn keinen Anstoß mehr erwecken würde. Kanzelmißbrauch droht auch, wo er seine Funktion überschätzt. Besonders die politische Predigt unterliegt oft dieser Versuchung. Schließlich ist hier an versteckte Angriffe gegen Gruppen oder Personen zu denken, die es in manchen Predigten gibt. Scheinbar sind die nicht autoritär gestaltet, aber ein aggressiver Unterton verrät, daß der Prediger sein eigenes Recht auf der Kanzel durchsetzen will[19].

In diesen sieben Dispositionen ist jetzt zusammengefaßt, welche Grundhaltung ein Prediger suchen muß, um in traditionellen Gottesdiensten bieten zu können, was die Zuhörer von ihm erhoffen. Diese Zusammenfassung ist ein Leitbild, das wohl selten in einem einzigen Menschen realisiert wird. Die totale Realisierbarkeit ist keine Bedingung für den Wert eines Leitbildes. Es dient der Orientierung. Ein Prediger soll jeweils wissen, an welchen Stellen dieses Leitbildes er vorsichtig sein soll und an welchen Stellen ihm Unbekümmertheit erlaubt ist. Um in Bewegung zu bleiben, ist es wahrscheinlich, daß ein Bemühen an irgendeiner Stelle sogar nötig ist. Unter diesem Aspekt wäre es nicht einmal günstig, wenn der Prediger die optimale Grundhaltung schon realisiert.

Soweit der Prediger dazu beiträgt, daß die Gottesdienstteilnehmer sich angesprochen fühlen, ist es seine Grundhaltung, die das bewerkstelligt, und nicht die Technik, die er anwendet, oder der Inhalt der Worte, die er spricht. Die Beziehung zwischen Prediger und Zuhörer ist der Ort, wo das Entschei-

---

[17] s. S. 108 ff.

[18] Depressive Tendenzen verhindern manchmal die rechte Entschiedenheit, hysterische die rechte Bescheidenheit (s. Fritz Riemann, ebd. 158 und 164).

[19] Per Frick Høydal meint sogar, daß Feindseligkeit und Aggression die auffälligsten Merkmale pastoraler Emotion sind (ebd. 489).

dende im Gottesdienst stattfindet. In dieser Beziehung spielen zwar andere
Faktoren als nur der Prediger eine Rolle. Aber die Persönlichkeit dieses Mannes oder dieser Frau ist dermaßen wirksam, daß sich bei einer negativen Wirkung dieses Faktors kaum erhoffen läßt, daß der Zuhörer sich angesprochen
fühlt. Durch die positive Wirkung des Predigers können die homiletische
Technik und die Bedeutungsinhalte der gesprochenen Worte verheißungsvoll wirken. «Die Moral verliert die Gesetzlichkeit und wird zur Ordnung.
Die Lehre verliert die Starrheit und wird zur Verkündigung. Das Jenseits verliert die Lebensfremdheit und wird zur Gegenwärtigkeit der Gotteswelt» [20].

Die Fähigkeit des Predigers in ihrer zweifachen Gestalt

Im rechten Prediger läßt sich eine Einheit von persönlichem Verhalten und
liturgischer und homiletischer Technik feststellen. Wenn er «ich» sagt, tut er
es nicht, um den heutigen homiletischen Regeln Genüge zu tun, sondern weil
es aus ihm selber spontan hervorkommt. Redet er anschaulich, dann erzählt
er, was er mit seinem inneren Auge selber geschaut hat, und wiederholt nicht
einfach, was er in einem Buch gelesen hat. Es herrscht eine Übereinstimmung
zwischen seinem sichtbaren und hörbaren Verhalten und seiner inneren Einstellung. Seine Fähigkeit, den Gottesdienst zu leiten, hat eine zweifache Gestalt. Einmal hat er das Geschick, mit der Sprache, mit der liturgischen Reihenfolge und den räumlichen Verhältnissen umzugehen. Zum anderen steht
er mit seiner Person, seiner Begeisterung und seinem Ernst hinter dem, was
er sagt und tut. Seine Arbeit ist ein Simultangeschehen von sinnlich wahrnehmbaren Ausdrucksformen und intuitiv spürbarer innerer Beteiligung.
Was ich die zweifache Gestalt nenne, ist in Wirklichkeit ungetrennt. Für
die Reflexion und die Theorie ist die Trennung aber notwendig. In unserer
Kultur fehlt ein Denksystem, das der psychosomatischen Einheit des Menschen gerecht wird. Das ist nicht tragisch, solange wir nicht vergessen, daß
die Trennung im Grunde unrealistisch ist.
Die zweifache Gestalt der Fähigkeit verlangt von der Ausbildung der Prediger, daß sie zweispurig läuft. Sie umfaßt Technisches und Methodisches,
also Allgemeines, aber auch Persönliches, also Individuelles. Für jeden Prediger soll die Ausbildung in maßgeschneiderter Form sein, weil er einzigartig
ist und weil seine Einzigartigkeit für das Predigen wesentlich ist. Sobald die
Ausbildung einspurig verläuft, ist sie weniger verheißungsvoll. Homiletische
Bücher, auch dieses, haben keine wirkliche Potenz für die tatsächliche Gestaltung von Gottesdiensten und Predigten. Sie liefern im günstigsten Fall
winzige Beiträge dazu. Sie dienen hauptsächlich der gelehrten Diskussion

---

[20]   Otto Haendler, Die Predigt, 146 f.

über die Predigt und werden dementsprechend von den gelehrteren unter den Predigern gelesen. Nur kann man nicht sagen, daß diese gelehrteren Pfarrer ihre Gemeinden im Gottesdienst besser ansprechen. Alles objektivgültige Hinweisen darauf, was man alles in der Predigt soll, hilft dem Prediger zu wenig, weil die Einzigartigkeit seiner Person nicht in Betracht gezogen wird[21]. Damit ist nicht gesagt, daß die homiletischen Vorträge und Publikationen sinnlos sind. Erstens ist die theoretische Diskussion nicht überflüssig, zweitens können die technischen, also die exegetischen, systematischen und rhetorischen Anweisungen auch in sich sinnvoll sein. Nur müssen sie ergänzt werden von einer Begleitung, die auf die Person des Predigers abgestimmt ist.

Die andere Spur ist, wenn sie isoliert wird, genauso verheißungslos. Arbeiten an der Persönlichkeit kann man in einer guten Gruppentherapie oder in Einzelberatung bei fähigen Psychotherapeuten. Man kann es auch in seinem eigenen Kreis von Freunden, Angehörigen und Kollegen. Wer würde es wagen, den Sinn dieser Arbeit an sich selber zu bezweifeln? Nur hilft sie nicht zur Ausbildung eines Predigers, höchstens liefert sie winzige Beiträge dafür.

Verheißungsvoll ist die Ausbildung erst, wenn die zwei Arbeitsformen einander begegnen. Im Spannungsverhältnis der theologischen und rhetorischen Anweisungen einerseits und der Beschäftigung mit der Person andererseits entsteht die homiletische und liturgische Ausbildung. Erst die Berufsprobleme berühren die Person des Predigers an einer Stelle, wo die Arbeit an seiner Person für die Predigt fruchtbar wird. Es ist wie beim Bau eines Grubenganges. Man muß bohren und Stützen aufrichten, immer beides. Erst kurz bohren, dann schon wieder Stützen bauen. Die eine Tätigkeit ohne die andere wäre sinnlos. Genauso ist es in der Ausbildung der Prediger. Sobald einer einen Gottesdienst leitet, also die theologischen und rhetorischen Ratschläge realisiert, zeigt er seine Persönlichkeit. An den Reaktionen der Zuhörer wird nicht nur klar, welche theologischen und rhetorischen Regeln er eingehalten oder nicht eingehalten hat. An ihnen wird auch erahnt, welche Grundhaltung seiner Person mit im Spiel ist. An zwei Orten gibt es dann Arbeit.

Für die homiletische und liturgische Ausbildung bedeutet das eine viel stärkere Aufmerksamkeit für die Prediger und Theologiestudenten persönlich. Denn an technischen, theologischen und rhetorischen Ratschlägen fehlt

---

21 Bei aller Anerkennung der Arbeit von Manfred Josuttis glaube ich deshalb, daß er die Schwierigkeiten unterschätzt, wenn er bessere Predigten davon erwartet, daß Pfarrer sich besser exegetisch-kritisch vorbereiten und die reformatorische Theologie ernster nehmen (Gesetzlichkeit in der Predigt der Gegenwart, 115 f.). Die gleiche Kritik gilt Gert Otto, der die Ursache der unwirksamen Predigten zwar nicht in schlechter Fachtheologie, sondern im «sprachlichen Desinteresse und Unvermögen vieler Prediger» sucht (Predigt als Rede, 58).

es nicht, und die Produktion neuer Auflagen wird sicher weitergehen. Aber das persönliche Interesse für die Männer und Frauen, die sich auf die Leitung des Gottesdienstes vorbereiten, muß ausgebaut werden, in stetem Zusammenhang mit den inhaltlichen Problemen der exegetischen und systematischen Theologie. Die Analysen von Gottesdiensten und Predigten zeigen, wieviel Einfluß die Person des Predigers hat. Sogar wer das bedauert, soll um der Realität willen einsehen, daß diese Person Beachtung verdient.

Im Erleben der meisten Pfarrer wird klar, wie stark ihre Gottesdienste und besonders ihre Predigten für ihr eigenes Empfinden mit ihrer Person verbunden sind. Im Grunde sind fast alle Prediger sehr empfindlich für Kritik und – was noch mehr sagt – verlegen und abwehrend, wenn Zuhörer sich begeistert bei ihnen bedanken für das, was er ihnen gegeben hat. Die Predigt ist «die volle Manifestation der Persönlichkeit», sagte Christian Palmer schon im letzten Jahrhundert[22]. Auch die, die es theoretisch bestreiten oder verleugnen, empfinden es zumeist so. Ihre Identität gewinnen viele Pfarrer eben als Prediger[23]. Es ist allein die herkömmliche homiletische Theorie, nicht die Gemeinde und nicht das eigene Empfinden des Predigers, die das große Gewicht der Persönlichkeit des Predigers übersieht.

Zwei grundsätzliche Fragen entstehen, sobald die Ausbildung zum Prediger mit der Wichtigkeit der Person ernst machen will. Erstens: Wer soll die Ausbildung machen? Zweitens: Wollen alle Prediger, daß ihre Person in der Ausbildung berücksichtigt wird?

Die Ausbildung von Persönlichkeiten darf nie einem einzigen Menschen anvertraut werden, weil jeder seine blinden Flecken hat, seine Schwächen und Vorurteile. Das ist nicht an sich schlecht, aber Grund genug, solche Ausbildung grundsätzlich mehreren anzuvertrauen. Im Rahmen der Klinischen Seelsorge-Ausbildung, die einen kleinen Beitrag zur homiletischen und liturgischen Ausbildung liefern kann, ist dieses Problem so gelöst, daß ein Kreis von Kollegen, unter der Leitung eines Supervisors, die Begleitung des Predigers bildet. Die Kollegen werden einander zu Ausbildern, aber immer miteinander. Der Leiter ist ebensowenig die einzige Autorität. Die Klinische Seelsorge-Ausbildung ist aber grundsätzlich eine Ausbildung für Pfarrer, die schon einige Jahre selbständig gearbeitet haben. Zudem ist die Problematik der Seelsorgebeziehungen dort vordergründig. Das Gewicht der Gottesdienste verlangt wesentlich breitere Aus- und Weiterbildung.

In den genannten Kursen ist die Verbindung zwischen Technik und Person

---

22   s. bei Otto Haendler, ebd. 47.
23   Gert Otto, ebd. 14. Er sagt, daß Pfarrer durchschnittlich mehr als dreizehn Stunden in der Woche Vorbereitung für Predigten und Amtshandlungen brauchen. Auch von diesem Zeiteinsatz her ist klar, warum das Predigen als Ausdruck der Persönlichkeit erlebt wird.

durch die Art der Arbeit und durch die Art der Leitung gewährleistet. Dadurch wird diese Ausbildung der zweifachen Gestalt der Fähigkeit, die für Gottesdienst und Predigt nötig ist, gerecht. Sie läßt sich aber auch in anderem Rahmen denken. Der Supervisor, also der sowohl für technische Befähigung als auch für persönliches Wachstum sensible und ausgebildete Leiter, scheint mir dabei unerläßlich zu sein. Ihm nimmt man auch die Kombination von technischen und persönlichen Bemerkungen ab, was in einem Kollegenkreis ohne Leiter nicht ohne weiteres der Fall ist.

Beseitigung von Fehlverhalten

Die in diesem Buch besprochenen Analysen von Gottesdiensten und Predigten haben jeweils beim betroffenen Prediger einen Prozeß in Gang gesetzt, der zu Verhaltensänderungen geführt hat. Die Predigten sind nicht immer besser geworden[24]. Wer nur Symptome heilt, muß Medikamente benutzen, die oft böse Nebenwirkungen haben. In dem Fall hätte man besser nichts geändert. In ermutigend vielen Fällen führen die Analysen jedoch zu Entwicklungen beim Prediger, die sich langsam, aber sicher positiv bemerkbar machen. Die Analyse ist der erste Schritt. Für viele Pfarrer ist sogar die Bereitschaft, einen Gottesdienst und eine Predigt analysieren zu lassen, schon ein erster Schritt, der ihnen Mühe macht. Aber mit der Analyse ist die Arbeit nicht getan. In manchen Fällen folgen ein oder mehrere Einzelgespräche zwischen Prediger und Analyseleiter. Besonders wenn die in der Analyse sichtbar gewordene Problematik tiefe Wurzeln hat, fühlt der Prediger oft das Bedürfnis, ganz persönlich weiterzureden. Es kommt dann eine berufsbegleitende Beratung in Gang. Die Mehrzahl der Prediger braucht das aber nicht. Sie nehmen die Analyseergebnisse bewußt in sich auf und warten, was geschieht. Nach längerer Zeit treten sie nochmal an. Die zweite Analyse wird damit zu einer spannungsvollen Angelegenheit.

Ich beschreibe zwei von solchen Analysen eingeleitete Prozesse bei Predigern. Der erste betrifft einen jungen Pfarrer mit relativ wenig Berufsproblemen. Der zweite Pfarrer hat viel mehr Schwierigkeiten in seiner Arbeit und fragt sich, ob er den Beruf noch länger ausüben kann, wenn sich nicht grundsätzlich etwas ändert[25].

---

[24] Einem Prediger wurde gesagt, er sei ziemlich unpersönlich. Als Symptom diente, daß er nur das Personalpronomen «wir» benutzte. Zwei Jahre später hielt er wieder eine Predigt, an der Kollegen als Zuhörer teilnahmen. Er sagte dann so oft «ich», daß alle sich bei der Analyse darüber beklagten (s. die Analyse, S. 13).

[25] Durch die Veränderung der Namen und einiger Details sind die beschriebenen Personen unkenntlich gemacht.

1. Erich war 36 Jahre alt, als er in einem vertrauten Kollegenkreis die Besprechung eines von ihm geleiteten Gottesdienstes erlebte. Seit acht Jahren war er Pfarrer. Er liebte seine Arbeit und auch die theologische Reflexion. In der Kollegengruppe war er aufgefallen als ein initiativer Mann. Er war verheiratet, jetzt Vater von zwei Kindern.

Einstimmig sagten seine Kollegen, daß der Gottesdienst sie angesprochen hatte. Auch während der Predigt hatten sie mit Interesse zugehört. Einige fanden zwar, daß die Predigt und die Gebete ziemlich lang gedauert hatten. Keiner hatte sich gelangweilt, aber ein immer stärkeres Gefühl der Überforderung hatte sich bei einigen gemeldet.

Eindeutig negativ hatten zwei Sachen gewirkt. Einmal ein Predigtabschnitt über den Satz «geboren aus der Jungfrau Maria», in dem Erich in einem fanatischen Ton eine liberale Auslegung, die gerade in jener Zeit publiziert worden war, zurückgewiesen hatte. Sogar die Kollegen, die sachlich mit seinen Argumenten einverstanden waren, hatten sich gewundert über seine Schärfe und seine sarkastische Wortwahl. Die meisten Zuhörer hatten Erich in diesem Abschnitt unsympathisch gefunden.

Wichtiger noch schien ein zweites. Obwohl Erich manchmal dramatische Worte benutzt hatte, fanden die Zuhörer, daß er in einer ziemlich heilen Welt lebte. Sie fühlten sich an der Schattenseite ihres Lebens nicht ganz ernst genommen. Es ging ihnen zu leicht zu und her in Erichs Predigt. Ein starker Optimismus war ihnen entgegengekommen.

Erich war besonders über das zweite erstaunt. Die erste Sache wollte er sofort einsehen. Er gestand, daß er Kritik an altbewährten kirchlichen Dogmen schlecht ertrug. Er begriff, daß diese Sache für die meisten Zuhörer weniger wichtig war als für ihn und daß er mit seiner heftigen Betonung das Bild eines Scharfrichters hervorrief. Aber optimistisch? Sollte er optimistisch gewesen sein? Das war nun ganz und gar nicht seine Absicht gewesen. Er wußte genau, daß christliche Hoffnung etwas anderes ist als Optimismus. Er mußte nachfragen, was denn genau optimistisch getönt hatte. Die Kollegengruppe konnte zwei Dinge nennen. In der Predigt hatte er über Leid und Elend eher blaß und andeutungsweise, auch nur kurz gesprochen. Sehr rasch wurde das alles aufgehoben. Erich hatte das Leiden von Jesus stark betont, aber die Schmerzen, die verbunden sind mit dem Leiden der heutigen Menschen, hatten nur oberflächlich Aufmerksamkeit gefunden. Das hatte den optimistischen Eindruck erweckt. Alles Schwere schien schon nicht mehr so schlimm zu sein. Ein zweites war das Fürbittegebet. Zwar hatte Erich konkrete Nöte genannt, aber es klang alles so obligat, «die Kranken, die Einsamen, die Sterbenden». Der persönliche Ton, der sie im Gebet vor der Predigt angesprochen hatte, fehlte bei den Fürbitten.

Was war es, das diesen Prediger in optimistische Verharmlosung des Evangeliums und in fanatischen Eifer für das Bekenntnis trieb? Waren es unbewußte Ängste, die er damit abzuwehren versuchte? Erich sagte, er hätte bisher ein ziemlich problemloses Leben gehabt und selten schwere Erlebnisse. War es mangelnde Erfahrung? Im Kollegengespräch wurde erwähnt, daß Fanatiker und Optimisten eine gemeinsame Befürchtung haben: verunsichert zu werden. Erich war sehr dankbar für die Analyse und sagte, daß er mit dem Wort «Verunsicherung» nach Hause gehen würde. Das hatte ihn getroffen. Er ahnte, daß er in dieser Richtung Probleme hatte, die er vielleicht bewältigen sollte.

In einem Gespräch mit dem Analyseleiter, einige Monate nach der Besprechung, erzählte er, wie es bei ihm weitergegangen war. Es war ihm aufgefallen, wie er tatsächlich in Momenten von Verunsicherung merkwürdig reagierte. Beim Autofahren merkte er jetzt, wie er, meistens im stillen, ganz ungerecht anderen Leuten Vorwürfe machte, obwohl er eigentlich wußte, daß sie nicht wirklich schuld waren. In seiner Familie entdeckte er, wie ungehalten er sich verhielt, wenn seine Kinder Dinge taten oder tun wollten, die er für gefährlich hielt. Unsichere Situationen ertrug er schlecht, und meistens reagierte er aggressiv, sei es mit stillen Vorwürfen oder mit strengen Maßnahmen.

In diesem Gespräch wurde auch klar, wieso er schlecht Kritik am kirchlichen Bekenntnis ertrug. Erich hatte die Kirche in seiner Pubertät entdeckt. Die Kirche war ihm ein Halt geworden in der Zeit der Loslösung von seinen Eltern. Bedrohung der mater ecclesia rief bei ihm unsachliche Reaktionen hervor. Ein starkes Bedürfnis nach Sicherheit wurde ihm an dieser Stelle bewußt. Das Bedürfnis an sich ist nicht abnormal. Krampfhaft wirkt aber der Versuch, dieses Bedürfnis mit kirchlichen Formeln zu befriedigen. Er merkte, daß für ihn nicht nur die Wahrheit des Evangeliums wichtig war, sondern auch die buchstäbliche Sicherheit der altvertrauten Werte, die er in seiner Jugend kennengelernt hatte. Dieses Bedürfnis nach Sicherheit machte ihn hier und da verschlossen für etwas Unbekanntes. Lieber als das Neue nüchtern zu prüfen, klammerte er sich starr an das Alte, als ob sein Heil an alte Formeln gebunden wäre. Fruchtbare, schöpferische Unsicherheit war ihm in dem Maße unzugänglich, als er sich einer Scheinsicherheit verschrieben hatte. Denn Schein war die alte Sicherheit, sonst wäre eine Herausforderung für ihn nicht bedrohlich und eine fanatische Reaktion überflüssig gewesen.

Der unbewußte Optimismus wurzelte in genau der gleichen Abwehr von Unsicherheit. Sobald allzu schmerzliches Leid in sein Blickfeld kam, schloß er die Augen zu. Für Erich brach mit diesen Einsichten eine Lebensanschauung teilweise zusammen. Was Gottes Führung und Regierung bedeutet, mußte er neu entdecken. Die Verschiebungen, die in seinem Leben stattfanden, waren äußerlich nicht aufsehenerregend, relativ aber wichtig genug. Entwicklungen in seiner Ehe deuteten darauf, daß er auch dort Schwieriges übersehen hatte. Jedenfalls fühlte er sich jetzt gewarnt.

Eine Predigtbesprechung mehr als drei Jahre später zeigte, daß einige Zuhörer auch jetzt fanden, daß er ziemlich lange redete, wieder nicht im langweilenden, eher im überfordernden Sinn. Aber optimistisch wirkte Erichs Predigt nicht mehr. Man fand eine große Einfühlung, gerade auch mit der Not des Lebens, in der Predigt. Es wurde klar, daß Erich in den vier Jahren einen Weg zurückgelegt hatte. Jetzt wagte er es, Unsicherheit und Leiden an sich herankommen zu lassen. Für seine Verkündigung bedeutete das eine Vertiefung. Die Befreiung in Christus hatte in seiner Predigt nicht mehr die Züge der Verharmlosung, sie stand umgeben von den ungelösten Fragen und Seufzern der Menschen da. So war er dem Evangelium und den Menschen nähergekommen.

Aber Hausarbeit gab es trotzdem für Erich. Er ärgerte sich daran, daß es immer wieder Zuhörer gab, die sich von seiner Predigt überfordert fühlten. Genauere Analyse ergab, daß er zu anschaulich redete. Er malte so viel aus, daß manche Zuhörer es nicht mehr verkrafteten und ermüdet abschalteten. Auch hier wurde eine gewisse Strenge bei Erich sichtbar. Ein starker Wille hatte versucht, die Unsicherheit zu überspielen. Das hatte zum Bekenntniseifer und zum Optimismus geführt. Das war jetzt nicht mehr aktuell. Aber der starke Wille setzte sich noch durch bei der anschaulichen Rede. Zu wenig Freiraum blieb den Zuhörern. Daran arbeitet Erich weiter.

Dieser Bericht zeigt Folgendes:

– Die Wirkung eines Predigers ist von ihm selber nicht immer voraussagbar. Erich wollte nicht Optimismus propagieren, tat es aber, ohne daß er es wußte. Er brauchte seine Kollegen, um es zu entdecken.
– Das Ergebnis der Predigtanalyse setzte im Prediger einen inneren Prozeß in Gang. Was ihm von seinen Kollegen gesagt war, begann er selber zu entdecken an verschiedenen Stellen in seinem Verhalten.
– Die positive Veränderung im Predigtstil wurde nicht durch direkte Eingriffe erreicht, sondern von innen heraus. Die Stilveränderung war Ergebnis einer persönlichen Entwicklung.
– Der ganze Prozeß, der nötig war, um die negativen Wirkungen der Predigt wegzunehmen und die Vertiefung zu ermöglichen, war dermaßen tiefgehend, daß er nicht in einer einzigen Gottesdienstauswertung stattfinden konnte. Ein helfendes Gespräch und hauptsächlich viel eigene bewußte Erfahrung war nötig, um den Optimismus zu bewältigen.
– Ganz verschwand das störende Element nicht. Das überfordernde Reden wurde ihm von einigen noch vorgeworfen. In irgendeiner Weise kämpfen wir immer mit dem gleichen Fehler.

2. Martin war seit vier Jahren Pfarrer. Jetzt war er 32 Jahre alt, hatte eine Frau und drei Buben. Er machte mit in einer Pfarrergruppe, die sich jeden zweiten Monat einen Tag traf, um über Berufsprobleme zu reden. Er wollte

einmal eine Predigt vorlegen, weil die Predigtvorbereitung ihm immer sehr viel Mühe machte. Die ganze Aufgabe, jede Woche predigen zu müssen, war ihm eine ständige Qual.

Die Kollegen waren nach der Predigt völlig geschlagen. Ein Bibeltext war kaum vorhanden gewesen, aber an sich hätte das noch die wenigsten gestört. Die Predigt hatte aus der Schilderung eines Ausflugs bestanden, den die Kinder des Pfarrers mit ihren Großeltern erlebt hatten. Thema war «Spontan sein». In zahlreichen Beispielen aus den Ausflugserlebnissen wurde Spontaneität dargestellt. «Was willst Du nun damit?» war die erstaunte Frage fast aller Zuhörer. Sie sagten, sie hätten sich zunehmend geärgert über seine Privatgeschichten. Zwei, drei Minuten war das lustig gewesen, aber dann war es peinlich geworden. Sie hatten nicht gewußt, was sie anzufangen hatten mit diesen Mitteilungen. Inhaltlich war es ihnen zu harmlos.

Die erste Reaktion des Predigers war, daß er persönlich predigen und nur sagen möchte, was er selber verantworten könne. Zu seinem Erstaunen sagten ihm die Kollegen, daß sie durch seine Predigt gar nicht persönlich betroffen gewesen waren, eher peinlich berührt. Eine gewisse Scham hatte sie befangen. Es wurde klar, daß der Prediger persönlichen Stil mit Exhibitionismus verwechselt hatte. Er hatte über Spontaneität predigen wollen, aber niemand hatte bei ihm selber eine Spur von Spontaneität gemerkt, eher einen herablassenden Märchenerzählton. Auch die Tatsache, daß er als Gebete liturgische Formeln unbeteiligt vorgelesen hatte, hatte nicht gerade persönlich gewirkt.

Die Gruppe versuchte dann den Unterschied zwischen «persönlich» und «privat», zwischen «relevant» und «indiskret» genau auszuarbeiten. Was zu persönlich ist, täuscht nur Persönliches vor, schenkt es aber nicht.

Der Rahmen und die Zeit für ein längeres Gespräch mit den Kollegen war in dieser Gruppe nicht da. Der betroffene Prediger wollte mit dem Gruppenleiter persönlich weiterreden. Es folgte eine Reihe von Beratungsgesprächen. Ich gebe das erste Gespräch wieder.

In diesem Gespräch kam Martins Bemerkung wieder zurück, daß ihm das Predigen sehr schwer fiel. In ergreifenden Worten schilderte Martin den schmerzlichen Verlauf seiner üblichen Predigtvorbereitung, bis tief in die Nacht auf Sonntag, und sein allgemeines Unbehagen an seiner Arbeit. Auch im Unterricht fehlten ihm Erfolgserlebnisse, die Seelsorge ging noch einigermaßen. Aber predigen war wohl das Allerschrecklichste, was es für ihn gab. Die ganze Institution sei auch überaltert und so weiter. Auf die Frage, was Gott für ihn bedeute, was für ihn befreiendes Evangelium sei, wurde er still. Es wurde ihm bewußt, daß er selber schon lange keinen Zugang mehr zum Evangelium gefunden hatte. Seine undifferenzierten Aussagen über Spontaneität in seiner Predigt standen parallel mit einem undifferenziert gewordenen, verblaßten Evangelium. Auf die Frage, warum er eigentlich den Pfarrerberuf gewählt habe, sagte er, er hätte als 19jähriger Gymnasiast keine realistische Vorstellung vom Pfarramt gehabt. Er erzählte über sein Elternhaus, daß sein Vater nicht so ganz einverstanden mit seinem Theologiestudium gewesen war. Damals war alles noch so romantisch, meinte Martin. Ich fragte ihn, was er mit «romantisch» meine. Er erwiderte nicht klar, schaute mich mit einer gewissen gemachten Überlegenheit an, als ob man unter erwachsenen Menschen doch wohl weiß, wie das so geht in der Sturm-und-Drang-Zeit. Er deutete etwas an in Richtung «schwärmerische Ideen».

Ich blieb aber auf Distanz, weil ich das Gefühl hatte, zum Komplizen gemacht zu werden. Ich sagte ihm, daß ich mir bei seinen Worten überhaupt nichts vorstellen könnte. Martin wurde zunehmend unruhig, versuchte mich aufzuklären mit den zynisch ausgesprochenen Worten: «Der liebe Heiland», mit Betonung auf «liebe». Er schaute mich an, als ob ich sagen sollte: «Ah, natürlich, dieses Märchen vom Kindergarten!» Aber ich wollte nicht mitmachen. Ich wiederholte nur die Worte «der liebe Heiland», jedoch ohne die sarkastische Betonung. Martin wurde ganz still darauf und schaute eine lange Zeit vor sich hin. Er sagte, daß die Erinnerung an seine Jugendzeit und an die Vorstellung von Gott und besonders von Jesus bei ihm ganz starke Emotionen hervorrief. Seine «Theologie» sei ja eher atheistisch, «Gott ist tot», säkularistisch, ganz im Gegensatz zu dem, was ihm besonders in einer Jugendgruppe heilig gewesen war. Wir haben versucht zu verstehen, was sich in ihm abgespielt hatte. Es wurde klar, daß er im Theologiestudium im Grunde überfordert gewesen war. Er hatte sich aber anpassen können, hatte sich einen eigenen Ort inmitten der ihn befremdenden Theorien gesucht und den schließlich bei einer Art Theologie gefunden, die wenig klare Verkündigung verlangte. Seine ursprüngliche, jugendliche Hingabe an die Sache des «lieben Heilands» hatte er total verlassen. Die unreifen, aber existentiell lebendigen Vorstellungen aus seiner Pubertät waren nicht gereift, sondern von ihm fremden Vorstellungen überlagert. Er hatte seinen alten Glauben verachtet, statt ihn zu entwickeln. Ein Teil seines ureigensten Erlebens war damit von ihm abgespalten und verleugnet. Im Gespräch waren wir aber auf diesen verschütteten Teil gestoßen. Und da lag er, noch genau wie vor 15 Jahren: «Der liebe Heiland.» Die sarkastische Betonung war eine Verdeckung starker Empfindungen.

Das Katastrophale an dieser Fehlentwicklung war, daß Martin durch die Verleugnung seiner als Gottesbegegnungen erlebten Erfahrungen von seiner Motivation zum Pfarrerberuf entfremdet war. Er konnte im Beruf nicht mehr persönlich sein, weil er die persönlichen Wurzeln seines Berufes nicht akzeptierte. In dem Zusammenhang war es kein Zufall, daß er eine Theologie übernahm, die ihn nicht zur Verkündigung führte.

Martin verstand jetzt, warum die Predigtvorbereitung ihm eine so große Qual war. Der Kontakt mit sich selber war blockiert durch die Verleugnung seines tiefsten Empfindens. Deshalb auch gab er seinen Predigten gerne eine angeblich «persönliche» Fassade.

Die offene Frage war, ob sein «lieber Heiland» nach 15 Jahren Haft noch lebensfähig war. Gelingt es Martin, den Anschluß noch zu finden mit einem Erleben in sich selber, das so lange schlummerte? Die Analyse seines Gottesdienstes hatte ihm klargemacht, daß ihm jetzt die Voraussetzungen für das Pfarramt fehlen. Das Einzelgespräch brachte an den Tag, was ihm genau fehlte: die Verfügung über sein eigenes Gotteserleben. Nur wenn er den Zugang zu diesem Erleben wieder findet, wächst ihm die Authentizität, um glaubwürdig einen Gottesdienst zu leiten.

Ich erzähle diese Geschichte nicht weiter. Was für dieses Buch von Gewicht ist, habe ich dargestellt. Analysen und berufsbegleitende Einzelgespräche können selten die persönlichen Probleme lösen. Sie können einem Prediger aber ziemlich genau zeigen, wo er unbewußt leidet und fehlgeht. Damit ist manchmal die Richtung eines Lösungsweges angegeben. Ob es zu einem glücklichen Ende kommt, hängt von mehr Faktoren ab als dem guten Willen eines Kollegenkreises und der Einfühlung und Stütze eines Supervisors.

Allgemeine Folgerungen für die Ausbildung

Im letzten Abschnitt dieses Buches will ich, nach so viel Rückblick, vorausschauen. Ich versuche, die Frage zu beantworten, welche Schlüsse aus den Gottesdienstanalysen für die Ausbildung von Predigern gezogen werden können. Ich verzichte auf ein ausgearbeitetes Ausbildungsmodell, weil das von meiner Hand überheblich wäre. Die Analysen berechtigen mich jedoch zu einigen grundsätzlichen Thesen, die in vielen Formen realisiert werden können.

1. Klärung der Motivation

Einen Gottesdienst zu leiten verlangt eine existentielle Hingabe des Predigers. Ohne diese kann er den Teilnehmern nicht bieten, was sie zu Recht von ihm verlangen. Besonders die persönliche Authentizität ist nötig, um Vertrauen bei den Zuhörern zu wecken. Für wenig Berufe gilt die Notwendigkeit der persönlichen Identifizierung mit der im Beruf vertretenen Sache so stark wie beim Prediger. Das soll er wissen, das soll ihm gesagt werden, bevor er überhaupt mit der Ausbildung anfängt. Gerade eine Selbstverständlichkeit wie diese soll ausgesprochen werden.

Die Realisierung dieser Motivationsklärung kann klerikal-legalistisch, mit Unterschriften unter Bekenntnisformeln, aber auch seelsorgerlich geschehen. Im ersten Fall bringt man wahrscheinlich viele Pharisäer zum Predigtamt. Im letzteren wird von Kirche oder Universität verlangt, daß sie Menschen ernennt, die zu dieser seelsorgerlichen Begleitung fähig sind und die aus bewährter Erfahrung wissen, was das Pfarramt verlangt.

2. Lernen durch Tun

Weil die Leitung eines Gottesdienstes und das Halten einer Predigt die ganze Person umfaßt und deshalb individuell bestimmt ist, kann der Prediger es nur lernen durch Übung, nicht durch denken. Die theoretische Reflexion ist immer nachher nötig, um die Praxis zu prüfen und auszuwerten. Der Prediger braucht dabei Zuhörer, die fähig sind, ihm zu sagen, wie der von ihm geleitete Gottesdienst auf sie gewirkt hat. Anfangs wird er von erfahrenen Predigern Ratschläge brauchen. Später kann er wahrscheinlich nur selber die Lösungen finden. Immer wird er aber andere brauchen, die ihm zeigen, wo er negativ wirkt.

Die Zuhörerposition kann jeder Prediger zu jeder Zeit wieder einnehmen. In diesem Buch ist klargeworden, wie anders der Gottesdienst aus dieser Perspektive aussieht. In dieser Rolle findet der Prediger die Bedürfnisse des Zuhörers, denen er selber entsprechen muß, sobald er wieder Prediger ist[26].

3. Integration von Theologiestudium und Praxis

Die weitgehende Trennung der theoretischen und praktischen Ausbildung der Pfarrer wird den Ansprüchen des Gottesdienstes nicht gerecht. Es bleibt viel zu wenig Zeit für die Reflexion der Praxis, wenn zwischen Universität und selbständigem Pfarramt noch ein praktisches Jahr hineingepreßt wird. Die Ausbildung zum Prediger verlangt eine Zeit, in der der Prediger das theoretische Wissen mit dem persönlich-beruflichen Wachstum verschränken kann. Bei den meisten Pfarrern findet das jetzt, oft ohne Begleitung, erst in den ersten Jahren der Berufsarbeit statt.

Das ganze Theologiestudium könnte an Intensität und Bedeutung gewinnen, wenn die Studenten sofort auch in die Praxis gestellt würden. Dabei kann es sich nicht nur um Gottesdienste handeln. Seelsorge und Unterricht verlangen in dieser Hinsicht die gleichen Ausbildungsmöglichkeiten wie Gottesdienst und Predigt. Wahrscheinlich sind sie oft kombinierbar. Besonders die seelsorgerlich vielfach unbetreuten Altersheime bieten in dieser Hinsicht sicher Möglichkeiten. Die Sonntagsschule ist eine schon lange bewährte Ausbildungsstätte für heranwachsende Prediger[27]. Die Kinder sind unmittelbar und genau in ihren Rückmeldungen.

---

[26]   Ernst Lerle weist auf die eigene Teilnahme am Gottesdienst hin als auf den entscheidenden Faktor in der Vorbereitung zum Predigeramt. «Wer nicht gelernt hat, die Predigt des Wortes Gottes zu hören..., dem fehlt die Vorschule der Predigtlehre» (Grundriß der empirischen Homiletik, 76).

[27]   Hierauf weist auch Rudolf Bohren hin (Predigtlehre, 172).

Helmut Thielicke empfiehlt den praktischen Einsatz von Theologiestu-denten in verschiedenen Arten der Verkündigung [28]. Dem muß aber eines hin-zugefügt werden. Prediger in Ausbildung brauchen nicht nur die Gelegen-heit, praktische Erfahrungen zu machen. Ihre Arbeit muß auch reflektiert werden. Dort liegt eben die Verbindung von Theologie und Praxis. Zum Bei-spiel kann die Rechtfertigungslehre einem Studenten plötzlich interessant werden, wenn man ihm sagen muß, er predige gesetzlich. Die zentralen The-men der Theologie werden in ihrer Relevanz sichtbar im Gottesdienst und in der Predigt. Dort liegt eine wichtige Motivation für die theologische Re-flexion überhaupt, aber nur, wenn tiefgehende Auswertungen von prakti-scher Arbeit gemacht werden, sonst entdeckt man die Relevanz nicht.

4. Regelmäßige Auswertung der Arbeit

Es gibt nur wenige Elemente der Arbeit eines Predigers, die man ein für allemal lernen kann, weil die Leitung eines Gottesdienstes stark in der Per-sönlichkeit wurzelt. Jede Persönlichkeit hat ihre Geschichte. Damit hat auch jeder Prediger und seine Art, den Gottesdienst zu leiten, seine Geschichte. Rückmeldung von den anderen Gottesdienstteilnehmern ist dauernd nötig, um den Prediger vor verhängnisvollen Entwicklungen zu bewahren. Die Ver-antwortung für Gottesdienst und Predigt liegt bei der Gemeinde in ihrer Ganzheit. Das bedeutet, daß die Zuhörer dem Prediger auch helfen sollen, nicht nur mit ihrer Treue und ihren Fürbitten, sondern auch mit ihren Rück-meldungen.

Die Schwierigkeit, solche Rückmeldungen zu sammeln, habe ich im ersten Kapitel beschrieben. Ein gut geleiteter Kreis von offenen und anteilnehmen-den Menschen ist für die Suche nach einem zuverlässigen Bild der Hörer-reaktionen unerläßlich. In den Kursen für Klinische Seelsorge-Ausbildung liegt eine Möglichkeit für Prediger, mittels ihrer Kollegen die Wirkung ihrer Predigtarbeit zu untersuchen. Aber es lassen sich auch andere Möglichkeiten realisieren. Ein Mitarbeiterteam in einer Kirchgemeinde, die Kirchenpflege, ein Pfarrkonvent, eine homiletische Arbeitsgruppe bieten schon jetzt, äußer-lich, die Möglichkeiten solcher Besprechungen. Die Bedingung ist, daß die Atmosphäre von Anteilnahme und Offenheit geprägt ist und eine gute Füh-rung stattfindet. Sonst wird entweder nichts Wichtiges gesagt, oder die Be-sprechung entartet in eine theoretische Diskussion. Reuel L. Howe, der die amerikanischen Kirchen vor Augen hat, sagt, daß der Prediger seine Ge-meinde förmlich zur Mitarbeit und Rückmeldung in bezug auf die Predigt aktivieren muß [29]. Er nennt zwei Formen, die sich schon in mehreren Ge-meinden bewährt haben. Erstens die Gesprächskreise, die sich regelmäßig

---

[28] Über die Angst des heutigen Theologiestudenten vor dem geistlichen Amt, 22.
[29] Partners in Preaching, 92 ff.

mit den der Gemeinde wichtigen Themen befassen. Dadurch ist die Predigt nicht das einzige Zentrum, wo die Probleme vom Leben und Glauben bewußt gemacht werden. Für den Prediger entsteht damit eine wichtige Quelle für seine Arbeit. Solche Gruppen können gemeinsam mit ihm eine Predigt vorbereiten. Diese Form der Mitverantwortung und Mitarbeit der Gemeinde existiert auch in unseren Kirchen hier und da. Die zweite Form, die Howe erwähnt, scheint mir weniger bekannt an dieser Seite des Atlantiks. Er empfiehlt, daß der Prediger von Zeit zu Zeit einige Gottesdienstbesucher zu einem Nachgespräch einlädt, an dem er selber aber nicht teilnimmt. Ein Tonband soll das Gespräch dieser Zuhörer über den Gottesdienst aufnehmen, und der Prediger soll es nachher abhören. Leitung für dieses Gespräch ist nicht nötig.

An diesen Vorschlägen fällt das große Vertrauen in die Kompetenz der Gottesdienstteilnehmer auf. Natürlich meint Howe nicht, daß die Hörer immer recht haben mit ihren Reaktionen. Aber er traut ihnen offensichtlich viel zu. Die Vorschläge, die der Europäer Richard Riess zur Begleitung und Hilfe des Predigers macht, schieben die Kompetenz im Gegensatz zu Howe fast ausschließlich Sachverständigen zu[30]. Erst längere Erfahrung wird aufweisen, auf welche Weise Gemeinde und Prediger am meisten profitieren. Die Vorfrage, ob der Prediger überhaupt bereit ist, sich den Rückmeldungen seiner Zuhörer zu unterziehen, ist vorläufig die wichtigere. Dem Prediger, der wirklich Echo auf seinen Dienst hören will, stehen jedenfalls verschiedene realisierbare Modelle zur Verfügung.

Alles, was der Prediger von seinen Zuhörern, von Kollegen und aus Büchern lernen kann, wäre umsonst, wenn er vergessen würde, daß er trotz all seinen Fähigkeiten grundsätzlich ein «unbrauchbarer Knecht»[31] bleibt. Erst dieser Glaube kann alles Bemühen entkrampfen und in den rechten Rahmen stellen. Das Wunder, das Gottesdienstbesucher in der Kirche zu finden hoffen, kann nur der Herr selber bewirken. Das gehört nicht zum Auftrag des Predigers und der Homiletik. So steht Unbekümmertheit am Anfang und am Schluß alles homiletischen Überlegens. Prediger sind letztlich nicht verantwortlich. «Macht das nicht sorglose und verruchte Leute? Nein, denn es ist unmöglich, daß die, so Christo durch wahren Glauben sind eingepflanzt, nicht Frucht der Dankbarkeit bringen sollen»[32]. Die Wirkung des Predigers

---

[30] Riess nennt begleitende Beratung, Längsschnittuntersuchungen, ein intensives Praktikum mit individualtherapeutischer Behandlung, psychoanalytische Kurztherapie, gruppendynamische Trainings und Seminare und schließlich auch dialogische Predigtarbeit in Form von Vor- und Nachgesprächen (Zur pastoralpsychologischen Problematik des Predigers, 314 ff.). Für die Zuhörerreaktionen ist in all diesen Modellen nicht oder kaum Platz.

[31] Lk. 17, 10.

[32] Heidelberger Katechismus, Frage und Antwort 64.

ist ein sehr wichtiger Faktor im Gottesdienst. Gott schaltet sie nicht aus, aber manchmal überbietet er sie[33].

«Du hast mich angesprochen.» Wer ist gemeint mit «du»? Ist es Gott? Ist es der Prediger? Sind sie es beide? Laßt uns nicht trennen, was Gott zusammenfügt.

---

[33]   Otto Haendler, Die Predigt, 50.

Abkürzungsverzeichnis

Co	Concilium. Internationale Zeitschrift für Theologie. Einsiedeln 1965 ff.
EvK	Evangelische Kommentare. Monatsschrift zum Zeitgeschehen in Kirche und Gesellschaft. Stuttgart 1968 ff.
EvTh	Evangelische Theologie. Zweimonatsschrift. München 1934 ff.
GöPM	Göttinger Predigt Meditationen. Göttingen 1946 ff.
KfdRS	Kirchenblatt für die reformierte Schweiz. Deutschsprachiges Publikationsorgan des Schweizerischen Reformierten Pfarrvereins. Basel 1845 ff.
KuD	Kerygma und Dogma. Zeitschrift für theologische Forschung und kirchliche Lehre. Göttingen 1955 ff.
MPTh	Monatsschrift für Pastoraltheologie. Göttingen 1912–1965.
PrSt	Predigtstudien, hg. von Ernst Lange in Verbindung mit Peter Krusche, Dietrich Rössler und Roman Roessler. Stuttgart 1968 ff.
PWP	Pastoraltheologie, Wissenschaft und Praxis (Fortsetzung von MPTh). Göttingen 1966–1969.
ThEx	Theologische Existenz heute. Schriftenreihe. NF: Neue Folge.
Thpr	Theologia practica. Zeitschrift für praktische Theologie und Religionspädagogik. Hamburg 1966 ff.
ThSt (B)	Theologische Studien. Schriftenreihe hg. von Karl Barth.
ThWzNT	Theologisches Wörterbuch zum Neuen Testament, hg. von Gerhard Kittel. Stuttgart 1933 ff.
WiuPr	Wissenschaft und Praxis in Kirche und Gesellschaft (Fortsetzung von PWP). Göttingen 1970 ff.
WzM	Wege zum Menschen. Monatsschrift für Arzt und Seelsorger, Erzieher, Psychologen und soziale Berufe. Göttingen 1949 ff.
ZW	Zeitwende. Die neue Furche. Var. loc., Gütersloh 1930 ff.
( )	Erklärung für die Bedeutung der Klammern bei Höreraussagen s. S. 38.

Literaturverzeichnis

Aalders, C., Het verschijnsel preek. In: Praktische Theologie, nederlands tijdschrift voor pastorale wetenschappen, 3. Jg., 1976, 256–264.

Abbey, Merrill R., Communication in Pulpit and Parish. Philadelphia 1973.

Affemann, Rudolf, Tiefenpsychologie als Hilfe in Verkündigung und Seelsorge. Stuttgart 1965.

Albrecht, Horst, Werbung und Predigt, oder Homiletik und «neue, wissenschaftliche Rhetorik». WiuPr, 63. Jg., 1974, 434–453.

Altmann, Eckhard, Die Predigt als Kontaktgeschehen (Arbeiten zur Theologie, I, 13). Stuttgart 1963.

Andriessen, Herman, Pastorale Supervision. Praxisberatung in der Kirche. (Gesellschaft und Theologie, Abt. Praxis der Kirche 24). München 1978 (Nijmegen 1975).

Arens, Heribert; Richardt, Franz; Schulte, Josef, Kreativität und Predigtarbeit. Vielseitiger denken. Einfallsreicher predigen. München 1974.

Bahr, Hans-Eckehard, Verkündigung als Information. Zur öffentlichen Kommunikation in der demokratischen Gesellschaft (Konkretionen 1). Hamburg 1968.

Barié, Helmut, Kann der Zeuge hinter das Zeugnis zurücktreten? Ein erster Schritt zu einer experimentellen Homiletik. EvTh, 32. Jg., 1972, 19–38.

Barth, Karl, Not und Verheißung der christlichen Verkündigung. In: Das Wort Gottes und die Theologie. Gesammelte Vorträge, 99–124. München 1924.

– Homiletik. Wesen und Vorbereitung der Predigt (Hg. G. Seyfferth). Zürich 1966 (1932/3).

– Kirchliche Dogmatik, I, 1–IV, 4. Zollikon/Zürich, 1932–1967.

Bastian, Hans-Dieter, Verfremdung und Verkündigung. Gibt es eine theologische Informationstheorie? ThExNF 127, München 1965.

Berger, Willem J., Preken en counselen. In: Tijdschrift voor pastorale psychologie, 1972, 35–38.

– Wat is er in godsnaam tijdens de preek gebeurd? In: Praktische Theologie, nederlands tijdschrift voor pastorale wetenschappen, 3. Jg., 1976, 247–255.

Berne, Eric, Transactional Analysis in Psychotherapy. A Systematic Individual and Social Psychiatry. New York/London 1961.

– Spiele der Erwachsenen. Psychologie der menschlichen Beziehungen. Reinbek bei Hamburg 1967 (New York 1964).

Bernet, Walter, Probleme der Predigt. In: Schweizerische Theologische Umschau, 29. Jg., 1959, 36–45.

Biemer, Günter, (Hg.), Die Fremdsprache der Predigt. Kommunikationsbarrieren der religiösen Mitteilung. Düsseldorf 1970.

Bohren, Rudolf, Predigt und Gemeinde. Beiträge zur Praktischen Theologie. Zürich/Stuttgart 1963.

– Die Gesetzlichkeit in der Predigt. In: Laienfrage und Predigt. Studientage für Pfarrer. Eine Sammlung von Vorträgen hg. vom Synodalrat der Evangelisch-reformierten Landeskirche des Kantons Bern. Heft 5, 33–51. Bern 1966.

– und *Geyer, Hans-Georg,* Predigt im Gespräch. Neukirchen-Vluyn, 1967 ff.

– Predigtlehre. (Einführung in die Evangelische Theologie 4). München 1974.

Born, Willi, Kriterien der Predigtanalyse (Handbücherei für Gemeindearbeit 52). Gütersloh 1971.

Breit, Herbert, Anfragen der Gemeinde an die Predigt. In: H. Breit/L. Goppelt/ J. Roloff/M. Seitz, Die Predigt zwischen Text und Empirie, 22–39. Stuttgart 1969.

– Die Predigt im Blickfeld der Rezipientenforschung. In: J. Roloff (Hg.), Die Predigt als Kommunikation, 28–43. Stuttgart 1972.

Brunner, Emil, Die Mystik und das Wort. Der Gegensatz zwischen moderner Religionsauffassung und christlichem Glauben dargestellt an der Theologie Schleiermachers. Tübingen 1928[2].

Bultmann, Rudolf, Allgemeine Wahrheiten und christliche Verkündigung. In: Glauben und Verstehen. Gesammelte Aufsätze, 3. Band, 166–177. Tübingen 1960.

Dahm, Karl Wilhelm, Hören und Verstehen. Kommunikationssoziologische Überlegungen zur gegenwärtigen Predigtnot. PrSt VI, 1, 1971, 9–20.

Dannowski, Hans Werner, Sprachbefähigung in der Ausbildung. Einführende Bemerkungen zur Rolle der Sprechakttheorie in der Homiletik. In: P. Düsterfeld/ H. B. Kaufmann (Hg.), Didaktik der Predigt, 163–175. Münster 1975.

– Elementarisierung theologischer Begriffe in Sprechakten. Bericht über einen Homiletikkurs. In: P. Düsterfeld/H. B. Kaufmann (Hg.), Didaktik der Predigt, 176 bis 205. Münster 1975.

Dehn, Günther, Unsere Predigt heute. ThSt (B) 19, Zollikon 1946.

Diem, Hermann, Der Theologe zwischen Text und Predigt. EvTh, 18. Jg., 1958, 289 bis 302.

Düsterfeld, Peter; Kaufmann, Hans-Bernhard (Hg.), Didaktik der Predigt. Materialien zur homiletischen Ausbildung und Fortbildung. Comenius-Institut. Münster 1975.

Erikson, Erik H., Identität und Lebenszyklus. Drei Aufsätze. Frankfurt am Main 1966 (New York 1959).

Faber, Heije, Profil eines Bettlers? Der Pfarrer im Wandel der modernen Gesellschaft. Göttingen 1976 (Meppel 1975).

Fendt, Leonhard, Homiletik. Zweite Auflage neu bearbeitet von Bernhard Klaus. Berlin 1970.

Frank, Hannelore, Damals ist heute. Biblische Geschichten für unsere Zeit (Gütersloher Taschenbücher 96). Gütersloh 1975.

Fürst, Walther, Karl Barths Predigtlehre. In: Antwort. Karl Barth zum siebzigsten Geburtstag am 10. Mai 1956, 137–147. Zollikon/Zürich 1956.

– Das gute Werk der Predigt. Von der Effektivität des Wortes. In: Freispruch und Freiheit. Theologische Aufsätze für Walter Kreck zum 65. Geburtstag (Hg. H. G. Geyer), 85–100. München 1973.

Geest, Hans (J. E. L.) van der, Theologie en gevoel. De aandacht voor het gevoel bij Schleiermacher en in de klinische pastorale vorming. In: Tijdschrift voor pastorale psychologie, 1972, 44–52.

– Le Christ et l'Ancien Testament chez Tertullien. Recherche terminologique (Latinitas Christianorum Primaeva 22). Nijmegen 1972.

– Reflexionen zur Theologie der Seelsorge. WzM, 26. Jg., 1974, 85–92.

Geißner, Hellmut, Die Predigt und die rhetorische Kommunikation im Gottesdienst. Thpr, 12. Jg., 1977, 48–57.

Gollwitzer, Helmut, Forderungen der Freiheit. Aufsätze und Reden zur politischen Ethik. München 1964.

– Zuspruch und Anspruch. Neue Folge. Predigten aus den Jahren 1954–1968. Nachwort des Verfassers. München 1968.

Haendler, Otto, Die Predigt. Tiefenpsychologische Grundlagen und Grundfragen. Berlin 1960 [3].

Hammer, Wolfgang, Die Sprache der Verkündigung im Prisma moderner Literatur. In: J. Roloff (Hg.), Die Predigt als Kommunikation, 11–27. Stuttgart 1972.

Harbsmeier, Götz, «Alt» und «Neu» in der Verkündigung. EvTh, 27. Jg., 1967, 286 bis 307.

Hempel, Johannes, Die Vergegenwärtigung des Wortes. Zur Frage der Konkretisierung christlicher Verkündigung (Arbeiten zur Theologie 54). Stuttgart 1974.

Hertzsch, Klaus-Peter, 2. Sonntag nach Weihnachten. GöPM, 26. Jg., 1971, 64–68.

Hiltner, Seward, Tiefendimensionen der Theologie. Grundbegriffe des Glaubens aus psychodynamischer Sicht. Göttingen 1977.

Hirsch, Samson Raphael, Der Pentateuch, übersetzt und erläutert. Fünfter Teil: Deuteronomium. Frankfurt am Main 1920 [6].

Howe, Reuel L., Partners in Preaching. Clergy and Laity in Dialogue. New York 1967.

Høydal, Per Frick, Die Auswirkungen eines CPE-Kurses auf Persönlichkeit und Predigt. WzM, 28. Jg., 1976, 488–493.

Jaspers, Karl, Der philosophische Glaube. München 1948.

Jetter, Werner, Die Predigt als Gespräch mit dem Hörer. PWP, 56. Jg., 1967, 212 bis 228.

Josuttis, Manfred, Über den Predigtanfang. MPTh, 53. Jg., 1964, 474–492.

– Gesetzlichkeit in der Predigt der Gegenwart (Studien zur Praktischen Theologie 3). München 1966.

– Homiletik und Rhetorik. PWP, 57. Jg., 1968, 511–527.

– Über den Predigteinfall. EvTh, 30. Jg., 1970, 627–642.

– Verkündigung als kommunikatives und kreatorisches Geschehen. EvTh, 32. Jg., 1972, 3–19.

– Das Wort und die Wörter. Zur Kritik am Predigtverständnis Karl Barths. In: Freispruch und Freiheit. Theologische Aufsätze für Walter Kreck zum 65. Geburtstag (Hg. H. G. Geyer), 229–243. München 1973.

– Praxis des Evangeliums zwischen Politik und Religion. Grundprobleme der Praktischen Theologie. München 1974.

– Zu Epheser 5, 1–9 (Okuli). GöPM, 63. Jg., 1974, 154–163.

– Reden, Träume, Fragen. Predigten aus der Zeit. München 1974.

Jüngel, Eberhard, Metaphorische Wahrheit. Erwägungen zur theologischen Relevanz der Metapher als Beitrag zur Hermeneutik einer narrativen Theologie. In: Metapher. Zur Hermeneutik religiöser Sprache. Sonderheft EvTh 1974, 71–122.

– Die Freude am Erzählen wiedergewinnen. Geistliche Konzentration des kirchlichen Lebens. EvK, 9. Jg., 1976, 531–534.

Kliem, Richard, Die katholische Predigt. Texte und Analysen (Sammlung Dieterich 313). Bremen 1967.

Knevels, Wilhelm, Analysen typischer Predigttheorien. In: Deutsches Pfarrerblatt, 69. Jg., 1969, 244–245.

Konrad, Joachim, Die evangelische Predigt. Grundsätze und Beispiele homiletischer Analysen, Vergleiche und Kritiken (Sammlung Dieterich 226). Bremen 1963.

– Sozialethische Themen auf der Kanzel. Grundlegende Erwägungen. Kommentierte Modelle. Eigene Entwürfe. Hamburg 1973.

Kraus, Hans-Joachim, Psalmen, Erster Teilband (Biblischer Kommentar, Altes Testament, Hg. Martin Noth und Hans Walter Wolff). Neukirchen-Vluyn 1966³.

Krause, Gerhard, Anredeformen der christlichen Predigt. Thpr, 2. Jg., 1967, 118–132.

– Die Predigt braucht das Laienurteil. Überlegungen zum Thema: Wie soll die Kirche predigen. ZW, 40. Jg., 1969, 83–93.

Kriener, Martin, Aporien der politischen Predigt. ThEx 180, München 1974.

Laing, Ronald D., Das geteilte Selbst. Eine existentielle Studie über geistige Gesundheit und Wahnsinn. Köln 1972 (London 1960).

Lange, Ernst, Zur Theorie und Praxis der Predigtarbeit. PrSt Beiheft 1, 1968, 11–46.

– Brief an einen Prediger. PrSt III, 1, 1968, 7–17.

Lerle, Ernst, Homiletische Forschung zwischen Hermeneutik und Psychologie. KuD, 12. Jg., 1966, 77–81.

– Die Einleitung der Predigt. Eine homiletische Untersuchung (Arbeiten zur Theologie I, 49). Stuttgart 1972.

– Grundriß der empirischen Homiletik. Berlin 1975.

Leuenberger, Robert, Berufung und Dienst. Beitrag zu einer Theologie des evangelischen Pfarrerberufes. Zürich 1966.

– Intellektualität und Erfahrung. Zu einem Problem der Theologie und der Predigt. In: Wort und Gemeinde. Festschrift Eduard Thurneysen zum 80. Geburtstag, 199 bis 211. Zürich 1968.

Locher, Gottfried W., Zur Vierhundertjahrfeier des Zweiten Helvetischen Bekenntnisses. KfdRS, 122. Jg., 1966, 242–245.

Lorey, Elmar Maria, Mechanismen religiöser Information. Kirche im Prozeß der Massenkommunikation (Gesellschaft und Theologie. Abt. Praxis der Kirche 2). München/Mainz 1970.

McLuhan, Marshall, Die magischen Kanäle. Düsseldorf 1968 (London 1964).

Marti, Kurt, Wie entsteht eine Predigt? Wie entsteht ein Gedicht? Ein Vergleich mit dem Versuch einer Nutzanwendung. In: Wort und Gemeinde. Festschrift Eduard Thurneysen zum 80. Geburtstag, 183–198. Zürich 1968.

Metz, Johann Baptist, Kleine Apologie des Erzählens. Co, 9. Jg., 1973, 334–341.

Mezger, Manfred, Verkündigung heute. Elf Versuche in verständlicher Theologie (Stundenbücher 65). Hamburg 1966.

Miskotte, Kornelis Heiko, Om het levende Woord. Opstellen over de praktijk der exegese. Den Haag 1948.

– Wenn die Götter schweigen. Vom Sinn des Alten Testaments. München 1963 (Amsterdam 1956).

Mitscherlich, Alexander, Auf dem Weg zur vaterlosen Gesellschaft. Ideen zur Sozialpsychologie. München 1963.

Möller, Christian, Von der Predigt zum Text. Hermeneutische Vorgaben der Predigt zur Auslegung von biblischen Texten. Erarbeitet und dargestellt an der Analyse von Predigten Karl Barths, Friedrich Gogartens und Rudolf Bultmanns (Studien zur Praktischen Theologie 7). München 1970.

Moltmann, Jürgen, Das «Prinzip Hoffnung» und die christliche Zuversicht. Ein Gespräch mit Ernst Bloch. EvTh, 23. Jg., 1963, 537–557.

– Theologie der Hoffnung. Untersuchungen zur Begründung und zu den Konsequenzen einer christlichen Eschatologie (Beiträge zur evangelischen Theologie 38). München 1965[3].

– Die Sprache der Befreiung. Predigten und Besinnungen. München 1972.

Müller, Hans Martin, Die Autorität des Predigers in pastoralethischer Sicht. PrSt II, 2, 1974, 11–24.

Neidhart, Walter, Psychologische Überlegungen zur Gestaltung von Gottesdiensten für die Gegenwart. Thpr, 5. Jg., 1970, 233–245.

Oelker, Hans Adolf, Der Hörer der Predigt. MPTh, 53. Jg., 1964, 465–474.

Otto, Gert, Predigt als Rede. Über die Wechselwirkungen von Homiletik und Rhetorik (Urban-Taschenbücher 628). Stuttgart 1976.

Perls, Frederick S., Gestalt-Therapie in Aktion. Stuttgart 1976 (New York 1969).

Piper, Hans-Christoph, Predigtanalysen. Kommunikation und Kommunikationsstörungen in der Predigt. Göttingen/Wien 1976.

Rad, Gerhard von, Theologie des Alten Testaments, II, Die Theologie der prophetischen Überlieferungen Israels. München 1968[5].

Reid, Clyde H., The Empty Pulpit. A Study in Preaching as Communication. New York 1967. Gekürzte Ausgabe: Die leere Kanzel. Von der Predigt zum Gespräch (Gemeinde und Welt 4). Wuppertal 1973.

Riemann, Fritz, Die Persönlichkeit des Predigers aus tiefenpsychologischer Sicht. In: R. Riess (Hg.), Perspektiven der Pastoralpsychologie, 152–166. Göttingen 1974.

Riesman, David; Denney, Reuel; Glazer, Nathan, Die einsame Masse. Eine Untersuchung der Wandlungen des amerikanischen Charakters. Hamburg 1958 (New York 1950).

Riess, Richard, Zur pastoralpsychologischen Problematik des Predigers. In: Praxis Ecclesiae. Festschrift Kurt Frör zum 65. Geburtstag, 295–321. München 1970.

– Seelsorge. Orientierung, Analysen, Alternativen. Göttingen 1973.

Rogers, Carl R., Partnerschule. Zusammenleben will gelernt sein. Das offene Gespräch mit Paaren und Ehepaaren. München 1975 (New York 1972).

Rohkämper, Günter; Seiler, Dieter, Trainingskurs mit Videorecorder in der homiletischen Aus- und Fortbildung. In: P. Düsterfeld/H. B. Kaufmann (Hg.), Didaktik der Predigt, 127–159. Münster 1975.

Rössler, Dietrich, Das Problem der Homiletik. Thpr., 1. Jg., 1966, 14–28.

Roessler, Roman, Situationsbezogenheit, Sprachbemühung, Kommunikation. PrSt Beiheft 1, 61–66. Stuttgart 1968.

Schädelin, Albert, Die rechte Predigt. Grundriß der Homiletik. Zürich 1953.

Schall, Traugott Ulrich; Schwab, Reinhold, Ergebnisse empirisch-psychologischer Forschung zu kirchlichen Ansprachen. Thpr, 11. Jg., 1976, 310–315.

Schellong, Dieter, Zur politischen Predigt. ThExNF 72. München 1959.

Schleiermacher, Friedrich, Der Christliche Glaube, nach den Grundsätzen der evangelischen Kirche im Zusammenhange dargestellt, hg. von Martin Redeker. Berlin 1960[7].

Schneider, Hans-Dieter, Unter welchen Voraussetzungen kann Verkündigung Einstellungen ändern? Sozialpsychologische Überlegungen über die Wirkung der Predigt. PWP, 58. Jg., 1969, 246–257.

Schreiner, Helmuth, Die Verkündigung des Wortes Gottes. Homiletik. Hamburg 1949 [5].

Spiegel, Yorick, Erinnern, Wiederholen, Durcharbeiten. Zur Sozialpsychologie des Gottesdienstes. Stuttgart 1972.

Stählin, Traugott, Kommunikationsfördernde und -hindernde Elemente in der Predigt. WiuPr, 61. Jg., 1972, 297–308.

Steck, Wolfgang, Das homiletische Verfahren. Zur modernen Predigttheorie (Arbeiten zur Pastoraltheologie 13). Göttingen 1974.

– Die Angst vor dem Text. Skizze einer homiletischen Erfahrung. WiuPr, 65. Jg., 1976, 506–517.

Tacke, Helmut, Glaubenshilfe als Lebenshilfe. Probleme und Chancen heutiger Seelsorge. Neukirchen-Vluyn 1975.

Thielicke, Helmut, Vom geistlichen Reden. Begegnung mit Spurgeon. Mit Auszügen aus Werken von C. H. Spurgeon und einem Nachwort von Adolf Sommerauer. Stuttgart 1961.

– Über die Angst des heutigen Theologiestudenten vor dem geistlichen Amt (Sammlung gemeinverständlicher Vorträge und Schriften aus dem Gebiet der Theologie und Religionsgeschichte 247). Tübingen 1967.

Thilo, Hans-Joachim, Psyche und Wort. Aspekte ihrer Beziehungen in Seelsorge, Unterricht und Predigt. Göttingen 1974.

Urner, Hans, Gottes Wort und unsere Predigt. Göttingen 1961.

Volp, Rainer, Predigt als religiöse Mitteilung. Thpr, 12. Jg., 1977, 58–71.

Vossen, Antoine J. M., Selbstwerden in menschlichen Beziehungen. Die Bedeutung der personalen Beziehung in Psychotherapie, Unterricht und Betriebsführung. Eine entwicklungspsychologische Studie. Gelnhausen 1975 (Haarlem 1973).

Wachinger, Lorenz, Erinnern und Erzählen. Reden von Gott aus Erfahrung. (Spielraum 21). München 1974.

Watzlawick, Paul; Beavin, Janet H.; Jackson, Don D., Menschliche Kommunikation. Formen, Störungen, Paradoxien. Bern 1969 (New York 1967).

Weinrich, Harald, Narrative Theologie. Co, 9. Jg., 1973, 329–334.

Zijlstra, Wybe, Seelsorge-Training. Clinical Pastoral Training. Mit einem Nachwort von Hans-Christoph Piper (Gesellschaft und Theologie. Abt. Praxis der Kirche 11). München 1971 (Assen 1969).

– Methoden van preekanalyse. In: Tijdschrift voor pastorale psychologie, 1972, 30 bis 34.

– Is actuele prediking mogelijk? In: Praktische Theologie, nederlands tijdschrift voor pastorale wetenschappen, 3. Jg., 1976, 231–237.

Zürcher Bibelkommentare

Altes Testament

Walther Zimmerli
1. Mose 1–11 (Band 1)
Urgeschichte
3. Aufl. 436 S. Pp. Fr./DM 29.80

1. Mose 12–25 (Band 2)
Abraham
150 S. Kst. Fr./DM 18.–

beide Bände zusammen Fr./DM 35.–

Franz Hesse
Hiob
220 S. Kst. Fr. 27.–/DM 29.–

Georg Fohrer
Jesaja 1–23 (Band 1)
2. überarb. Aufl. 264 S. Pp. Fr./DM 18.80

Jesaja 24–39 (Band 2)
2. überarb. Aufl. 206 S. Pp. Fr./DM 14.80

Jesaja 40–66 (Band 3)
286 S. Pp. Fr./DM 18.80

Robert Brunner
Ezechiel 1–24 (Band 1)
2. überarb. Aufl. 268 S. Pp. Fr./DM 23.–

Ezechiel 25–48 (Band 2)
2. überarb. Aufl. 158 S. Pp. Fr./DM 16.50

Heinrich Kühner
Zephanja
70 S. Pp. Fr./DM 4.50

Robert Brunner
Sacharja
176 S. Pp. Fr./DM 13.50

Zürcher Bibelkommentare

Neues Testament

Wilhelm Michaelis
Das Evangelium nach Matthäus
Kap. 1–7, Band 1
384 S. Pp. Fr./DM 17.80

Kap. 8–17, Band 2
392 S. Pp. Fr./DM 17.80

Gottlob Spörri
Das Evangelium nach Johannes
Kap. 12–21, Band 2
220 S. Pp. Fr./DM 22.80

Ernst Gaugler
Der Brief an die Römer
Kap. 1–8, Band 1
2. Aufl. 366 S. Pp. Fr./DM 22.80

Dieter Lührmann
Der Brief an die Galater
124 S. Kst. Fr./DM 18.–

Victor Hasler
Die Briefe an Timotheus und Titus
(Pastoralbriefe)
112 S. Kst. Fr./DM 16.–

Eduard Schweizer
Der 1. Petrusbrief
3. Aufl. 116 S. Pp. Fr./DM 19.80

Charles Brütsch
Die Offenbarung Jesu Christi
Johannes-Apokalypse
Kap. 1–10, Band 1
2. überarb. Aufl. 416 S. Pp. Fr./DM 29.80

Kap. 11–20, Band 2
2. überarb. Aufl. 392 S. Pp. Fr./DM 29.80

Kap. 21/22, Anhang Lexikon, Bibliographie,
Band 3
2. überarb. Aufl. 396 S. Pp. Fr./DM 29.80

Preisänderungen vorbehalten

Karl Barth
Predigten 1913
Hrsg. v. Nelly Barth u. Gerhard Sauter
1976. 720 S. Ln. Fr./DM 64.–

Karl Barth
Predigten 1914
Hrsg. v. Jochen u. Ursula Fähler
1974. XI+668 S. Ln. Fr./DM 64.–

Werner Reiser
Eine Frau wie Ruth
Ein biblisches Buch wird aktuell
1972. 77 S. Kt. Fr./DM 8.50

Robert Leuenberger/Peter Schulz
Predigt außerhalb des Kirchenraumes
Homiletische Überlegungen zu Radiopredigten
1973. 126 S. Kst. Fr./DM 17.80

Ernst Saxer
Zu Hinterbliebenen reden
Ein Beitrag zur Kasualpraxis
1973. 52 S. kt. Fr./DM 8.80

Günter Struck/Lothar Loeffler
Einführung in die Eheberatung
1971. 306 S. Kst. Fr. 38.–

Eduard Thurneysen
Die Lehre von der Seelsorge
1976. 4. Aufl. 312 S. Pb. Fr. 19.–/DM 21.–